우리 아이, 놓치지 말아야 할

공부 감정

우리 아이, 놓치지 말아야 할

공부 감정

초판 발행	2024년 3월 29일 초판 1쇄

지은이	신영환
펴낸곳	헤르몬하우스
펴낸이	최영민
인쇄제작	미래피앤피

주소	경기도 파주시 신촌로 16
전화	031-8071-0088
팩스	031-942-8688
전자우편	hermonh@naver.com
등록일자	2015년 03월 27일
등록번호	제406-2015-31호

ISBN	979-11-92520-95-7 (03370)

우리 아이, 놓치지 말아야 할
공부 감정

공부 기초 체력을
키 워 주 는
공부 감정의 비밀

신영환 지음

넝쿨
ERMON OUSE

차례
C O N T E N T S

③ 공부 포기를 모르는 우등생들의 '공부 감정' 10가지

프롤로그
'공부 감정' 관리가 곧 올바른 '공부 전략'이다

교사로 근무하면서 공부 잘하는 우등생들도 거의 다 공부 슬럼프를 겪는 모습을 자주 봤다. 일부는 공부 방법이 잘못되어 결과가 잘 나오지 않아서 그런 것 같았지만, 대부분은 감정을 주체하지 못하고 무너져 내렸다. 마치 체력이 부족하거나 건강상에 이상이 생겨서 문제가 생긴 깃처럼 정신건강이 무너진 결과였다.

신기하게도 이 정신건강에 적신호를 주는 요인은 다양했다. 건강하지 않은 식습관, 수면 부족, 교우 관계, 부모와의 관계, 공부를 대하는 태도, 시험 결과를 받아들이는 자세, 입시 목표 등 여러 요인 중 하나만이라도 발동하면 심하게 요동치는 감정을 만들었다. 그것이 결국에는 그 학생이 공부를 계속하게 할지 말지를 결정짓도록 했다. 공부를 잘하던 우등생도 어느 순간 공부 포기자가 되었으니까.

분명 제법 성적이 잘 나오는 학생이었는데 왜 갑자기 그렇게 무너졌을까? 도움을 주고 싶어서 상담을 진행해보면, 공부 포기까지 간 경우에는 한순간에 나타나는 증상은 아니었다. 모든 게 그렇듯 전조 증상이 있었고, 고름이 곪아서 결국 터진 결과였다. 깊게 대화해보면 수험생에게 전부인 공부에 대한 감정이 오랜 시간 동안 골이 깊어졌다는 걸 알 수 있었다.

공식적으로 소셜미디어 채널을 통해 수십 명의 우등생과의 인터뷰와 학교에서 10년 넘게 수백 명의 학생과 상담하면서 내린 결론이 있다. "공부 감정이 건강할수록 끝까지 포기하지 않고 이 어려운 10대의 입시 관문을 통과할 수 있구나!" 나는 아이들이 공부에 대한 감정을 '공부 감정'이라고 부르기로 했고 자세히 연구했다.

공부 감정이 건강한 아이들은 무엇보다 비인지 능력이 매우 우수했다. 비인지 능력이 기본적으로 잘 받쳐주니까 자연스럽게 인지 능력을 유지하는 것처럼 보였다. 그런데 이 비인지 능력은 어린 시절부터 형성되기에 그들의 어린 시절이 궁금했다. 놀랍게도 어린 시절부터 부모와 유대 관계를 잘 형성할수록 다른 사람과의 관계도 건강했다. 그리고 부모가 어떤 상황에 대하는 태도를 그대로 배우며 아이의 성격이 형성되었다.

특히 부모가 공부를 대하는 태도를 어떻게 취하느냐에 따라 아이들의 성향도 달라졌고, 공부 감정에 큰 영향을 끼쳤다. 순수하게 공부하는 과정을 즐기기보다 시험 점수나 결과에 연연하는 경우 아이들도 공부를 그렇게 대했다. 안타깝게도 그런 아이들은 결국 성적이 나오지 않으면 공부를 포기했다. 반면 공부하면서 성적이 잘 나오지 않아도 포기하지 않고 계속 부족한 점을 채우려고 노력한 아이들은 끝없이 성장했고, 궁극적으로는 입시 결과도 좋았다.

그 아이들은 과연 어떤 공부 감정을 가졌길래 그럴 수 있을까 확인해봤다. 정말 많은 요소가 있지만, 이 책을 통해서는 10가지 핵심 공부 감정을 안내하기로 했다. 내용은 다음과 같다.

(1) 누구보다 자신을 믿는 감정

#1. 자존감 / #2. 자기효능감

(2) 냉철하고 객관적인 눈을 가진 감정

#1. 자기 객관화 / #2. 메타인지

(3) 절대 포기를 모르는 감정

#1. 그릿 / #2. 회복탄력성

(4) 좋아하는 것에 빠져드는 감정

#1. 열정 / #2. 몰입

(5) 자기가 해낼 수 있다는 감정

#1. 자기 주도성 / #2. 긍정 마인드

(6) 행동으로 실천하는 감정

#1. 목적의식 / #2. 성취동기

(7) 좋은 관계를 유지하는 감정

　#1. 공감 / #2. 친밀감

(8) 갈등을 조정하는 감정

　#1. 리더십 / #2. 신뢰감

(9) 유연하게 대처하는 감정

　#1. 유연성 / #2. 창의력

(10) 윤리적 태도를 보여주는 감정

　#1. DQ(윤리의식) / #2. 정의로움

　내용을 보면 알겠지만, 인지 능력이 아니라, 말 그대로 비인지 능력을 고루 잘 갖춘 아이들이 공부 감정이 건강하다는 걸 알 수 있다. 무엇보다 사회적 동물이기에 다른 사람들과 어울리고, 상황 발생 시 문제를 해결할 수 있는 능력이 필요한 것이다. 얼핏 보기에는 누구나 생각할 수 있는 요소라고 생각할 수도 있겠지만, 단순히 아는 것과 직접 삶에서 실천하는 것은 천지 차이다. 공부 감정의 각 요소의 특징이 무엇인지 더 자세히 살펴보고, 왜 실천할 필요가 있는지 그 이유를 찾도록 이 책은 앞으로 친절하게 안내할 것이다.

　다만 우리 아이가 공부 잘하는 아이로 자라길 바란다면, 혹은 공부 감정이 건강한 아이로 크길 바란다면 주의해야 할 사항이 하나 있다. 공부 감정은 어린 시절부터 길러야 할 정서적 부분이기에 부모가 먼저 알고 실천할 수 있어야 한다. 아이들은 부모의 등을 보고 그대로 자라기 때문이다.

많은 부모가 효율적인 공부 방법에 초점을 맞춰서 자꾸만 좋은 성적이 나오길 희망한다. 그러나 어린 시절부터 차근차근 공부 감정을 잘 길러준다면, 공부 방법은 다음 문제가 된다. 자신을 믿고 포기하지 않고 공부할 마음을 가진 아이에겐 공부 방법은 단지 수단과 방법일 뿐이기 때문이다. 반대로 공부 방법은 잘 알고 있는데, 공부 코어에 해당하는 공부 감정이 불안한 아이들은 언젠가 구멍을 보일 것이다. 축구선수가 아무리 다양한 드리블 기술을 익히고 있어도, 기초 체력이 부족하거나 경기를 운영하는 멘탈이 약하다면 절대 훌륭한 선수로 성장할 수 없는 것과 같다.

따라서 빈 수레만 요란한 아이로 키울 것인지, 아니면 공부 코어가 단단한 내공이 강한 아이를 키울 것인지 먼저 고민해보길 바란다. '공부 감정' 관리가 곧 올바른 '공부 전략'이라는 사실을 깨닫는 순간에 우리 아이가 큰 날개를 단 것처럼 훨훨 날아갈 날을 기대해볼 수 있다는 사실도 잊지 않기를 바란다. 그러면 지금부터 건강한 공부 감정을 어떻게 기를지 살펴보는 여정을 떠나도록 하겠다.

저자 신영환

1

우리 아이는
왜 공부를 싫어할까?

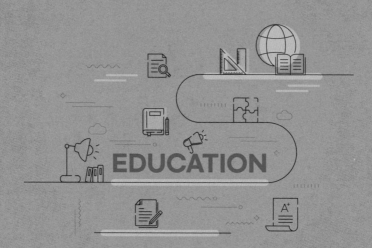

1
우리 아이는 왜 공부를 싫어할까?

과연 누구를 위한 공부인가?

하버드를 우수하게 졸업하고 한국에 돌아온 자녀가 부모에게 묻는다. "이제 다음에는 무엇을 해야 할까요?" 명문대에 합격한 자녀한테 아침에 전화가 온다. "오늘은 무슨 양말 신어야 할까요?" 지어낸 이야기 같지만, 실제로 주변에서 일어난 일들이다. 심지어 회사 면접에 자녀를 태워서 데려다주고, 만일 불합격하면 회사 인사과에 부모가 전화해서 그 이유를 묻기도 한다. 다 큰 성인이 되어서도 부모에게서 벗어나지 못하는 경우가 있어 참으로 안타깝다.

잘 생각해보자. 우리 아이들은 어릴 때부터 부모가 바라는 방향으로만 키워지고 있는 건 아닌지 말이다. 공부도 그렇다. 아이가 공부를 잘해서 의사, 변호사와 같은 전문직을 하거나 못해도 대기업에 들어가야 한다면서 강요하고 있는 건 아닐까? 아이가 자신이 좋아하는 분야에 관심을 두고 스스로 공부할 수 있다면 어떨까?

학교에서 근무하면서 한 학생을 만나게 되었다. 그 학생은 어린 시절부터 아주 철저하게 부모의 설계대로 탄탄대로 엘리트 코스를 밟고 있었다. 실제 학교 성적도 우수해서 명문대 진학은 어렵지 않아 보였다. 외교관이 미래의 목표라고 하길래 언제부터 그 꿈을 꾸었는지 물었다. 그런데 돌아오는 건 예상하지 못한 답변이었다. "그건 제가 진짜로 원하는 꿈은 아니에요. 엄마가 제게 바라는 꿈이거든요. 그런데 엄마를 실망시키고 싶지는 않아요."

그 학생은 심지어 간단한 의사 결정을 할 때도 항상 부모님께 물어봐야 한다고 말했다. 옷을 입을 때도, 양말을 신을 때도, 밥을 먹을 때도 그렇다고 했다. 지금은 선거권을 갖게 된 만 18세가 된 나이에도 그동안 살아오면서 항상 부모님이 정해주는 대로 성실하게 살아왔을 뿐이라고 했다. 그렇게 그 학생은 자기 삶을 살아가는 학생이 아닌 부모가 만들어낸 작품이었다.

다행히도 그 학생은 긍정의 마인드를 지니고 있었다. 부모의 행복이 곧 자신의 행복이라 생각했기에 앞으로도 잘 살아갈 것 같았다. 실제 졸업 후 확인해보니 잘 살아가고 있었다. 그런데 과연 이 학생은 진정으로 행복한 삶을 살아가는 것일까? 본인이 괜찮다고 해서 할 말은 없지만, 단 한 번뿐인 인생을 내가 원하는 삶이 아닌 부모가 원하는 삶을 살아간다는 건 조금은 슬픈 일이다.

안타깝게도 부모가 설계한 대로 공부했던 학생들은 더 많이 있었다. 하지만 이 학생 외에는 중간에 부모와 대립하여 갈등을 겪거나 심한 경우엔 공부 포기를 선언하기도 했다. 부모는 더 좋은 대학에 가기를 바라고, 취직이 잘 되는 학과에 진학하기를 바랐다. 하지만 학생의 성적은 그렇게까지 못 미치거나, 자기가 좋아하는 학문 분야가 따로 있었다. 물론 부모로서 아이가 자본주의 사회에서 취업이 안 되길 바라지 않기에 더욱 현실적인 측면에서 조언하는 경우가 많다.

교사로서 부모와 학생의 입장이 모두 이해된다. 그래서 쉽지는 않지만 중재하려고 노력한다. 하지만, 결과는 결국 둘로 나뉜다. 끝까지 각자의 입장을 좁히지 않는 경우 학생은 공부 포기를 선언하게 된다. 반대로 부모의 생각은 좀 더 현실적이지만, 그래도 아이의 입장을 존중하겠다고 할 때는 타협점이 생긴다. 결과적으로는 후자의 경우에 행복한 결말로 이어진다.

예를 들어, 학생 본인은 역사학과에 진학하고 싶은데, 부모는 취업이 잘되는 경영학과 진학을 바라는 경우가 있다. 앞에서 말한 후자의 경우에는 학생이 부모의 존중을 받았기에 자기도 부모의 의견을 존중해서 의사를 결정하는 경우가 많다. 현실적인 조언을 반영하여 진로를 선택한다는 말이다. 요새는 복수 전공 시스템이 워낙 잘되어 있는지라 우선 경영학과에 진학 후 역사학과를 복수 전공으로 선택한다. 혹은 역사학과에 먼저 진학하되 경영학과를 복수 전공으로 하는 것이다.

지금 사례는 비록 고등학교에서 대학에 진학하는 시점이지만, 어린 시절부터 이런 상황은 항상 생길 수 있다. 아이가 진로를 정하고 어떤 분야에 집중해서 공부할지 선택해야 하기 때문이다. 기본적으로 국, 영, 수를 잘해야 대학 시험에 유리하기에 부모는 아이가 흥미를 보이지 않아도 억지로 학원에 보내고 과외를 시킨다. 재미가 없는데 꾸역꾸역 공부하려니 공부할 마음이 생기지 않는다. 그런데 계속 강요하니 공부가 싫어진다. 한번 안 좋은 마음이 생기면 다음에는 피하고 싶은 생각이 들 것이다.

부모가 아이 몸에 좋다고 비싸고 좋은 음식을 먹이는데, 아이는 먹고 싶은 마음이 들지 않는다. 그래도 부모는 비싸고 몸에 좋으니 많이 먹으라고 계속 강요한다. 아이는 마음에 내키지 않지만 억지로 꾸역꾸역 입에 넣고 삼킨다. 하지만 불편한 마음 때문인지 아직 마음의 준비가 되지 않아서인지 모르겠지만 결국 배탈이 난다. 심하게 배탈이 나서 병원에 입원하고 생고생한다. 안타깝게도 이 아이는 그 음식을 다시는 쳐다보지 않고 살아가게 된다.

방금 말한 내용 중 '음식'을 '공부'로 바꿔서 생각해보자. 공부 과목이 될 수도 있고, 공부 방법이 될 수도 있다. 뭐든지 아이는 아직 공부할 마음의 준비가 되지 않았는데 부모가 원하는 대로 시키려 하니까 탈이 난다. 건강을 위해 새로운 음식을 아이에게 소개하여 먹게끔 하는 전략이 있는 것처럼, 공부도 전략이 필요하다.

아이에게 몸에 좋은 채소를 먹게 하려면 우선 채소가 자주 밥상에 올라와야 한다. 부모가 채소를 맛있게 잘 먹는 모습을 보여야 한다. 그러면서 자연스럽게 아이에게 먹어볼 기회를 마련해야 한다. 단, 처음부터 강요해서는 안 된다. 아이가 마음의 준비가 될 때까지 기다릴 수 있어야 한다.

우리 집 둘째는 3살 때부터 발효 콩을 먹기 시작했다. 사실 아내가 이 음식을 좋아해도 아이들에게는 주지 않았지만, 자주 상에 올려두고 먹었다. 엄마가 맛있게 잘 먹으니까 아이들이 어느 날 한번 먹어본다. 아쉽게도 이미 다른 음식의 단맛을 알아버린 첫째는 거부한다. 그런데 아직 다양한 음식 맛이 신기한 둘째는 한 번 먹더니 맛있는지 계속 먹는다. 지금은 다른 반찬 없이 발효 콩만 있으면 밥 한 공기 뚝딱 먹게 되었다.

공부도 똑같다. 처음부터 공부가 좋을 수 없다. 아무리 인생에 도움이 되는 공부라고 할지라도 아이가 마음의 준비가 되지 않으면 절대 시작될 수 없다. 그래서 부모는 공부에 대한 좋은 감정을 만들어주기 위해 천천히 꾸준히 노력해야 한다. 아이가 충분히 마음의 준비가 되어 스스로 도전해볼 때까지 말이다. 아이들은 흥미를 느끼면 누가 시키지 않아도 계속한다. 계속하다 보면 잘하게 된다. 이 사이 클이 다른 공부 과목으로 바뀌어 이어지면 성공이다.

그러니 부모가 원하는 아이의 인생 계획을 세울 게 아니라 아이 가 스스로 할 마음이 들 때까지 계속 다양한 기회를 마련해줘야 한 다. 결과가 당장 나오지 않아도 좋다. 우리도 모르게 아이는 계속 성 장하고 있기 때문이다. 그러다가 타이밍이 맞는 순간 폭발적인 성장 을 통해 멋진 결과를 만든다. 그런데 여기서 무엇보다 중요한 건 꾸 준함이다. 그 꾸준함은 건강한 공부 감정에서 만들어지기에 이점을 놓치지 말아야 한다.

콩나물은 주기적으로 물을 주지만 자기가 필요한 만큼의 물을 당 겨서 쓴다. 그래도 쑥쑥 잘 자란다. 오히려 거꾸로 콩나물 아래를 뚫 어놓지 않고 물을 가둬두면 콩나물은 썩는다. 그러니 콩나물이 자랄 때까지는 계속 물을 부어주면 되는 것이다. 그게 본질이다. 부모는 계속 물을 주되, 아이가 알아서 받아들이도록 두자는 말이다. 부모의 공부가 아닌 아이들 자신이 주체가 되는 공부가 될 수 있도록….

엄마랑 싸워서 공부 안 할 거예요!

공부에 있어서 예상치 못한 복병이 하나 있다. 그건 바로 다른 사 람과의 '관계'다. 부모와의 관계, 형제와의 관계, 친구와의 관계, 선생님과의 관계 등 아이들은 자기 주변에 맺고 있는 가까운 관계의 사람들에 의해 많은 영향을 받는다. 특히 어린 시절부터 다른 사람들과 건강하게 관계를 형성하지 못한 경우 결핍이 발생한다. 그 결핍은 나중에 쌓여서 위기의 순간이 오면 부정적인 요인으로 나타난다.

담임교사를 하면서 방황하는 학생들과 상담해보면 부모와 싸워서, 형제와 싸워서, 친구랑 싸워서, 선생님이 싫어서 공부하지 않겠다는 경우가 많았다. 별 것 아닌 것 같지만, 공부하기 싫은 이유 중 '관계'로 인한 이유가 생각보다 많은 비율을 차지했다.

한 학생은 부모 모두 서울대학교를 졸업한 수재였다. 그런데 맞벌이하느라 어릴 때부터 아이를 제대로 돌보지 못했다. 여러 이유가 있겠지만, 부모의 등쌀에 못 이겨 외고에 진학해서도 자꾸만 겉도는 생활을 했다. 부모의 기대만큼 성적이 나오지 않자 부모는 자녀를 질타하기 시작했다. 이 학생은 부모와 사이가 좋지 못하니 공부에 대한 회의를 느끼고 더욱 방황했다. 매일 지각하고, 수업 시간에는 자고, 학교밖에 나가지 못하니 사각지대로 가서 흡연하고, 누군가와 싸웠는지 자주 얼굴에 상처도 보였다. 어느 날은 얼굴이 시뻘겋게 달아올라서 살펴보니 술 냄새가 진동해 코를 자극하기도 했다.

이 학생과 대화해보면 지극히 정상적이고 순수한 면을 지녔다. 그리고 부모와의 관계만 좋지 않을 뿐인지 선생님들한테는 절대 막장으로 행동하지 않았다. 본인은 이 학교에 오기 싫었는데 부모가 억지로 보내서 왔으니 학교생활이 재미없다고 했다. 부모와의 관계로 인해 삶이 무너진 것 같아서 안타까울 뿐이었다. 다만 공부는 포기했지만, 나름 주어진 환경 속에서 살아가는 방법을 터득하는 것처럼 보였다.

이렇게 공부만 포기하고, 어느 정도 생활을 잘해주는 아이가 차라리 나을지도 모른다. 어떤 아이는 부모와 관계가 좋지 않아서 공부를 포기했을 뿐만 아니라 학교 폭력의 주범이 되기도 했다. 코로나 이후 사이버상에서 벌어지는 폭력은 더 다양해졌다. 교육청에서 미디어 리터러시 교육 추진단 위원으로 활동하면서 사이버 폭력에 관해 연구한 결과, 실제 사례가 빈번하다는 걸 깨달았다.

그 실제 사례로 한 학생은 중학교 때까지는 부모와 관계가 좋았고, 부모도 많은 관심을 가졌다. 그러나 고등학교에 진학해서 생각만큼 성적이 나오지 않으니 부모는 실망한 기색을 보였고, 그 학생도 상처를 받아 좋지 못한 대화가 오갔다. 결과적으로 대화를 멈추게 되었고, 부모와는 소원한 사이가 되었다. 집에서 애정 결핍을 경험하면서 점점 삐뚤어지기 시작했고, 학교생활을 하면서도 친구와 자주 다투게 되었다. 나중엔 온라인에서 친구를 공개 저격했고, 증거가 남아서 결국 학교 폭력 사안으로 이어져 처벌을 받았다.

지금까지 일반적인 사례부터 극단적인 사례까지 이렇게 자세히 든 이유는 따로 있다. 감수성이 민감한 청소년 시기에 가정에서부터 정서적 안정감을 느끼지 못하면 학교에서 부작용이 발생한다는 점이다. 학생으로서의 본분인 공부뿐만 아니라 일상생활에서도 문제가 생긴다. 사실 심리학적으로 보면 이건 당연한 결과다. 매슬로의 욕구 위계 이론에 따르면 공부는 자아실현의 욕구로 가장 최상위에 해당하고, 애정의 욕구는 결핍이 발생하면 다음 단계로 넘어가지 못하게 되는 욕구이기 때문이다.

전문가들이 쓴 다양한 책을 읽다 보면 공통점이 발견된다. 어린 시절 부모가 감정표현 혹은 애정표현을 제대로 하지 않은 경우엔 아무리 좋은 교육 기회를 제공하더라도 정서적 결핍이 발생한다는 사실이다. 자주 등장하는 사례로는 미국 심리학자 해리 할로의 원숭이 애착 실험이 있다.

한 상자에는 우유 통이 꽂혀있는 철사로 된 어미 인형이 있었고, 다른 상자에는 우유는 없지만 부드러운 감촉의 헝겊 엄마 인형이 있었다. 새끼 원숭이는 배가 고플 때 잠깐 우유 통이 꽂힌 철사로 된 어미 인형에게 갔을 뿐 하루 18시간 동안 헝겊 엄마 인형을 껴안고 있었다. 이 실험은 인간과 가장 가까운 종의 동물은 생존을 위한 영양분 제공보다 정서적 애착이 더 중요하다는 걸 보여준다.

이렇게 어미 원숭이 없이 자란 원숭이들이 어른이 된 후 어떻게 행동하는지에 대한 연구도 계속되었다. 이런 원숭이의 경우에는 다른 원숭이들과 제대로 어울리지 못했고, 사회성도 형성되지 않았다. 정서적 혹은 감정적으로 매우 불안했고, 학습 및 기억 능력 저하까지 되는 모습을 보였다.

이렇게 사회성을 요구하는 동물 실험이 보여주는 사례뿐만 아니라 실제 인간에게도 비슷한 사례가 있었다. 세계 2차 대전 시기에 영국이 독일의 폭격을 받자 아기들을 안전한 장소로 옮겼다. 충분히 먹을 것을 주고 위생도 세심하게 살폈는데도 아이들이 시름시름 앓다가 죽었다. 해결책을 찾기 위해 여러 연구가 진행되었고, 결국은 아기들을 안아주면서 분유를 주었더니 사망률이 떨어졌다고 한다.

비인지 발달 관련 다양한 책을 읽어보면, 어린 시절 아이들을 많이 안아주라고 말한다. 스킨십을 통해서는 옥시토신이라는 행복 호르몬이 나오기 때문이다. 이 호르몬은 스트레스를 줄여주고, 기분 안정과 행복감을 준다. 게다가 세로토닌 분비를 촉진하여 분노와 불안을 감소시키고 마음을 안정시켜 준다.

어릴 때부터 부모가 무릎에 앉혀 놓고 뒤에서 안은 자세로 책을 읽어줄 때 안정감을 느껴서 책 읽는 시간을 좋아하게 된다고 한다. 공부의 핵심인 독서 습관과 문해력의 시작은 어떻게 보면 부모와 아이가 몸을 밀착하여 정서적 교감을 나누는 시간에서 비롯된다고 볼 수 있다. 물론 다 큰 청소년기에까지 이렇게 친밀감을 표현할 수 있을지는 모르겠지만, 어릴 때 형성한 부모와 자녀와의 좋은 관계는 분명 이어질 것이라 믿는다.

실제 학생과 학부모를 동시에 상담하면서 공부 감정이 올바르게 형성된 아이들은 부모와 관계가 좋다는 사실을 발견한다. 충분히 서로의 생각 차이를 이해하려고 노력하고, 의견을 맞춰가면서 좁히려 노력하고, 상대방을 배려하는 마음이 대화 속에서 느껴진다. 반면 부모와 자녀가 사이가 별로 좋지 못한 경우에는 반대의 상황이 발생한다. 각자의 입장 차도 크고, 의견을 맞추려고 하기보다는 서로 비난하고, 상대방을 무시하는 경향을 보인다.

낯선 환경인 학교에서 잠시 1시간 내외로 상담하면서 발생하는 상황을 살피면, 집에서는 얼마나 더 적나라하게 대화가 오갈지 눈에 선하다. 말과 행동은 모두 마음에서 비롯된다고 하지 않는가? 부모가 자녀를 어떻게 생각하는지, 자녀가 부모를 어떻게 생각하는지 대화로 모든 걸 알 수 있다.

심지어 상담 온 부모의 말투, 웃음소리, 손짓 등이 학생의 평소 모습과 너무도 똑같아서 소름이 돋곤 한다. 아이가 공부를 대하는 태도를 보면, 부모가 집에서 아이에게 공부 감정을 어떻게 심어주었는지 알 수 있다는 말이다. 즉, 자녀가 공부를 싫어하게 되고, 못하게 된 결과는 우리 부모들에게 그 원인이 있을지 모른다는 말이다.

아이는 엄마랑 싸워서 공부를 포기한다고 하는데, 그 싸움의 시작이 누구든 갈등을 해결하기 위해서는 부모와 자녀 모두의 노력이 필요하다고 생각한다. 분명한 건 관계로 망가진 공부 감정은 치명적인 영향을 줄 것이기 때문이다. 우리 아이가 공부를 좋아하고 잘하게 하고 싶다면 무한으로 교육 기회를 제공하기에 앞서 정서적으로 안정될 수 있도록 무한한 감정적 지원과 지지를 해야 할 것이다. 부모와 싸워서 공부를 안 하겠다는 결과를 만들지 않기 위해서라도 말이다.

공부보다 재밌는 게 더 많으니까

세상에 과연 공부가 재미있는 사람이 몇이나 될까? 100명에게 물어보면 100명 모두 공부가 재미없다고 말할 것 같은 느낌이다. 공부가 가장 쉬웠다고 말한 사람도 다른 힘든 일이 있었기에 그나마 공부가 상대적으로 쉬웠던 것이지 재미있다고는 안 했다. 우리 아이들도 공부라면 먼저 어렵고, 힘들고, 재미없다고 생각하기 일쑤다. 그건 당연한 결과인듯하다. 왜냐면 세상에 너무나도 재미있는 게 더 많으니까 그렇다.

중학교 때 공부를 꽤 했던 특목고에 진학한 학생 중에도 공부보다 더 재미있는 일에 빠져서 공부를 소홀히 하는 경우가 종종 있다. 교사로서 학교에서 수업 시간에 졸거나, 정신이 나간듯한 표정을 하며 일상생활에 문제가 있어 보이는 학생들을 가끔 만난다. 나는 당연히 교무실로 불러서 그들과 상담해본다. 무엇이 문제인지 궁금하고, 해결책을 같이 찾아봐 주고 싶기 때문이다.

불러서 물어보면 밤새 무언가에 빠져서 잠을 못 이룬 경우가 대부분이다. 게임을 했거나, 스포츠 경기를 봤거나, 인터넷 서핑을 했거나, 웹툰을 봤거나, 미드를 봤거나 등 다양한 이유가 있다. 들어보면 마치 중독된 사람처럼 그 즐거움의 유혹을 도저히 떨쳐낼 수가 없다고 목놓아 말한다.

이렇게 다양한 사례가 있지만, 최우수 성적을 받는 학생이든 중간 정도 성적을 받는 학생이든 성적이 잘 안 나오는 학생이든 그 누구든 공통으로 학업에 가장 부정적인 영향을 주는 요인을 알아냈다. 그건 다름 아닌 '게임'이다. 요새는 스마트폰으로 언제 어디서나 게임을 할 수 있기에 더욱 그렇다. 쉬는 시간에도 보면 계속 스마트폰으로 게임을 하는 학생을 발견하곤 한다.

예전에는 PC나 게임기로 해야 하기에 집이나 PC방 같은 한정적인 장소에서만 할 수 있었다. 그래서 공부보다 게임이 더 좋았던 학생들의 에피소드가 있다. 야간 자율학습 감독을 하다가 중간에 집에 가는 학생이 있는 경우 무조건 부모님들과 통화하고 보내는 규정이 있었다. 그 이유는 학생이 자습 중간에 빠지고 PC방에 가는 경우가 있었기 때문이다. 한 번은 학교 근처 PC방에 학생들이 교복을 입고 자주 출입한다는 첩보를 받고 순찰을 돌아본 적이 있다. 놀랍게도 다수의 우리 학교 학생을 발견할 수 있었고, 그중에는 분명히 학원에 가 있는 것으로 자습 명단에 기록되어 있는 학생도 있었다.

공부보다 게임이 더 재미있는 건 사실이다. 그런데 야간 자율학습을 신청해놓고 빠질 정도로 유혹적이라는 사실이 놀랍다. 10대 후반의 이성적 사고를 할 수 있는 학생들이 보이는 행동이라기에는 분명한 이유가 있는 것이다. 게임이 흥미로운 이유는 궁금증과 호기심이 계속 다음 단계에서 기다리고 있기 때문이다. 즉 새로운 경험을 할 때 도파민이 더 잘 나온다는 말이다.

참고로 행복 호르몬이라고 알려진 도파민은 장단점을 가지고 있다. 우리가 무언가를 하겠다고 결심하거나 하고 싶다는 의욕이 생길 때 도파민이 활발하게 분비된다. 장점은 도파민이 적절하게 분비되면 학습 속도, 정확도, 끈기 등이 향상된다. 하지만 너무 지나치게 분비되면 중독성, 강박증, 조현병, 과대망상 등의 증상이 나타난다. 반면 부족하면 파킨슨병, ADHD 등이 나타날 수 있다.

한국 게임 정책 자율기구의 2021년 한 설문 조사 통계에 따르면, 청소년이 게임을 하는 이유는 첫째 스트레스 해소를 위해, 둘째 단순히 재미있어서, 셋째 친구 및 주변 사람들과 함께 게임이 하고 싶어서라고 한다. 이 비율은 각 46.1%, 23.4%, 10.6%로 합치면 대략 80%가 넘는다. 그리고 초등학교 4학년부터 중학교 3학년까지 학생들의 하루 평균 게임 시간은 주중 2.53시간이고 주말에는 2.88시간이라고 한다. 이 통계는 평균이기 때문에 게임에 중독된 경우에는 더 오랫동안 게임을 하는 데 시간을 보낼 것이다.

왜 그렇게 학생들은 공부보다 게임이 좋을까? 중독성 있는 게임이나 비슷한 활동은 도파민 보상체계를 활성화해 즐거움을 경험하게 하기 때문이다. 그런데 이런 보상체계 활성화가 반복되면 같은 쾌락을 위해 더 강한 자극을 원하게 된다. 고로 장시간 게임을 하게 되고, 게임에 대한 의존성이 점점 강해질 수 있다는 말이다. 쉽게 말해서 앞에 언급했던 학생들처럼 밤새 게임에 빠져 잠 못 이루게 될 수 있다는 말이다.

결과적으로는 학업에 지대한 영향을 끼친다. 안 그래도 공부는 재미없는 활동이라서 하기 싫은데 더 재미있는 게 우리 삶 주변에 항상 포진하고 있으니 거기에 자꾸만 손이 갈 수밖에 없다. 공부를 잘하든 못하든 누구나 상관없이 다양한 도파민의 유혹에 빠지게 된다. 그렇다면 공부에 흥미를 갖게 할 방법은 없을까?

다행히도 공부하면서도 적절한 양의 도파민을 분비시킬 방법이 있다. 앞에서 게임을 하면서 느끼는 감정을 공부할 때도 똑같이 느끼게 해주는 것이다. 《게임의 뇌》 저자인 이경민 교수는 게임을 통해서 새로운 것을 경험하고 그 과정을 통해 뇌의 연결성을 풍부하게 할 수 있다고 말했다. 그러니 공부를 곧 하나의 게임이라 생각해보자는 말이다.

우리는 살면서 매번 새로운 지식을 접하고 전에는 겪어보지 못한 경험을 한다. 때로는 힘들고 어려운 상황에 놓이기도 한다. 그럴 때마다 관련 해당 지식을 공부하고, 경험을 쌓으며 해결책을 찾으려 노력한다. 그런 점에서 보면 인간은 항상 삶의 지혜를 얻기 위해 공부해야 하고, 문제 발생 시 인생 게임 속에서 해결책을 찾아가며 살아가야만 한다. 그래서 공부는 필수 불가결의 것이다. 그렇다면 공부에 흥미를 붙이기 위해서는 어떻게 하는 게 좋을까?

사소하지만 어릴 때부터 아이가 새로운 걸 경험하고 배울 때 '호기심을 유발'해보는 건 어떨까? 의사 결정을 할 때는 '스스로 직접 선택'해보게 하는 건 어떨까? 아무리 어려운 일이라도 '실패해도 괜찮으니 한번 경험'해보게 하는 건 어떨까? 혹시 처음에 어려워하더라도 다시 '여러 번 반복해서 경험'해보게 하는 건 어떨까? 공부가 잘되지 않는다면 어떤 방법으로 해보면 좋을지 '스스로 전략을 짜' 보게 하는 건 어떨까?

방금 말한 내용은 게임을 할 때 아이들이 보이는 행동이다. 어떤 게임일까 궁금해하고, 자신이 직접 게임과 관련된 걸 선택하고, 잘 못해도 한번 해보고 나서 결정하고, 첫판에서 실패해도 다시 여러 번 도전해서 다음 판으로 넘어가고, 실패 후에는 스스로 전략을 짜서 더 좋은 방법을 찾는다.

공부도 마찬가지다. 과연 배울 내용은 무엇일까 궁금해하고, 어떤 책을 볼지 혹은 어떤 강의를 들을지 자신이 직접 결정하고, 처음에 잘 몰라도 일단 한번 배워보고, 잘 모르겠으면 여러 번 시도해서 이해가 될 때까지 고민하고, 혹시 성적이 잘 안 나왔다면 다음에는 어떻게 공부해야 더 성적이 오를지 고민하는 것과 같다는 말이다.

이런 행동 하나하나가 모여서 올바른 공부 감정을 만들고, 앞에서 말한 행복 호르몬인 도파민이 나올 수 있게 만들 수 있다. 도파민은 사실 자존감과도 관련이 있다. 공부 자존감은 공부를 포기하지 않고 끝까지 해내는 힘을 길러주고, 공부에 숙달하여 더 학습 역량을 높여주기 때문이다.

서울대를 50명 가까이 보내던 경기도 소재의 한 명문고를 졸업한 동기 중 한 명은 게임을 그렇게 좋아하더니 결국 프로 게이머가 되었다. 스타크래프트가 유행하던 시절에 이름만 대면 알 수 있을 만큼 명성을 얻었다. 그런데 만날 게임만 한 건 아니었다. 게임을 통해서 길렀던 자존감을 바탕으로 공부도 정말 열심히 했다. 상위 다섯 손가락 안에 들어가는 명문대에도 진학했다. 두 마리 토끼를 모두 잡았다.

한 인터뷰에서 그는 이렇게 말했다. "게임과 공부는 공통점이 있습니다. 노력한 만큼 결과가 나오고, 재미를 붙이면 정말 즐겁게 할 수 있기 때문이죠." 이 글을 읽고도 분명 어떻게 공부가 재미있을 수 있는지 끝까지 궁금해할지도 모르겠다. 하지만, 분명한 건 공부도 재미있을 수 있다. 자기가 직접 경험해야만 알 수 있으니 모르겠다면 알 때까지 한 번 해보길 바란다.

당장 나에게 보상이 없잖아

인간은 자극과 반응, 즉 보상과 동기에 의해서 심리가 작용하곤 한다. 그래서 부모는 아이들이 밥을 잘 안 먹으면, "밥 먹으면 젤리 줄게."라고 말하며 조건부 보상을 하려고 한다. 혹은 공부를 안 하는 아이가 있으면, "1시간 공부했으니 1시간 게임하게 해줄게."라고 말하며 공부를 더 열심히 하기를 바란다. 과연 이 보상이 공부하는 아이에게는 도움이 될까?

아이마다 성향의 차이는 있겠지만, 대부분 아이는 모든 공부에 있어서 '호기심'에서 출발한다. 자기가 궁금해서 시작한다는 말이다. 그러니 부모는 그 호기심을 자극할 만한 방법을 찾아야만 한다. 하지만 현실에서는 자꾸만 외적 보상을 통해 단기적인 행동 변화만 유도하는 것 같다. 안타깝게도 약으로 준 보상이 독이 되는 결과를 만든다.

수십 년 동안 교육 학계에서는 외적 보상이 내적 동기를 파괴하는 실험 결과를 내놓았다. 특히 아이들이 스스로 할 수 있는 수준에서 즐겁게 하고 있는데도, 더 잘하라고 혹은 더 높은 단계로 빨리 넘어가길 바라는 마음으로 보상을 투입할 때 문제가 발생한다. 여러 실험 사례가 있지만, 재미있는 일화가 있어서 소개해볼까 한다.

외적 보상이 내적 동기를 낮춘다는 사실을 알고 있는 한 남성이 공원 벤치에 앉아서 한적하게 휴식을 취하고 있었다. 그런데 아이들이 갑자기 몰려와서 시끌벅적하게 농구를 하기 시작했다. 하루는 참고 넘어갔는데, 매일 아이들이 몰려오자 이 남성은 한적하게 쉬고 싶어서 꾀를 냈다.

아이들에게 1달러씩 돈을 주면서 농구 하는 모습을 보는 게 즐거우니 내일도 와서 열심히 해달라고 부탁했다. 아이들은 돈을 받고 즐거워하며 더 열심히 뛰었다. 다음 날에는 50센트밖에 없어서 이것밖에 못 주겠다고 하면서 그래도 농구를 해달라고 부탁했다. 아이들은 조금 아쉬워했지만 그래도 열심히 뛰었다. 그리고 다음 날은 1센트씩 주면서 부탁했더니 아이들이 짜증을 내면서 싫다고 거절하고 농구장을 떠났다.

이 일화가 전하는 메시지는 무엇일까? 첫 번째는 외적 보상은 분명 동기를 자극해서 행동으로 이어지게 한다는 것이다. 두 번째는 외적 보상이 작아지면 동기도 같이 감소한다는 말이다. 거꾸로 생각해보면 외적 보상은 더 강해져야 반응 행동도 더 잘 나타날 수 있다는 걸 유추할 수 있다. 세 번째는 스스로 하던 일에 외적 보상을 투입하면 오히려 보상이 없으면 자발적인 마음이 사라진다는 것이다.

이 상황을 바탕으로 농구 경기를 하는 아이들을 공부하는 아이들로 바꿔서 생각해보자. 어쩌면 부모는 아이가 스스로 공부를 하고 있는데, 더 잘하라고 보상을 줄 것이다. 그런데 그 보상이 처음에는 잘 먹힐 것이다. 하지만 보상의 강도가 강해지지 않으면, 아이는 공부하는 걸 거부할 것이다. 더는 보상 없이 공부할 마음을 먹기가 어려울 것이다. 어쩌면 이런 이유로 우리 아이들은 왜 공부를 해야 하는지 모르겠다고 말하고 있을지도 모른다.

다행히도 어릴 때는 해야 할 공부 수준이 높지 않아서 아이들이 공부에 관심을 가질 수만 있다면 내적 동기를 충분히 만들어 줄 수 있다. 스스로 하려는 마음을 잘 챙겨주고, 너무 쉽지도 어렵지도 않은 적절한 수준의 과제를 제시할 때 그 동기가 충분히 발현될 수 있다. 근거 없이 말하는 게 아니다.

《아주 작은 습관의 힘》에 소개된 '골디락스 법칙'이 이를 증명한다. 동기는 행동 난이도에 따라서 부여되거나 사라질 수 있는데, 도전적인 수준이 관리가 될 정도로 적당해야 동기가 가장 크게 나타난다는 법칙이다. 너무 난이도가 쉬우면 지루함을 느끼고, 너무 어려우면 실패할 가능성이 크니 동기가 떨어진다는 말이다. 단, 골디락스 존이라 불리는 적당한 수준의 위치에 들어가면 동기는 최상이 된다.

그래서 강조하고 싶은 건 즉각적인 보상이 없더라도 아이들이 공부에 흥미를 갖도록 부모가 노력해야 한다는 말이다. 시작은 접근하기 쉽게 약하게 하더라도 조금씩 아이의 수준에 맞게 과제 난이도를 올릴 필요가 있다. 그리고 "~하면 ~해줄게", "~했으니 ~해줄게" 등의 조건부 보상을 하지 않도록 노력해야 한다. 마치 우리 삶의 일부인 것처럼, 자연스럽게 경험하도록 하고 습관처럼 자주 할 수 있게 하는 것이 중요하다.

어린 시절부터 이런 경험이 축적되어 나중에 초등학교, 중학교, 고등학교에 입학하면서 늘어나는 공부량을 소화하고, 점점 올라가는 난이도를 차근차근 따라갈 수 있다. 우리나라 학생들의 학업 수준은 중학교 때까지는 세계에서 최고로 높다고 한다. 하지만 고등학교에 올라가면서부터 역전 현상이 나타난다. 심지어 대학 진학률도 높은 나라지만, 노벨상 수상자는 손으로 꼽는다. 그 이유는 모두 내적 공부 동기와 관련이 있다.

실제 중학교 때까지는 공부량도 난이도도 충분히 커버할 수 있는 상황이다. 하지만 고등학교 때부터는 차이가 난다. 웬만한 끈기

없이는 포기하기 일쑤다. 외적 보상으로 그동안 공부를 해왔다면 더더욱 무너지기 쉽다. 배우는 과목은 많은데 막상 실제 생활에서 바로 써먹거나 보상으로 돌아오는 경우는 드물기 때문이다. 예를 들어, 어려운 수학 문제를 푼다고 당장 도움이 되지 않고, 논문 수준의 영어 지문을 읽는다고 당장 생활 속에서 써먹을 데가 없다. 그러니 공부할 이유를 찾지 못하고 포기로 이어진다.

아무리 부모가 시험 잘 보면 노트북을 사준다고 해도, 새로운 스마트폰을 사준다고 해도 효과는 크지 않을 것이다. 자신이 해야 할 노력과 받게 될 미래 보상의 갭 차이가 크기 때문이다. 굳이 노트북이나 스마트폰을 받지 않아도 된다고 생각하면, 공부도 안 하면 그만인 상황이 된다. 또한, 좋은 대학을 가면 좋겠지만, 대학 좀 못 갔다고 세상이 무너지는 건 아니니 (물론 대학이 전부인 학생도 있지만…) 그렇게까지 공부에 올인하고 싶지 않다.

2022년 한국 수학사를 새롭게 쓴 미국 프린스턴대 수학과 허준이 교수는 한인 최초로 세계수학자대회 126년 역사에서 필즈상을 받는 영예를 얻었다. 참고로 필즈상은 국제수학연맹이 4년마다 수학계에서 풀리지 않는 난제를 푼 40세 미만의 연구자에게만 수여하는 노벨상에 맞먹는 상이다. 누구나 이 소식을 듣고 미국에서 자랐기 때문이라고 예측했을 것이다. 하지만 반전에 반전을 거듭한 그의 스토리가 매력적이다.

그는 현재는 한국계 미국인이지만 초중고 및 대학 교육을 모두 한국에서 나온 국내파다. 게다가 고등학교 때는 시인이 되고 싶어서 자퇴했다. 다시 학업을 이어가고 싶어서 검정고시로 서울대에 진학했고, 물리 천문학과를 전공하며 수학을 복수로 전공했다. 4년제 대학을 6년 동안 다녔는데 수학에 관심을 가진 것은 5년째부터였다. 비록 속도는 느렸지만, 자신이 관심 가진 분야를 찾고 꾸준하게 포기하지 않고 걸어온 덕분에 필즈상을 받을 수 있었다.

그는 한 인터뷰에서 "마음은 자기가 가고 싶은 곳으로 간다. 자연스럽게, (마음이) 하고 싶은 것을 하되 조금씩 돕는 게 최선이다."라고 말했다. 어떻게 보면, 최고의 보상은 자신이 원하는 것을 하면서 보람을 느끼는 게 아닐까 싶다. 그 어렵다는 수학 공부도 비록 속도는 더뎠지만, 즐겁게 마음을 돌보며 했기에 이런 성과를 얻을 수 있었다고 생각한다.

분명히 우리가 키우는 아이는 저마다 속도도 다르고, 관심사도 다를 것이다. 그렇기에 지금 당장 국어, 영어, 수학을 못 한다고 걱정하며 지나치게 공부를 강요하고 몰아쳐서 아이가 공부에 지치게 하는 것은 옳지 않다. 공부를 잘해서 좋은 성적을 받는 것보다 중요한 것은 아이가 공부를 싫어하게 되어 완전히 놓지 않도록 공부 감정을 다스리도록 하는 것이다. 그 점을 잊지 않는다면, 우리 아이도 외적 보상 없이도 공부를 좋아하게 되지 않을까 싶다.

공부가 곧 시험공부가 될 때

공부에 관한 정의는 다양할 수 있다. 하지만 간단히 말하자면, 우리가 궁금한 점을 해결하기 위해 연구하는 게 공부라 할 수 있다. 그리고 시험은 그렇게 공부한 내용을 얼마나 이해하고 기억하는지 확인하는 하나의 방법이다. 그런데 대학입시 혹은 자격증 시험의 경우에는 목적 전도 현상이 나타난다. 더 이상 자가 진단을 위한 시험이 아니다. 오히려 그 시험을 위해 공부하는 상황으로 바뀐다.

현실을 되돌아보면 쉽게 이런 현상을 살필 수 있다. 어린 시절 순수하게 '호기심'으로 공부를 시작한다. 그렇지만 상급 학교로 진학하면서 점점 입시 위주의 공부로 바뀐다. 어쩔 수 없다. 자신이 원하는 고등학교 혹은 대학교에 진학하려면 입시를 치러야 하기 때문이다.

특목고나 자사고 시험 혹은 수학능력시험은 정해진 규칙을 따른다. 내가 원하지 않더라도 필수로 시험 봐야 할 과목을 공부해야 한다는 말이다. 예를 들어, 한 고등학생이 언어(국어, 영어)는 좋아하는데, 수학은 별로 좋아하지 않는다. 하지만 수능시험에서는 수학 과목도 있고, 심지어 탐구 과목, 제2외국어 과목도 있다. 다른 과목도 공부하지 않으면 원하는 대학교에 진학할 수 없다.

안 그래도 공부가 어렵고 힘든데, 하기 싫은 과목까지 하려니 더 싫어지는 것이다. 하기 싫을 걸 떠나서 자기 삶에 이 과목이 왜 필요한지 모르겠다. 실제 나도 수학을 별로 좋아하지 않았다. 재수할 때

무턱대고 한의대에 가고 싶다고 도전했지만, 결국 수학이 발목 잡으면서 우르르 무너져 내렸다. 아무리 열심히 하고 싶어도 어려우니 성적이 잘 나오지 않았고, 그래서 하기 싫으니 시간을 별로 투자하지 않게 되었다. 계속 그렇게 악순환이 반복되어 오히려 수포자(수학 포기자)가 되었다.

그런데 너무 신기하게도 어른이 되어 재테크를 공부하다가 원금과 이자를 계산하며 등차수열과 등비수열을 나도 모르게 찾아가며 공부하는 모습을 발견했다. 분명 고등학교 때는 그다지 필요 없다고 생각했던 수학 공식도 실제 삶에서 쓸 일이 있게 된 것이다. 시험을 위한 공부가 아니라 필요에 의한 공부가 되니 자연스럽게 공식을 찾고 대입하며 원하는 값을 찾게 되었다.

진작 이 공식이 삶에 필요하다는 사실을 알았으면 얼마나 좋았을까 싶다. 하지만 그때는 대학 진학이 가장 최우선 목표였고, 그러기 위해 어쩔 수 없이 수학 공부를 해야만 했다. 결과적으로는 동기 부여가 약하니 수학 공부가 싫어질 수밖에 없었다. 물론 수학을 잘해야만 한의대에 합격할 기회가 더 높아질 텐데 어렵고 힘드니까 금방 포기했던 게 아닌가 싶다.

학교에서 아이들을 살펴보면, 이와 비슷한 상황을 많이 겪는 것을 알 수 있다. 진로 진학 상담을 하면서 특정 과목에서는 우수함을 보이지만, 다른 과목에서는 약점을 보이는 경우가 많다. 물론 우등생의 경우에는 두루 좋은 성적을 얻기도 하지만, 대부분은 내가 겪은 것을 그대로 경험한다.

하지만 생각만큼 이를 극복하기가 쉽지 않다. 사람 심리가 잘하고 싶은 것만 계속 잘하고 싶다. 반면 못하는 걸 굳이 힘들여서 하기는 싫다. 노력해도 금방 성과가 나오지 않기 때문이다. 그래서 악순환이 되고 수험생의 꽃이라 할 수 있는 고3이 되어서도 중학교 수준의 기초적인 영어 단어나 수학 공식을 알지 못한 채 어려운 수능 공부를 하는 학생도 많이 볼 수 있다. 집을 지을 때 기둥을 제대로 세워두지도 않고 지붕 공사를 마무리하려니 당연히 부실 공사로 이어질 수밖에 없다.

만일 정해진 시간 안에 끝내야 하는 입시 시험이 아니었다면 어땠을까? 마음이 급하지 않으니 영어든 수학이든 천천히 기초부터 조금씩 모르는 걸 알아가며 실력을 키울 수 있을 것이다. 실제 그런 사례가 있다. 마음을 급히 먹지 않고, 천천히 다시 기초부터 접근하는 학생들이 간혹 있다. 비록 고3 때는 자기가 원하는 대학에 진학하지 못하더라도 재수를 하면서 그때 쌓은 기초 실력을 바탕으로 한 단계 도약하는 모습을 보인다. 일명 '자기객관화'를 분명히 한 것이다.

이처럼 우리가 조금만 관점을 바꿔서 생각하면, 시험공부를 하더라도 좋은 결과로 이어지도록 할 수 있다. 물론 그 바탕에는 기본적으로 공부를 좋아하는 마음이 들도록 어린 시절부터 노력이 필요하다. 시험을 위한 공부가 아니라 공부 자체를 목적으로 두어야지 공부 동기와 흥미를 모두 잃지 않는다.

부모는 아이가 특정 과목을 못 하면 학원부터 보내거나 과외 선생님을 구하곤 한다. 부족하니까 성적을 끌어올리기 위해 뭐라고 해 보려고 노력한다. 이게 효과가 있으면 다행이지만, 잘못되면 약점을 잡으려다가 원래 가지고 있던 공부에 대한 흥미마저 잃게 할 수 있다. 벼룩 없애려다 초가삼간 다 태울 수도 있다는 말이다. 오히려 벼룩은 좀 있더라도 남아 있는 집을 더 튼튼하게 보수하고, 여유가 되면 거슬리는 벼룩을 잡는 방법을 활용해보면 어떨까 싶다.

《놓아주는 엄마 주도하는 아이》에서 우리 아이들은 각자 다른 재능을 가지고 태어난다고 말한다. 그런데 획일화된 대학 입학시험 시스템에 각자 능력이 다른 아이들을 맞춤형으로 교육하고 시험을 잘 보면 성공, 못 보면 실패로 간주하는 것은 옳지 않다고 말한다. 빌 게이츠, 스티브 잡스, 마크 저커버그 등 크게 성공한 사람을 보면 오히려 학교 중퇴자가 많다. 입시에서 말하는 약점보다는 자기가 관심을 가진 분야의 강점을 더 기르고 몰입해서 결과를 만들어내기 때문이다.

나도 크게 느끼는 바가 있다. 시험은 말 그대로 시험이다. 정해진 형식이 있고, 각 형식에 맞게 문제를 푸는 방식도 있다. 관련 지식도 쌓아야 하지만, 시험에 맞게 공부하고 준비할 필요가 있다는 말이다. 외국에 잠시 살다 온 나는 당연히 토익 고득점이 나올 줄 알았지만, 토익 시험 문제 유형을 모르니 그렇지 않았다. 하지만 시험 유형에 맞게 공부하고, 시간을 맞춰가며 훈련하니 금방 고득점이 나왔다.

그렇다. 시험공부는 순수한 공부가 아니라 따로 전략을 세워서 해야 하는 공부다. 그렇기에 준비된 자만이 좋은 결과를 얻을 수 있다. 순수하게 공부만 한 아이들이 입시 공부를 준비하지 않으면 아무리 공부 감정이 탄탄해도 좋은 결과를 얻을 수 없다는 말이다.

실제 수업 시간에 집중해서 듣고, 필기도 열심히 하는 모습을 보이지만 성적은 잘 안 나오는 학생들이 더러 있다. 그 학생들의 공통점은 학기 초에는 최선을 다하지만, 점점 성적이 오르지 않으니 자신감을 잃고 나중에는 공부하는 것에 회의를 느낀다. 만일 이들이 시험을 보지 않고 그냥 공부하게 했다면 어땠을까 하는 아쉬움이 든다. 물론 나도 그랬던 학생이었기에 더욱 그렇게 생각한다.

수업 시간에 선생님 질문에 잘 대답하고, 수업 듣는 태도만 보면 나는 우등생 저리가라였다. 심지어 반에서 1등 하던 친구도 내가 필기한 노트를 빌려 가기도 했다. 그리고 친구들이 이번 시험은 왠지 잘 봤을 것 같다며 기대도 했다. 하지만 생각만큼 성적은 잘 나오지 않았다. 무엇이 시험에 나오는지 요령껏 공부하지 않고, 정말 순수하게 새로운 것을 배우고 알아가는 걸 좋아했기 때문이다.

한번은 시험 당일 아침에 나한테 중국어 과목을 30분 동안 핵심 내용을 들으며 공부한 친구와 같은 점수가 나왔을 때, 정말 당황스러웠다. 물론 그 친구는 그 이후에 공부했던 내용을 기억하지 못할 테지만, 결과적으로는 같은 점수였기 때문이다. 이러니 열심히 공부해야겠다는 생각이 들까?

비록 대학입시에 맞는 공부를 끝까지 버티고 하지는 못했지만, 다행히도 순수하게 모르는 것을 알아가는 공부에 대한 감정은 살아 있었다. 그래서 오히려 대학교에서 혹은 대학원에서는 내가 원하는 분야를 공부하면서 빛을 발하기 시작했다. 실제 특목고에서 수업 태도가 좋았던 학생들은 내신이나 수능 성적이 잘 나오지는 않았지만, 대학 진학 후에 우수함을 보였다.

명문대 진학이 정답이라고 생각한다면 어쩔 수 없다. 하지만 적어도 평생 살아가면서 잃지 말아야 할 공부 감정을 지킬 방법은 따로 있다고 생각한다. 결과보다는 공부 과정 자체를 즐길 수 있다면 좋은 결과를 얻을 수 있기 때문이다.

친척 중에 어린 시절 자연을 관찰하고, 곤충을 채집하며 공부를 즐겼던 한 소년이 있었다. 비록 명문대 진학은 할 수 없었지만, 지질학 분야에 대한 열정은 대단했다. 덕분에 남극에 가서 탐사하고, 서울대학교에서 석사를 하고, 파리대학교에서 박사를 마치고 대학교수로 임용되었다. 이 친구를 비롯해 우리 주변에서 비슷한 사례를 많이 찾아볼 수 있다.

반대로 대학 진학을 잘했지만, 변변치 않은 인생을 살아가는 친구들도 있다. 아마도 명문대 진학이 인생에서 해야 할 공부의 마지막 목표였기 때문일 것이다. 물론 명문대에 진학해서도 잘하는 학생들은 공부 감정이 잘 잡힌 학생들일 것이다. 그러면 금상첨화지만, 혹시라도 당장 성적이 안 나온다고 해서 좌절하지 말자는 게 요지다. 이 점을 잊지 않고, 꾸준하게 노력하면 분명 언젠가는 빛날 날이 올 테니 올바른 공부 감정을 기르도록 노력하자.

책으로 공부하는 것만이 전부라고?

우리 아이가 공부하는 장면을 떠올려보라. 무엇이 떠오르는가? 아마도 책상에 앉아서 교과서를 펴고 연필로 혹은 펜으로 밑줄 치고 필기하는 모습을 떠올릴 것이다. 대부분은 공부 장면을 이렇게 묘사하리라 믿는다. 하지만 우리 삶의 공부는 책으로 하는 공부만이 전부가 아니다. 혹은 시험을 잘 보기 위해 하는 공부만이 전부는 아니라는 말이다.

살아가면서 지식 습득과 직접 경험은 학습에 있어서 필수다. 여기서 지식은 책으로 배우는 간접 경험을 말한다. 반면 직접 경험은 직접 자기가 보고, 듣고, 느끼는 것을 의미한다. 하지만 안타깝게도 우리는 이런 직접 경험과 같은 살아있는 학습보다는 수동적인 간접 경험 학습에 목을 매는 경향이 있다.

그래서 아이들은 공부에 흥미를 붙이기 어렵다. 자기 주도적으로 궁금한 걸 해결하는 능동적인 학습 방법이 아니기 때문이다. 또한 '책 좀 읽으라고' 잔소리하는 부모의 호통이 듣기 싫다. 하고 싶지 않은데, 혼나기까지 하니 책을 읽기가 싫다. 게다가 사람마다 성향이 달라서 효율적으로 공부하는 방법도 다양한데 그걸 잘 모른다.

교육학 이론에 따르면 학습 성향에는 '장 독립적'과 '장 의존적'인 두 성향이 있다. 장 독립적인 성향은 혼자서 무언가를 하려는 자세를 보인다. 장 의존적인 성향은 다른 사람과 어울리며 함께 하려는 자세를 보인다. 전자의 경우에는 혼자서 책 읽고, 고민하고, 탐구하는 게 자연스럽고 편할 것이다. 하지만 후자의 경우에는 누군가와 함께 팀을 이뤄서 함께 프로젝트를 수행하거나 토론을 통해 지식 쌓는 걸 더 선호할 것이다.

물론 세상의 아이들을 이렇게 두 가지 부류로 나누는 건 옳지 않다. 그래서 다중지능 이론을 주장했던 하워드 가드너는 9개의 지능을 소개했다. 9개 지능은 언어 지능, 논리-수학 지능, 공간 지능, 음악-리듬 지능, 운동감각 지능, 대인관계 지능, 개인 내적 지능, 자연 관찰 지능, 실존 지능이 있다. 사람마다 자신이 더 잘할 수 있는 능력이 다르다는 말이다. 고로 학습할 때도 자신이 가진 재능을 적극적으로 활용하면 더 좋은 효과를 볼 수 있다.

《평균의 종말》의 저자인 토드 로즈는 ADHD 장애 자퇴생에서 하버드대 교수가 되었다. 그는 어린 시절에는 자신이 무엇을 더 잘하는지 알지 못했다. 다만 세상이 만든 틀에 맞춰 자신이 어떻게든 노력을 통해 결과를 내보려 했으나 실패했다. 학교 교육은 평균을

지향하는 시스템이다. 개개인의 특성을 고려하지 않는다는 말이다. 그 시스템에 잘 적응하거나 준비를 잘해온 아이들은 결과가 좋겠지만, 그렇지 않으면 실패자나 낙오자로 전락할 수밖에 없다.

고등학교 때까지는 성적이 잘 나오지 않아서 대학입시에 실패하지만, 대학 진학 후 멋진 인생을 살아가는 학생들이 종종 있다. 대학에서는 나름의 자율성이 보장되기 때문이다. 단순히 객관식 문항에서 답을 찾으려 하기보다는 기본 지식을 확장하여 자신의 의견을 논리적인 근거와 함께 제시하기를 바라기 때문이다. 그리고 조별 활동과 같은 프로젝트를 통해 협동 학습 역량을 요구하기도 한다.

특목고에 다니면서 대학입시의 신들 사이에서 주눅이 들었던 일부 아이들이 있다. 비록 명문대 진학은 못 했어도 대학에서는 매우 주도적인 삶을 살아가고, 장학금도 받고, 누가 봐도 멋진 삶을 살아가는 모습을 보이곤 한다. 대학입시로는 실패자가 되었을지도 모르지만, 인생을 크게 놓고 보면 충분히 잠재력을 더 가진 사람일지도 모른다는 생각이 든다.

사실 나만 봐도 내 강점이 무엇인지 대학에 가서야 알 수 있었다. 내가 고등학교 때는 수능시험을 치르는 것이 정답이었다. 객관식 문제를 정확히 맞히는 게 학업 능력이고 성공과 직결되는 입시 시스템이었다. 그리고 6차 교육과정이라서 거의 모든 과목을 다 공부해야 했다. 만일 내가 조금 더 늦게 태어나서 과목을 선택할 수 있었다면 어땠을까. 나는 수학과 물리를 잘하지는 못했지만, 다른 과목은 자신이 있었기 때문이다.

혹은 '수시 전형'으로 대학을 갈 수만 있었더라면 더 유리하지는 않았을까 하는 아쉬움이 든다. 나는 활동적이기에 프로젝트 학습을 할 때는 매우 주도적인 모습을 보이기 때문이다. 물론 내신도 챙기고, 수능 공부도 해야겠지만 그래도 생활기록부 평가에서는 강점을 충분히 보일 수 있을 거라는 생각이 든다. 그냥 수능 공부만 하는 것보다는 분명 플러스 요인이 있었을 거라는 생각이 든다.

그래서 아이 성향에 따라 일반고와 특목고(혹은 자사고) 진학 여부를 결정하기를 바란다. 명문대 진학을 위해서는 일반고에서는 혼자서 진득하게 공부에 파고드는 성격이 더 유리해 보인다. 반면 활동적이고 경쟁을 즐기는 성향이라면 특목고(혹은 자사고)에 진학해서 다양한 활동을 경험하며 스펙을 쌓는 게 더 유리해 보인다. 물론 정답은 없지만, 대체로 이렇게 두 성향에 맞게 고등학교 진학을 고민해보는 게 어떨까 싶다. 이것도 너무 이분법적인 접근이 될 수 있기에 다른 요소도 고려할 필요가 있다.

어찌 되었든 의자에 궁둥이를 붙이고 책을 읽는 공부만을 강요하는 것은 옳지 않다고 말하고 싶다. 개인의 특성을 잘 알고 그에 맞는 공부법을 찾아야 한다. 지인 중에는 교과서를 소리내어 읽어야 이해가 되는 청각적으로 접근하는 공부법이 맞는 자녀가 있다고 말한다. 다른 지인은 시각적으로 접근하는 공부법이 아이에게 맞아서 인터넷 강의를 통해 주로 학습을 시킨다고 한다. 다른 지인은 아이가 음악에 재능을 보여서 다른 공부를 할 때도 노래로 만들어서 공부하면 암기가 잘 된다고 말한다.

제자 중의 한 명은 문과에서 이과로 옮겨 대학입시를 준비하려고 고2 때 학원가에서 상담을 받았다고 한다. 그런데 학원에서 기본 수학 실력이 없으니 받아줄 수 없다고 했다. 여러 군데를 찾아갔으나 같은 반응이라 어쩔 수 없이 인터넷 강의를 통해 수학을 공부하기 시작했다. 너무 다행히도 제자는 인터넷 강의를 듣는 게 성격에 맞았다. 그리고 10번을 돌려보며 마치 대사를 외우듯이 강사의 강의 내용을 외우다시피 했다. 처음에는 가볍게 즐기듯이 강의를 보다가 다음에 볼 때는 점점 기억이 안 나는 부분 위주로 복습하며 몰입했다. 덕분에 금방 이과 수학을 따라잡을 수 있었고, 수능에서도 수학 만점을 받아 카이스트에 진학했다. 우연의 일치였지만, 이 모든 것은 자신만의 학습법을 찾은 덕분이었다. 공부를 싫어하는 아이들도 만일 자신이 좋아하는 방식으로 공부할 수만 있다면 어떨까? 최소한 공부가 싫지는 않을 것이다. 또한, 자신만의 방식으로 더 효율적으로 공부할 수도 있을 것이다.

유명한 할리우드 배우 톰 크루즈와 성룡은 모두 문맹에 가까운 난독증으로 누군가 대본을 읽어주면 통째로 외워서 연기했다고 한다. 하지만 그 분야에서만큼은 누구와 비교할 수 없을 만큼 성공한 사람들이다. 이들이 만일 책으로 연기를 배우고, 대사를 외웠다면 어땠을까? 평생 그 자리에서 성장하지 못하고 머물렀거나 그만둬야

했을 것이다. 반면 자신의 단점보다는 장점을 살려서 할 수 있는 걸 했던 사람들이라서 성공의 길을 걷게 되었을 것이다.

《최재천의 공부》의 저자 최재천 교수는 세상 경험 중에 쓸모없는 경험은 없다고 말하며 모든 경험은 언젠가는 쓸모가 생긴다고 주장했다. 비록 지금 아이가 교과서로 배우는 지식이 부족하거나 시험 성적이 안 나온다고 걱정하지 않았으면 좋겠다. 오히려 아이들이 무엇에 더 흥미가 있고, 더 잘할 수 있는지 살펴주는 것이 중요하다. 그 장점을 찾아내어 남들보다 더 잘할 수 있는 공부를 할 수 있도록 돕는 게 제대로 된 공부 감정을 형성할 방법이 아닐까?

서울대 못 갈 거면 공부 때려치워!

만일 부모가 모두 서울대 출신이라면? 부모가 모두 의사나 변호사라면? 그 부모의 자녀들은 과연 행복할까? 이미 기득권의 힘을 맛본 부모들은 자녀도 똑같은 삶을 살아가기를 바란다. 심지어 자신과 자녀의 능력을 동일시하며 같은 결과를 낼 수 있다고 생각한다. 하지만 현실은 녹록지 않다. 콩 심은 데서 콩 나고, 팥 심은 데서 팥 나는 법이란 결코 없기 때문이다.

외고에서 근무하면서 이런 사례를 많이 봤다. 부모님이 명문대를 나왔기에 자녀도 당연히 명문대에 진학할 수 있다고 생각한다.

특히 서울대가 아니면 대학이 아니라고 생각하는 부모도 봤다.

내가 고3 담임을 했던 시기에 손에서 책을 놓지 않고 학교생활을 하는 학생이 있었다. 내신 성적도 상위권이었다. 다만, 서울대는 지원하기가 어려워도 나머지 명문대라 불리는 학교에는 충분히 진학할 가능성이 있었다. 하지만 그 학생은 이상하게도 의욕 상실의 모습을 보였다. 상담을 해보니 이유가 분명히 있었다.

역시나 부모님이 이유였다. 두 분 모두 그런 건 아니고, 아버지가 말씀하시길 서울대 못 가면 대학 등록금을 지원해주지 않겠다고 했단다. 현실적으로 자기 성적으로는 서울대는 못 갈 것이 뻔했기에 공부할 이유가 없어졌다고 고백했다. 그러더니 수업도 듣는 둥 마는 둥 하고, 수시 전형으로 가기 위한 노력도 하지 않으려 했다. 정말 다행히도 3월 상담 때 이 학생의 마음 상태를 알아냈고, 도움을 주기 위해 노력했다.

비록 아버지는 서울대가 아니면 대학 갈 생각하지 말라고 했지만, 어머니는 생각이 달랐다. 그래서 어머니와 공조하고, 이 학생과 가장 친한 학생과 협력해서 나머지 고3 생활을 잘 보낼 수 있게 도왔다. 만일 부모님이 대학 등록금을 지원해주지 않아도 학자금 대출이라는 방법도 있고, 어머니는 어느 대학에 진학하더라도 적극적으로 지원하실 마음이 있으니 마음을 바꾸라고 설득했다.

처음에는 잘 넘어오지 않았다. 시큰둥한 태도로 상담했다. 그런데 몇 년 동안 고3 담임교사로서 입시를 지도했던 나로서는 내신 성적이 너무 아까울 정도로 좋은데 왜 포기하냐고 계속 설득했다. 밑져야 본전이니 일단 선생님이 안내하는 대로 따라와 달라고 부탁했다. 게다가 도와주기로 한 이 학생의 친구도 옆에서 같이 거들어서 같이 공부하자고 달랬다. 진심이라 통했을까? 반신반의의 태도였지만, 서서히 나아지는 모습을 보였다.

평소에는 책만 주야장천 읽었지만, 시험 기간이 다가오니 친한 친구와 같이 내신 공부를 했다. 그리고 틈틈이 내가 내준 미션을 수행하며 생활기록부에 활동 기록이 될 수 있도록 노력했다. 1학기가 지나고 보니 다행히 내신 성적도 유지할 수 있었고, 자신이 원하는 학과와 관련된 활동을 채워나가서 생활기록부 내용도 내실 있게 마무리할 수 있었다. 그리고 대학 수시 지원을 앞두고 부모님과 삼자대면의 시간이 왔다.

아버님이 워낙 완강하신 걸 알고 있었기에 조금 긴장됐다. 혹시나는 역시였다. 밑도 끝도 없이 바로 서울대는 못 가느냐고 물으셨다. 당연히 나는 지원해볼 수는 있으나 합격 가능성이 크지 않다고 솔직하게 대답했다. 그러니 한숨을 쉬면서 그러면 최대 어디까지 갈 수 있겠냐고 물으셨다. 개인적인 의견이지만 지난 졸업생들의 데이터를 기반으로 볼 때 서울대는 아니라도 SKY에 해당하는 대학 중 한 군데는 가능성이 크다고 대답했다.

그랬더니 믿지 못하는 눈치였다. 어떻게 이 성적으로 그 대학을 갈 수 있냐고 하면서 그 아래 대학의 특정 학과를 지목하며 거기는 갈 수 있을 것 같다고 스스로 결론을 내렸다. 왜 그렇게 생각하냐고 물으니 지인이 그 학교에서 근무하는데 충분히 올 수 있을 거라고 조언했다고 한다. 너무나 안타까웠다. 생활기록부의 전공 적합성도 확인해보지 않은 제삼자가 어떻게 그것을 판단할 수 있을지 의문이 들었다.

나중에 생각해보니 학생이 진학하고 싶어하는 사회학과가 마음에 들지 않았던 것 같다. 그래서 경제학과에 지원하라고 그렇게 강조했던 것이다. 결과적으로 아버지의 의견을 보태서 무조건 합격할 수 있다고 말한 그 학교의 학과 1개를 포함하여 나머지 5개 학과는 학생이 원하는 학과 위주로 지원했다. 과연 결과는 어땠을까?

다행히도 내가 원했던 최상의 시나리오를 받아볼 수 있었다. 물론 쉽사리 된 건 아니었다. 아이가 수능을 보고 나서 많이 좌절했다. 가채점을 해보니 수능 최저를 맞출 수 없어서 가장 좋은 학교에는 합격할 수 없을 거라고 믿었다. 하지만 나는 과거의 경험을 반추하여 혹시라도 가채점 결과가 다를 수 있으니 끝까지 포기하지 말고 면접에 임하라고 했다.

정말 다행히도 그해 수능이 어렵게 나와서 등급 컷 점수가 달라져서 수능 최저를 맞출 수 있었다. 그리고 평소 책을 많이 읽었던 학생이라 면접에서도 미끄러지지 않고 다행히 잘 마무리할 수 있었다. 졸업 후 연락이 뜸하다가 갑자기 학교에 인사하러 왔던 날이 생각난다. 얌전했던 학생은 노랗게 머리를 물들이고, 신나게 연애도 하고,

자신이 원하는 학과에서 재미있게 학업에 매진하고 있다고 했다.

만일 이 학생이 아버지 말대로 서울대가 아니면 대학에 가는 게 의미 없다고 생각하고 계속 그렇게 의욕 없이 살았다면 어땠을까? 몇 번이고 곱씹어 보게 된다. 우리는 개인마다 다르겠지만 충분한 능력과 자격이 있는 아이에게 부모로서 어떻게 공부 감정을 기르게 하고 있는지 되돌아보게 한 사례라고 생각한다. 고래로 자랄 아이를 자꾸만 고등어가 되라고 하는 건 아닌지 생각해 볼 문제다.

우등생도 공부가 어렵고 힘들다

과연 세상에는 공부를 순수하게 좋아하는 사람이 얼마나 될까? 진정으로 공부의 맛을 느껴보지 않은 이상 공부가 좋은 사람은 없을 것이라 본다. 혹은 결과를 내는 공부가 아니라면 그래도 조금이라도 공부를 즐기면서 할 수 있지 않을까? 안타깝게도 우리 아이들은 국가에서 정해 놓은 교육과정 아래 필수로 배워야 하는 과목이 정해져 있다. 이 말은 곧 하고 싶지 않은 공부도 해야 한다는 말이다. 그래서 성적이 잘 나오는 우등생들도 공부가 좋아서만 하는 것은 아니라는 의미가 된다.

실제 우등생들과 상담하고 인터뷰하면서 공통점을 발견할 수 있었다. 그들도 공부가 어렵고 힘들다고 느낀다는 점이다. 국어를 잘하지만, 수학이 어려운 아이. 수학은 잘하지만, 영어가 어려운 아이. 정말 다양한 사례를 찾아볼 수 있었다. 하지만 일반적인 아이들과 우등생들의 차이점은 분명히 있었다. 싫지만 목표를 분명히 세우고, 문제를 하나씩 해결하려는 자세를 보였다는 점이다.

그런데 사람의 마음은 어쩔 수 없나 보다. 입시의 끝에는 균형이 어느 정도 맞혀지지만, 누구나 시작 단계에서 그리고 중간 과정에서는 불균형한 상태를 보인다. 국어와 영어처럼 언어를 좋아했던 한 학생은 내신 성적에서도 수능 모의고사 시험에서도 모두 1, 2등급을 받았지만, 딱 하나 수학만 계속 4, 5등급을 받았다. 고3이 될 때까지 이 불균형은 계속 유지되었고, 막판에 가서야 조금이나마 만회할 수 있었다.

이 학생의 평균 내신을 보면, 분명히 명문대 진학이 가능했다. 하지만 이 학생의 수학 점수를 알고 있는 선생님들은 조심스럽게 명문대 불합격을 예측했다. 명문대에서는 학업 역량을 가장 중요시하기에 균형 잡히지 않은 내신 성적을 좋게 평가할 이유가 없었기 때문이다. 정말 놀랍게도 수능 최저와 면접이 있는 전형을 제외하고는 다른 명문대 지원 결과는 처참하게도 모두 불합격이었다.

수능 2주를 남기고, 발등에 불이 떨어졌다. 지푸라기라도 잡으려는 심정으로 수학 점수를 올려야 했다. 수능 수학 5등급은 원점수로 대략 50~60점대라고 보면 된다. 그런데 수능 최저를 맞추려면 적어도 3등급은 나와야 했다. 80점 가까이 나와야 하는 점수였다. 남들이 보면 20~30점 정도는 금방 올릴 수 있지 않을까 싶지만, 높은 점수에 가까워질수록 점수 받기가 어렵기에 쉬운 도전은 아니었다.

이 학생이 2주 동안 수학 공부에 매진하면서 매일 생각한 것은 '그동안 왜 수학 공부를 소홀히 했을까? 너무 후회된다.'였다. 언어학은 많이 좋아하는 분야라서 대학 교재를 펼쳐놓고 공부할 정도로 깊게 공부했지만, 수학은 구미가 당기지 않아 계속 손을 놓고 있었던 거였다. 평균 내신 1, 2등급을 받는 우등생도 하기 싫은 공부는 어렵고 힘들었다는 말이다.

2주간의 몰입 끝에 구사일생으로 수능 최저를 맞출 수 있었고, 덕분에 명문대에 진학했다. 하지만 수학 때문에 매일 식은땀을 흘린 기억은 영원히 지울 수 없었다. 아무리 하기 싫더라도 목표를 이루기 위해서는 성적이 너무 불균형이 되지 않도록 해야겠다는 교훈을 분명히 얻었다.

해피엔딩으로 끝난 이야기지만, 여기서 생각해볼 부분이 있다. 우등생도 이렇게 특정 과목에 관해서는 공부가 힘들다고 호소한다. 그런데 일반 학생들은 어떨까 싶다. 성적이 잘 안 나오는데, 하기 싫은 공부는 계속해야 한다고 하니 얼마나 가슴이 답답하고 힘들까? 하지만 공부를 잘하기 위해서는 힘들어도 참고 견디는 힘도 있어야만 한다. 이것도 공부 감정의 하나라고 볼 수 있다.

재미있는 사실이 하나 있다. 진정한 공부는 모르는 것을 혹은 부족한 것을 채우는 것이다. 사람들은 공부를 잘하는 것에만 초점을 두는데, 사실 진정한 공부는 자신의 구멍을 잘 메우는 것이라는 점이다. 이미 잘 알고 있고, 잘하는데 굳이 공부가 필요할까? 하지만 힘들어도, 구멍을 잘 메워서 완벽해지려는 것이 공부라 할 수 있다.

어린 시절부터 공부를 대하는 자세에 따라 어려움을 해결하는 방법을 달리할 수 있다. 부모가 어떻게 아이에게 공부 감정을 갖게 하느냐에 따라 결과가 다르게 나타날 수 있다는 말이다. 단편적인 예가 될 수는 있지만, 우리 집 첫째 아이의 이야기가 적절한 사례가 될 수 있을 것 같아 공유해 본다.

영어가 전공인 나는 내 아이의 영어는 내가 책임지고 싶었다. 그런데 안타깝게도 첫째를 키울 때 모든 게 새롭고 적응이 안 되어 아이가 두 살이 될 때까지 육아로 허덕였다. 그래서 영어 공부를 할 겨를이 없었다. 그러다 조금 여유가 생겨 정신 차리고 아이에게 영어 영상을 노출하려고 했는데, 영어 거부가 너무 심해서 안타까움에 눈물을 훔쳐야 했다. 아빠가 명색이 외고 영어교사인데 아이는 영어를 싫다고 하니 너무 당황스러웠다.

다행스러운 건 교육학적 지식과 여러 교육 경험이 어우러져 어떻게 해야 할지 답은 알고 있었다. 공부에 대해 거부감이 있을 때는 부담을 주거나 강요하지 않아야 한다는 사실을 알고 있었다. 그래서 천천히 영어에 대한 흥미가 생길 때까지 막연히 기다리기로 했다. 그리고 둘째가 태어났다. 첫째 때 이루지 못한 계획을 이루고자 둘째가 배 속에 있을 때부터 영어 소리를 노출했다.

신생아 때는 재울 때 일부러 영어로 말을 걸기도 하고, 어느 정도 영상 노출이 가능한 시기에는 일부러 영어로 된 영상만 보여줬다. 노력 덕분에 둘째는 다른 건 몰라도 '색깔'을 표현하는 단어를 우리말보다 영어로 더 먼저 익혔다. 영어에 대한 거부감도 없고, 오히려 영어로 된 영상을 더 찾았다. 영어 실력을 높은 수준까지 끌어올린 건 아니지만, 적어도 영어를 좋아하는 감정을 만든 것으로 만족했다. 그리고 영어로 말하면 칭찬을 아끼지 않았다.

이런 모습을 옆에서 지켜보던 첫째가 갑자기 영어가 배우고 싶다고 말했다. '드디어 때가 왔구나!' 하고 속으로 생각했다. 영어에 거부감을 버리고, 영어에 대한 흥미를 갖기 시작했다고 생각하고 둘째와 같이 영어 노출을 시켰다. 의지가 생기니 금방 둘째만큼 영어를 할 수 있게 되었다. 물론 원어민처럼 엄청나게 잘하는 건 아니지만, 적어도 필요한 영어 단어를 이해하고, 말할 수 있게 된 것에 감사했다.

만일 조급한 마음에 영어 거부감이 왔을 때, 더 영어를 시켜보려고 했다면 결과는 어땠을까? 생각만 해봐도 끔찍하다. 필요성을 느껴도 영어에 대한 감정이 많이 상해서 평생 영어를 배우려고 하지 않았을지도 모를 일이다. 이 경험을 바탕으로 다른 분야를 공부할 때도 아이가 흥미를 갖기 시작할 때까지 기다렸다.

이미 첫째 또래 다른 친구들은 한글을 다 알고, 숫자도 잘 세고, 시계까지 잘 본다고 한다. 하지만 나는 아이가 흥미를 갖도록 환경만 조성하고, 관심을 보이기 시작할 때부터 본격적으로 가르치기 시작했다. 그리고 숫자를 1부터 10까지 세면서 하나를 빼먹어도 혼내지 않고, 완성할 때까지 기다리며 계속 반복 학습을 시켰다. 그랬더니 나중에는 문제없이 숫자를 세고, 십 단위로 넘어가서도 빠른 학습력을 보였다.

요새는 한글을 열심히 배우려고 한다. 특히 친구나 가족들 이름을 쓰면서 한글 공부하는 걸 좋아한다. 비록 서툴고 느리지만, 언젠가는 한글도 다 뗄 수 있을 거라는 믿음이 있다. 남들보다 똑똑하고 속도도 빠른 우등생들도 어려운 공부를 평범한 아이가 잘할 수 있도록 하는 방법은 아이의 속도에 맞게 할 수 있도록 기다려주는 게 정답이 아닐까 싶다.

《메타인지 학습법》의 저자 리사 손 교수도, 《나는 천천히 아빠가 되었다》의 저자 이규천 작가도 모두 아이가 하려는 마음을 가질 때까지 기다려주었다고 한다. 그랬더니 아이는 스스로 공부하는 힘을 기르고, 문제 해결 능력도 더욱 성장시키는 모습을 보였다고 했다. 사실 이게 부모로서 실천하기가 어려운 일이지만, 정답을 알았으니 노력해봤으면 좋겠다.

#부모교육
부모는 영상 보면서 아이는 공부하라고요?

집에 오면 소파에 앉아서 TV 드라마를 보는 엄마, 침대에 편하게 누워서 유튜브 영상을 골라보는 아빠. 그런데 아이들은 매일 그런 부모한테 '영상 그만 보고 공부해!'라는 잔소리를 듣습니다. 그런데 혹시 생각은 해보셨나요? 우리 아이가 공부보다 영상 보는 걸 왜 그리 좋아하는지 말이죠.

뇌과학적으로는 우리 뇌에는 거울 뉴런이 있어서 다른 사람의 행동을 따라 하고 똑같은 감정을 느낀다고 설명하지요. 내가 직접 경험하지 않아도 관찰이나 간접 경험만으로도 마치 내가 그 일을 직접 하는 것처럼 반응해요. 심리학적으로는 다른 사람의 행동을 모방함으로써 습득하게 되는 '모방 학습'이 일어난다고 해요. 일상생활 속에서 매우 자연스럽게 일어나는 학습이라는 말이지요.

그동안 아이들은 자신도 모르게 부모의 행동을 보며 따라 했을 뿐이에요. 그 이상도 그 이하도 아니라는 말이에요. 그리고 당연히 부모가 즐겁게 영상을 보고 있으니 자신이 해야 할 공부보다 영상 보는 일이 더 재미있지 않을까 생각하는 거랍니다. 사실 상식적으로 생각해봐도 공부보다는 영상을 보는 일이 더 즐겁기도 하고요.

아이들은 또한 억울합니다. 엄마 아빠는 편하게 놀고 있는데, 자기들만 공부하라니 납득이 되지 않습니다. 그래서 한 번씩 따져 물어봅니다. "엄마 아빠는 만날 영상 보면서 왜 우리는 못 보게 해요?" 그러면 부모는 대답합니다. "너희 나이 때는 원래 공부해야 하는 거야. 우리도 다 그랬어." 과연 이 말은 공정한 걸까요?

비교의 시점은 현재여야 합니다. 과거와 현재를 비교하려고 하면 안 됩니다. 그때랑 지금은 분명히 다른 시대니까요. 10년이면 강산이 변한다고 하는데, 과거와 비교해본다면 현재는 20~30년은 훌쩍 넘어 있지는 않나요? 이미 강산이 여러 번 변하고도 남을 시간이라는 말이죠. 살아가는 환경도 변하고, 공부하는 상황도 변하고, 변화한 게 한두 개가 아닙니다.

시대가 변하기도 했지요. 과거에는 부모님 말씀이라면 무섭게 느껴지고, 무조건 따라야만 할 것 같았지요. 그러나 지금은 어떤가요? 친구 같은 부모로 살아가려고 노력하고 있지는 않은가요? 그런데 부모는 공부하지 않으면서 아이들에게만 공부하라고 하면 과연 효과가 있을까요? 절대 그렇지 않지요. 부모가 솔선수범을 보일 때 아이들도 잘 따라 할 수 있는 거랍니다.

책 읽는 부모 아래 책 읽는 자녀가 자라나고, 공부하는 부모 아래 공부하는 자녀가 자랍니다. 욕하지 않는 부모 밑에서 바른말 쓰는 자녀가 자라나고, 인사 잘하는 부모 밑에서 인사성 밝은 아이가 자라나지요. 아이들은 스펀지 같아서 부모의 말과 행동을 그대로 받아들이고, 그대로 따라 합니다. 그동안 왜 우리 아이가 공부를 못하는지, 혹은 공부에 관심이 없는지 이해가 되지 않았다면 되돌아보시길 바랍니다. 결국, 부모가 현재 어떠한 노력을 했느냐에 따라서 아이도 그 영향을 받았을 것이기 때문이죠.

제가 교사로서 봐왔던 우수한 학생들을 만날 때마다 그들의 부모님이 어떤 분들 일지 궁금했습니다. 거짓말처럼 들릴 수 있겠지만, 상담할 때 만나고 나면 역시 부모님과 닮아서 아이가 훌륭하다는 걸 알 수 있었습니다. 독서를 좋아하는 아이는 부모님이 책을 읽는 모습을 어릴 때부터 많이 보여주었습니다. 인성이 좋은 아이는 부모님의 말씀 하는 태도나 말투에서부터 왜 그런지 알 수 있었습니다. 끝없이 나열할 수 있지만, 공부와 인성 두 가지만 이야기해도 충분히 이해할 거라 믿습니다.

대신 제 이야기를 조금 해볼까 합니다. 제가 10대였던 시기에는 부모님이 일로 모두 바쁘셔서 집에 오면 항상 쉬는 모습만 보여주셨지요. 책을 읽거나 공부하는 모습을 보이기보단 항상 드라마나 영화를 봤던 기억이 납니다. 그렇지만 저에게는 항상 열심히 공부하라고 하셨지요. 물론 한다고는 했는데, 가끔은 억울했습니다. 왜 학생만 공부해야 하는지 말이죠. 그런 생각을 했으니 결국은 공부 슬럼프가 왔고, 방황도 하고 해서 입시 결과는 좋지 못했죠.

그런데 저의 10대가 지나고 20대가 되어서 집에 다른 변화가 일어납니다. 항상 가족을 위해 희생만 하던 어머니는 어느 날 몸이 아파서 수술을 받고 간신히 회복했습니다. 그 이후 어머니는 50살이 되어서야 이제라도 하고 싶은 거, 배우고 싶은 것을 해보겠다고 다

집했습니다. 그래서 서양화를 배우기 시작했고, 매일 여러 시간 동안 그림을 그리시더니 3년 후 서양화 작가로 데뷔를 하게 됩니다. 그리고 10년 정도가 되니 다른 누군가를 평가하는 심사 위원으로도 활동하시게 되더군요.

그리고 아버지도 퇴직이 다가오자 노후를 준비한다고 자격증 공부에 매진하셨습니다. 늦은 나이지만 여러 자격증을 따셨고, 공부가 재미있다고 항상 말씀했지요. 공교롭게도 이 시기는 제가 대학에서 그리고 대학원에서 모두 열심히 공부하던 시기와 맞물립니다. 지나고 보니 20대 다 큰 성인이 되어서도 부모님의 행동에 영향을 받은 게 아닌가 생각합니다. 그리고 늦은 나이에 시작해도 괜찮다는 걸 부모님께서 몸소 보여주셨기에 저도 작가가 되는 길에 한 걸음 더 다가설 용기를 낼 수 있었던 것 같습니다.

사실 저와 부모님 이야기를 통해 느끼는 게 있기를 바랐습니다. 우리 아이들은 아직 한창 어리기에 더 많은 잠재력과 더 많은 기회가 남아 있다는 걸 알리고 싶었습니다. 우리 아이가 10대인데 공부 안 한다고 걱정할 시간에 오히려 부모님이 먼저 변화하는 삶을 보여주는 건 어떨까요? 영상이 아니라 책 읽는 부모, 나이는 있지만 새로운 분야에 도전하는 모습을 보여주는 부모, 혹은 다른 긍정적인 영향을 끼칠 수 있는 부모가 되기 위해 노력해보는 건 어떨지 제안해봅니다. 부모의 좋은 변화에 어쩌면 우리 아이들은 더 빨리 좋은 영향을 받을지도 모르니까요.

2

'공부 감정'에도
준비 운동이 필요하다

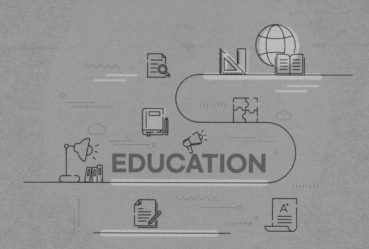

2
'공부 감정'에도
준비 운동이 필요하다

공부 다이어트의 핵심은 식단!

혹시 다이어트의 뜻이 무엇인지 아는가? 대부분 사람은 다이어트라고 하면 살을 빼는 행위를 떠올린다. 하지만 다이어트(diet)는 영어 단어로 '식단'이라는 말이다. 즉 먹는 음식의 종류나 양을 조절하는 것을 의미한다. 의학 전문가들도 살을 빼려면 운동도 중요하지만, 더 중요한 건 식습관이라고 말한다. 공교롭게도 공부하는 우리 아이들에게도 공부를 잘하려면 혹은 공부 감정을 잘 기르려면 건강한 식단이 꼭 필요하다. 먹는 것이 왜 공부 감정에 영향을 주는지 하나씩 알아보도록 하자.

사람들이 다이어트 할 때 가장 많이 하는 실수가 있다. 바로 식사를 안 하는 것이다. 굶으면 살이 빠진다고 믿기 때문이다. 하지만 무조건 굶는다고 살이 빠지지 않는다. 오히려 나중에 폭식하게 되어 더 역효과가 나거나 위염에 걸려서 건강을 잃기도 한다. 잠시나마 몸무게는 줄겠지만, 건강에는 적신호가 나타난다.

실제 공부하는 아이들도 밥을 먹지 않으면 정서나 감정에 영향을 받는다. 그런데 종종 학교에서 공부를 더 열심히 해보겠다고, 굶어가며 쉬지 않고 공부하는 아이들이 있다. 아침에도 바쁘고 귀찮다고 아침 식사를 거르고 오는 경우도 많다. 하지만 건강한 신체에 건강한 정신이 깃드는 원리가 있지 않은가? 식사는 절대 걸러서는 안 되는 일이다. 밥을 먹지 않았을 때 어떤 현상이 나타나는지 보면 알 수 있다.

우선 탄수화물이 부족하면 다른 영양소에 영향을 주기에 우리 몸의 필수 에너지원이라는 걸 잊지 말아야 한다. 따라서 무작정 탄수화물을 끊으면 신체 건강에 영향을 주고, 나아가 감정에도 악영향을 준다. 고로 건강한 신체와 감정을 유지하기 위해서는 건강한 탄수화물 섭취와 이와 관련한 식습관 형성이 필수다. 따라서 적절한 탄수화물 섭취를 위해서는 식사를 규칙적으로 해야 한다.

밥을 안 먹으면 탄수화물이 공급되지 않는다. 그러면 뇌 활동에 필요한 당분이 부족해져서 공부에 영향을 줄 수 있다. 또한, 탄수화물이 부족하면 몸은 에너지 고갈을 막고자 미리 저장되어 있던 다른 영양소를 대체 에너지로 사용하면서 점점 건강상에 문제를 일으킨다. 또한 탄수화물이 부족하면 단기적으로는 저혈당이 유발될 수 있다. 이는 수면 부족, 활력 저하, 의기소침, 정신기능 지체 등의 문제를 일으킬 수 있다.

수면으로 오랜 시간 비어 있던 장과 뇌에 에너지를 공급하지 않으면 우리 몸은 에너지를 원한다. 에너지가 없으니 기운이 없고, 매사 부정적인 생각이 든다. 하지만 아침 식사를 하면 허기가 덜해 점심도 과식하지 않고, 규칙적으로 적당한 양의 식사를 할 수 있다. 아침 식사를 하는 것이 선순환을 만든다는 말이다.

식사를 거르면 탄수화물이 부족해서 장기적으로는 무기질 부족으로 이어진다. 참고로 무기질은 우리 몸의 4%를 차지하는 영양소다. 비록 적은 양이지만 신체를 구성하고 신진대사를 도와 '일꾼 영양소'로 불린다. 그런데 한편으로 무기질 섭취가 부족한 원인으로 채소와 나물을 잘 먹지 않는 식습관도 이에 해당한다. 한식이 아니라 서구화된 식습관이 영향을 준다는 말이다. 안타깝게도 요새 아이들은 바쁘다는 핑계로 편의점에서 빵, 피자, 햄버거, 라면 등 패스트푸드를 자주 먹는다. 이런 식습관은 결국 영양 불균형으로 이어질 수밖에 없다.

따라서 전문가들은 집밥에 올라오는 국과 반찬만 골고루 먹어도 웬만한 무기질은 충분히 섭취할 수 있다고 말한다. 하지만 요새 아이들은 집밥을 먹을 기회가 적다. 그만큼 무기질이 풍부한 채소나 나물을 섭취할 기회도 함께 줄어든다. 이런 무기질 부족은 세로토닌 분비 감소로 이어질 수 있어, 감정에도 영향을 줄 수 있다는 말이다.

참고로 행복 호르몬이라 불리는 세로토닌은 부교감 신경의 작용을 활발하게 해서 우리가 편안하게 쉴 수 있도록 해 주는 효과가 있다. 이런 세로토닌 분비가 줄어들면, 우울한 느낌이 들고, 불면증이 올 수 있다. 그러면 생체 리듬이 깨지고, 나아가 면역력이 떨어진다. 다시 말해, 우울증을 비롯해 각종 질병에 걸릴 위험이 커진다는 의미다.

만일 우울증에 걸리게 되면, 불안, 강박증, 조급함, 슬픔, 두려움, 불행한 감정, 낮은 자존감, 부정적인 생각 등의 부작용을 유발하고 불안정한 감정으로 인해 불면증으로 이어진다. 이로 인해 다음 날 수면이 부족하니 결과적으로는 뇌에 필요한 신경 전달 물질의 생성을 막아서 공부에 지대한 영향을 끼치게 된다. 온종일 정신이 멍한 상태가 되니까 공부 효율은 바닥을 친다.

안타깝게도 요새 아이들은 카페인이 들어있는 에너지 드링크나 조미료가 과다 함유된 가공식품을 자주 섭취하여 세로토닌 결핍 증상을 겪는다. 따라서 이런 음식은 피해야 한다. 실제 일본의 한 연구 결과에 따르면, 음식이 아이들의 학교생활에도 영향을 끼친다고 했다.

학교 폭력과 같은 비행을 저지른 후 소년원에서 복역한 아이들은 청량음료 대량 섭취, 단맛이 강한 빙과류, 과자, 스낵류를 좋아했다. 또한, 아침을 거르고 빵이나 라면으로 끼니를 해결하며, 특히 식육 가공품을 좋아하고 뿌리채소는 그다지 좋아하지 않는다는 공통점을 보였다. 극단적인 예시이기는 하지만 분명히 식습관이 주는 영향이 크다는 사실은 변함이 없다.

다른 예시로는 일리노이 대학교 연구가 있다. 294개 가구 어린 아이들의 식습관을 6개월 동안 관찰했다. 연구 결과 단 음식과 가공식품을 많이 먹은 아이일수록 결과 실행기능이 떨어진다는 연구 결과가 나왔다. 실행기능은 목표를 정하고 행동을 계획한 뒤 수행하고 수정하는 능력이다. 실행기능이 떨어지면 감정을 억제하지 못하거나 주변 환경에 유연한 대처를 잘하지 못한다. 이 연구가 시사하는 바 또한 가공 음식을 많이 먹으면 인지 능력과 감정 통제 능력이 떨어질 수 있다는 점이다.

우리 아이들은 잘못된 식습관으로 인해 점점 신체적으로나 정서적으로나 위험에 노출된 상태다. 다양한 해결책이 있겠지만, 행복 호르몬인 세로토닌을 잘 유지하고 만들어내기 위해서라도 세로토닌이 함유된 음식을 먹고 건강한 생활 방식을 유지해야 할 것이다. 그러면 세로토닌 결핍에서 오는 다양한 부작용으로부터 해방될 수 있을 것이다.

규칙적인 식사, 건강한 식단의 중요성을 모르는 부모는 없다. 하지만 잘 알고 있으면서도 실천하지 못하는 게 문제다. 아이의 건강은 부모가 먼저 챙겨야 하고, 아이들도 스스로 건강한 삶이 될 수 있도록 노력해야 한다. 그 건강의 초석이 바로 먹는 것에서부터 시작하니 공부 다이어트의 핵심 식단부터 재정비해보는 건 어떨까?

어린 시절 몸 놀이가 정답이다

김승언 작가가 쓴 《느리고 서툰 아이 몸놀이가 정답이다》 책을 보면 아이 발달 특성에 몸 놀이가 처방전이 될 수 있다고 말한다. 언어 발달 지연, 자폐 성향, 수면 문제, 정서적 불안, 감정 조절 어려움, 소근육 발달 지연, 신체 협응 미숙, 편식, ADHD 증상 등 다양한 증상에 관한 만병통치약이 몸 놀이라는 의미다.

특히 정서 불안, 감정 조절과 관련하여 다양한 증상을 해소할 수 있다고 했다. 무표정한 아이, 다쳐도 울지 않는 아이, 짜증이 많아 울음으로도 해소 못 하는 아이, 한번 울기 시작하면 조절이 안 되는 아이 등 감정과 관련된 다양한 상황을 제시하며 해결책으로 몸 놀이를 강조했다. 그 이유는 무엇일까? 핵심은 뇌과학에 있다.

사실 공부 감정 책을 기획할 때 원래는 뇌과학과 공부 감정을 연결하려고 했다. 하지만 독자들이 어려워하고 거부감이 있을 거라 예상하여 방향을 틀었다. 결국에 공부 감정을 설명하기 위해서는 뇌와 관련해서 이야기할 수밖에 없기에 이번 꼭지에서는 뇌과학 이야기를 조금 하려고 한다.

우선 아이의 몸을 자유롭게 해 주면 학습 두뇌가 형성될 수 있다. 참고로 두뇌 신경 연결은 약 90%가 7세 이전인 미취학 시기에 이뤄진다. 그래서 이 시기에 다른 것보다 신체 활동을 많이 해야 한다. 뇌간은 생존 담당, 소뇌는 운동 관장, 변연계는 감정의 사령탑, 대뇌피질은 사고를 관장하기에 두뇌 발달을 위해서는 꼭 몸 놀이가 필요하다. 왜냐면 뇌는 움직임이 많아야 자극받고, 자극될수록 뇌는 더 많은 활동을 요구하니 또 움직임이 생기고 두뇌가 자극받아 계속 발전하는 선순환이 일어나기 때문이다.

이 중에서 특히 감정을 관장하는 것은 변연계다. 《그림으로 읽는 친절한 뇌과학 이야기》에서도 감정과 관련하여 뇌가 어떤 영향을 주는지 자세히 설명했다. 변연계에는 주의력과 관련한 전방대상피질, 스트레스를 관장하는 시상하부, 기억과 연결된 해마, 감정 불안과 관련 있는 편도체 등으로 구성되어 있다. 쉽게 말해서 주의력, 스트레스, 기억, 감정 불안은 모두 공부와 밀접한 관련이 있다는 말이다.

주의력 결핍 과잉행동장애(ADHD)는 학령기 어린이의 3~7%가 경험한다고 한다. 충동성, 과잉행동, 주의력 결핍의 이유에는 신경 전달물질에 이상이 생기기 때문이다. 의욕이나 쾌감을 낮는 도파민과 단기 집중력과 기억력을 향상시키는 노르아드레날린 수치가 불균형할 때 그렇다. 특히 여러 전문가의 의견에 따르면, 신체 활동보다 영상 시청을 많이 한 아이의 경우 ADHD 증상을 보이는 경우가 많다고 한다.

스트레스도 코르티솔이라는 호르몬의 영향을 받는다. 코르티솔은 외부로부터 느끼는 위협적인 요소로부터 우리 몸을 지키려고 한다. 하지만 과도하게 분비되면 긴장감을 유발하고, 혈압을 상승시키며 혈관을 수축시킨다. 이에 따라 교감 신경을 활발하게 하여 혈당을 높여 결국 인슐린 과다 분비로 이어진다. 이는 지방 축적으로 연결되어 결국 비만이라는 질병으로 이어진다. 먹는 것도 중요하지만, 스트레스를 받으면 살이 찌는 이유가 여기에 있다.

수험생들을 보면 고3 때 특히 스트레스를 많이 받아서 그런지 몰라도 체중이 증가하는 경우를 자주 본다. 실제 학교에서 교복이 맞지 않아 체육복을 입고 다니는 학생들이 대부분이다. 아무래도 스트레스 호르몬인 코르티솔의 영향이 아닌가 싶다. 다행히도 적절한 강도의 운동을 꾸준히 하면 코르티솔 분비를 조절할 수 있다. 그렇기에 적절한 신체 활동은 필수다.

해마는 스트레스에 민감하고, 단기 기억을 장기 기억으로 만든다. 그리고 특히 감정이 실린 기억을 좋아한다. 그래서 충격적인 감정을 느꼈을 때 기억이 오래가는 이유다. 치매 환자의 경우에는 해마의 크기가 줄어 제대로 기능하지 못해서 발병한다. 결국, 해마의 크기 유지 혹은 증가를 위해서는 운동이 필수다. 실제 다양한 연구 결과에서도 이를 증명한다.

마지막으로 감정 불안은 편도체와 관련이 높다. 부정적인 감정을 편도체가 조절해야 하는데 문제가 생기면 부정적인 감정이 극대화하여 불안 감정이 생기는 것이다. 특히 편도체는 감정을 관장하는 '정동'이라는 것과 관련성이 높은데 편도체가 제대로 활동하지 못하면 심할 때는 자폐증으로 이어지기도 한다. 실제 상대방의 눈을 보지 않거나 상대방의 감정을 잘 읽지 못하는 등 전형적인 자폐 증상은 편도체가 손상된 사람의 증상과 매우 비슷하다.

자폐와 관련하여 다른 이론은 옥시토신이라는 사랑 호르몬 부족을 들기도 한다. 옥시토신은 신체적 접촉이 있을 때 분비량이 늘어나 사람 사이의 신뢰를 더욱 돈독하게 만든다. 신뢰가 증가하고 상대방의 말을 더 믿을 수 있으니 낯선 사람도 덜 경계하고 부정적 감정을 만드는 편도체의 활성도 크게 줄어든다. 그래서 어린아이를 더 많이 안아주라는 것이다. 궁극적으로 부정적 감정 해소로 인한 긴장 완화는 좋은 영향으로 이어지기 때문이다.

이처럼 우리 감정에 많은 영향을 주는 변연계의 특징을 알면, 앞으로 무엇을 해야 하는지 감이 올 것이다. 아이 개인으로는 다양한 신체 활동이 뇌에 좋은 영향을 줄 수 있다는 걸 알 수 있다. 따라서 부모는 아이와 함께 교감하며 몸 놀이를 비롯해 신체적 접촉을 자주 한다면 더욱더 좋을 것이다.

어린 시절 몸 놀이의 중요성을 강조하는 여러 책을 읽으며 깨달은 점이 있다. 몸 놀이는 분명히 효과가 있는 방법이라는 점이다. 그런데 아쉽게도 시기를 놓치면 실천할 수 없는 일이 된다. 다 큰 청소년 아이들과 갑자기 신체 접촉을 하며 무언가를 한다고 생각해보라. 생각만 해도 헛웃음이 나온다. 대화도 잘 안 하는데 스킨십이 포함된 활동이라니 말이 안 된다. 그래서 어린 시절부터 친밀감을 높여야 한다. 그러면 나중에 커서도 분명 이렇게 자란 아이들은 정서적으로 안정감을 유지할 수 있을 것이다. 아무리 수험생으로서 스트레스를 많이 받아도 어릴 때부터 뇌를 건강하게 잘 길들여왔으니 위기가 와도 쉽게 극복할 수 있다.

요즘 나는 바쁜 삶을 살면서 아직 어린 자녀와 피부를 맞대는 일이 점점 줄었다. 하지만 몸 놀이도 때가 있다는 사실을 깨닫고, 틈만 나면 아이들을 안아주고, 싸움 놀이라도 좋으니 피부를 맞대고 몸 놀이에 투자한다. 거짓말처럼 아이들은 나와 많은 시간을 보내지 못해도 아빠를 많이 좋아한다. 아마도 몸 놀이의 힘이 아닐까 조심스럽게 생각해본다. 작은 꿈이 있다면, 사춘기 시기가 되어도 서로 부둥켜안는 행위가 어색하지 않고 자연스럽기를 바란다. 그러면 정서적으로도 안정된 아이로 성장하는 게 아닌가 싶다.

규칙적인 운동이 주는 효과

평소 몸 상태가 좋지 못하면 감정이 무너지는 경험을 하게 된다.

이건 당연한 현상이다. 피곤하니까 감정을 돌볼 여유가 없기 때문이다. 그래서 감정을 다스리는 것도 하나의 방법이지만, 그전에 충분한 체력이 있으면 더욱 여유롭게 감정 조절을 할 수 있다.

혹시 자동차 배터리가 방전되는 원리를 아는가? 자동차 배터리는 처음에 완전 충전 상태지만, 달리지 않으면 서서히 방전된다. 우리 몸도 마찬가지다. 운동하지 않으면 체력은 점점 사라진다. 그래서 '공부 감정'을 잘 기르기 위한 초석으로 규칙적으로 운동해야 한다고 말하는 것이다.

수험생들이 고3 때 우르르 무너지는 시기가 있다. 1학기 2차 지필 평가가 끝나는 7월에 내신 시험이 끝났다는 해방감에 모든 긴장이 풀리면서 몸에 이상 신호가 나타난다. 한두 명에서 나타나는 증상이 아니라 실제 고3 담임을 하면서 관찰한 결과다. 절반 이상이 7월에 고통을 호소한다. 그 이유는 그동안 잠을 줄여가며 끝까지 내신 성적을 잘 받기 위해서 노력했기 때문이다. 개인적인 의견이지만, 수험 생활의 성공 여부는 7월 이후 남은 시간을 어떻게 보내느냐에 달렸다고 본다. 아직 수능까지 4개월이나 남았는데, 몸이 아파서 계속 공부하지 못하고 허송세월 보내다가 얼떨결에 수능시험을 치르기도 한다. 몸이 아파서만이 아니라 사실은 공부할 마음을 다시 잡지 못하고 해이해져서 그런 것도 있다. 특히 9월에는 수시 원서를 쓰고 나니까 마치 수험 생활이 끝난 것 같은 느낌이 든다.

그런데 유독 수능 전날에도 끝까지 최선을 다하는 우등생들을 봤다. 내가 근무했던 학교에서 '전설의 도서관 13인방'이라는 이야기가 있었다. 코로나 이전에는 주말에도 학교 도서관에서 학생들이 자습할 수 있었는데, 수능 전 마지막 주말까지 학교 도서관에 나와서 공부한 13인 모두 명문대에 진학한 것이다. 물론 그 학생들은 학기 중에도 거의 빠지지 않고 계속 공부했다. 내가 그 13인의 아이들을 가르쳤기 때문에 대다수가 어떻게 공부해왔는지 알고 있다. 특히 7월 이후에 대부분의 아이가 슬럼프가 왔을 때도 무너지지 않고 끝까지 살아남은 이유를 제대로 알고 있다. 그들은 꾸준히 산책하거나 무산소 근력 운동으로 체력을 채우며 공부했기에 좋은 결과를 볼 수 있었다.

몇몇 아이들은 서로 친했기 때문에 점심시간에는 짝을 이뤄 햇살을 맞으며 산책하는 시간을 가졌다. 산책은 체력을 채우는 좋은 운동인 동시에 감정에도 큰 영향을 준다. 왜냐하면, 햇볕을 쬐면 세로토닌이라는 행복 호르몬이 나오기 때문이다. 햇볕은 멜라토닌을 세로토닌으로 변환시키는 촉매제로 우울감을 호소하는 사람에게 큰 도움이 된다. 그래서 스트레스가 많은 수험생에게 매일 15분가량 햇볕을 쬐면서 걷는 운동은 매우 좋은 운동이 된다. 게다가 하루 10시간 이상 의자에 앉아서 생활하는 수험생에게는 산책하는 동안 척추를 펴고 근육을 늘리는 데도 도움이 된다.

실제 일부 학생 중에는 척추측만증이 있어서 오래 앉아 있지 못하는 경우도 있다. 그런데 의학 전문가들은 척추측만증 예방과 증상

개선을 위해 꾸준한 스트레칭과 더불어 전신 균형을 잡아주는 수영, 걷기, 약한 강도의 근력 운동을 병행하는 것이 바람직하다고 한다. 수영장에 가기에는 시간적, 공간적 제약이 따르니 가장 손쉽게 할 수 있는 걷기 운동이 가장 좋다. 물론 약한 강도의 근력 운동은 개인차가 있겠지만 무산소 운동을 말한다. 턱걸이, 팔 굽혀 펴기, 윗몸일으키기, 요가, 필라테스 등 근력을 기르거나 근육의 코어를 잡아주는 운동이 여기에 해당한다.

공부의 신 강성태 작가도 어린 시절 턱걸이를 시작했는데 체력 유지에 많은 도움이 되었다고 한다. 실제로 내가 가르쳤던 남학생 중에도 턱걸이를 3세트씩 매일 실천하며 체력을 기른 결과, 수능 전날까지 공부하여 전설의 13인에 들었고 명문대에 진학했다. 하루를 세 번 사는 나도 턱걸이의 효능이 좋다는 걸 알고 시작한 덕분에 체력을 잘 유지하고 있다.

혹시 근력 운동의 기회가 없다면 천천히 걷는 산책과 더불어 빠르게 걷기를 해보라고 권하고 싶다. 빨리 걷거나 뛰는 것은 근력 운동이 되기 때문이다. 그리고 계단 오르기나 등산도 추천한다. 분명히 체력 증진에 도움이 된다. 어린 시절 경험을 떠올려보면 분명한 효과를 증명할 수 있다.

어린 시절 나는 아버지를 따라서 주말마다 등산했다. 하루 적게는 4시간에서 많게는 8시간 산을 탔다. 그렇게 5년 이상 시간이 지나니까 체력이 좋아졌다. 덕분에 초등학교 때는 육상부에서 중거리

달리기 선수로 선발될 정도였다. 물론 감기와 같은 잔병치레를 덜하게 되었다. 동생도 어릴 때 기관지가 좋지 않았는데, 산에 가서 맑은 공기를 마시고 오니 건강에도 청신호가 들어왔다. 맑은 공기도 공기지만, 아마도 체력이 좋아지니 면역력이 좋아진 결과라고 생각한다.

감기에 걸리거나 건강에 이상 신호가 오는 경우는 면역 체계가 무너졌기 때문이다. 그런 이유에서 생각해보니 나는 지금 예전보다 더 피곤한 하루를 보내고 있지만, 최근 몇 년간 감기에 걸린 적은 없다. 비결은 아마도 매일 1시간 이상 하는 산책과 틈틈이 하는 턱걸이가 아닌가 싶다. 그래서 더 꾸준하고 규칙적인 운동을 해야 한다고 생각한다. 결론은 우리 아이들도 나중에 수험생이 되었을 때 공부할 체력을 비축하자는 말이다.

자동차 배터리도 용량이 모두 다르다. 물론 용량이 클수록 더 힘이 세다. 우리도 공부 체력에 있어서 어릴 때부터 용량을 크게 만들 필요가 있다. 고등학생이 되기 전에 충분히 체력을 길러서 용량이 큰 공부 체력 배터리를 만드는 것이다. 수험 생활하는 동안 공부 배터리가 방전되지 않도록 조금이라도 운동 습관을 유지하는 것이다.

자동차 배터리도 가만히 세워두면 방전되기 때문에 가끔 운행하며 달려줘야 배터리가 충전된다. 마찬가지로 공부할 때도 운동하지 않으면 공부 체력 배터리가 방전될 수 있다. 만일 배터리 용량이 적다면 공부하는 시간도 중요하지만, 배터리 용량을 늘릴 수 있도록 수험 생활을 하면서 운동에 집중해야 할 수도 있다.

따라서 수험 생활을 하기 전에 미리 공부 체력 배터리를 만들어 두자는 것이다. 어린 시절 몸 놀이부터 시작해서, 그 이후에는 체력을 기를 수 있는 운동을 꾸준히 하는 게 결국 성공적인 수험 생활에 도움이 될 거라는 말이다. 물론 이 습관은 나중에 대학에 가서도, 취직해서도, 사회 생활할 때 모두 도움이 된다. 몸이 건강하면 정신 건강은 자연스럽게 따라오기 때문이다.

공부 감정을 잘 기르자는 메시지를 전하면서 운동과 체력을 말하는지 이제는 이해가 갈 것이다. 운동을 꾸준히 하는 것은 공부 감정을 위한 준비 운동이라 말하고 싶다. 준비 운동이 철저히 되면 경기 중에 최고의 기량을 발휘할 수 있고, 부상도 예방할 수 있다. 선수에게는 이것만큼 중요한 게 없다. 꾸준하게 경기를 뛸 수 있어야 하기 때문이다. 우리 아이들도 공부 체력을 잘 길러서 감정을 잘 다스리고 끝까지 중도 포기하지 않고 꾸준하게 공부할 수 있기를 바란다.

잘 쉬는 것도 전략이 필요해

우리 몸은 항상성 유지를 위해 항상 노력한다. 항상성이란 생명체가 생존에 필요한 안정적인 상태를 유지하는 과정을 말한다. 운동한 후에는 체온이 올라가니 온도를 떨어뜨리기 위해 땀을 내보낸다.

식사한 후에는 혈중 당 농도를 낮추기 위해 인슐린을 분비한다. 반대로 식사를 오랫동안 하지 않아 당이 떨어지면 글루카곤이 나와 혈중 당 농도의 항상성을 유지한다. 이렇게 항상 최상의 상태를 유지하려고 노력한다는 의미다.

꾸준히 공부하기 위해서도 공부 항상성을 유지하는 것 또한 필요하다. 여기서 공부 항상성이란 지식을 머리에 넣기 위해서는 공부 시간과 휴식 시간 사이에 조화가 필요하다. 공부 시간에는 새로운 지식을 넣는다. 이 말은 뇌를 활성화하여 정보를 기억으로 남겨두는 걸 의미한다. 반면에 휴식 시간은 뇌가 정보를 정리할 수 있도록 시간을 주는 것을 의미한다. 쉬지 않고 계속 새로운 지식을 쌓기만 하면 뇌는 과부하가 걸려서 오히려 역효과를 경험할 수 있다.

그렇다면 뇌는 언제 휴식을 취하고 다시 활성화를 준비할까? 바로 아무런 생각을 하지 않거나 잠을 잘 때 뇌는 정리의 시간을 갖는다. 왜냐하면, 몸에는 회복의 시간이 있기 때문이다. 쉬거나 잠을 자는 동안에는 세포들도 휴식을 취하며 재생한다. 뇌도 그동안 수집한 정보를 기억으로 저장하는 일을 하는데, 정확히는 해마에서 기억을 처리한다. 쉬는 동안에 정보의 중요성을 판단하고 분류하여 필요하다고 판단하면 대뇌로 기억을 전송해 장기 기억으로 보관한다.

만일 쉬지 않고 계속 뇌를 사용하기만 하면 어떻게 될까? 기억이 정리가 안 되어 뇌 효율성이 떨어진다. 마치 컴퓨터를 오래 사용하면 디스크에 저장된 정보가 많아져서 뒤섞여 처리 속도가 느려지는 것과 같다. 그래서 가끔 디스크 정리를 통해 필요한 정보는 남겨두고, 더 이상 사용하지 않은 정보는 삭제하지 않는가? 이 과정을 뇌에서 그대로 하는 것이다. 뇌는 효율성을 매우 중요시하기 때문이다.

내가 담임교사일 때 맡았던 한 학생의 일화가 생각난다. 그 학생은 그동안 채우지 못한 공부량을 극복해보겠다고 하루에 2시간 잠을 자며 쉬지 않고 공부했다. 일주일 동안은 잘 버텼다. 하지만 이후부터 서서히 졸기 시작했다. 심지어 수업 시간에도 졸거나 잠을 잤다. 새로운 지식을 넣어야 할 시간에 잠을 자니까 시간 낭비가 되었다. 그렇게 낮에는 자고, 밤새며 공부하는 패턴을 이어갔다.

2주일이 지났을 무렵, 부작용이 생기기 시작했다. 두통과 복통을 동시에 호소하기 시작한 것이다. 나중에는 정도가 더욱 심각해졌다. 하지만 끝까지 고집을 부렸다. 병원에 가지 않고 피로회복제를 먹으며 버텼다. 한 달쯤 되었을 때 어느 날 갑자기 쓰러져 결국 병원에 가게 되었다. 정밀 검사해보니 장염이 심해서 궤양이 생겼고 그래서 영양분 흡수가 잘 안 되는 상태라고 했다. 만일 그대로 방치했으면 하마터면 생명이 위태로울 수도 있을 만큼 심각한 상태라고 했다.

부족한 공부량을 채우려고 욕심을 부렸다가 오히려 역효과를 얻게 된 사례다. 이 학생이 혹시 충분한 휴식을 취하며 공부했다면 어땠을까? 아마도 꾸준하게 건강 상태를 유지할 수 있었을 테고, 덕분에 뇌도 휴식 시간을 가지면서 더 건강을 지킬 수 있었을 것이다. 뇌가 건강해지려면 장이 튼튼해야 하기 때문이다.

《궁금했어, 뇌과학》이라는 책에서 우리 몸은 모두 연결되어 있다고 설명한다. 처음 지구에 생물이 나타났을 때는 뇌가 없었기 때문에 음식물을 소화해 영양분을 섭취하기 위한 장만 가지고 있었다고 한다. 고로 뇌는 장에서 진화되어 나온 기관 중 하나라는 말이다. 그래서 지금도 뇌는 장과 신경 세포를 통해 서로 정보를 주고받는다. 또한, 뇌처럼 신경 전달 물질을 만들기도 한다. 스트레스를 받으면 소화가 잘 안 되는 이유도 이렇게 뇌와 장이 서로 연결되어 있기 때문이다.

대부분 학생은 얼마나 공부를 많이 할지 고민한다. 하지만 우등생들은 어떻게 해야 잘 쉴 수 있는지 연구한다. 쉰 만큼 회복해서 다시 공부를 달릴 수 있기 때문이다. 체력적인 부분과 더불어 뇌의 기능을 극대화하기 위해서 더 잘 쉬려고 노력한다. 어떻게 보면 잘 쉬는 것도 하나의 좋은 전략이 될 수 있기 때문이다. 등산할 때 중간에 꼭 쉬어가야지만 정상에 오를 수 있는 원리와 같다.

그런데 이게 왜 공부 감정과 연관이 있을까? 아무리 공부를 많이 하는 사람도 똑같은 생활을 반복하면 지치기 마련이다. 게다가 어렵고 힘든 공부를 좋아하는 사람은 드물다. 얼마나 힘든 일을 잘 견디며 멈추지 않느냐가 관건이다. 그래서 공부를 꾸준하게 하는 사람들은 충분한 휴식을 통해 다시 마음을 잡고 공부하려고 한다. 즉, 휴식이 계획되지 않으면 결국엔 무너질 수밖에 없다.

연구마다 혹은 개인마다 결과는 다르지만, 나잇대별로 집중할 수 있는 시간은 한정되어 있다. 대략 3세 경 영아는 약 3~5분, 4~7세 유아는 약 5~10분, 초등학생은 약 10~15분, 중·고등학생은 약 15~25분, 성인은 약 20~35분 정도가 최대 집중 시간이라고 한다. 그래서인지 몰라도 학교급에 따라 수업 시간이 다르다. 초등학교는 40분, 중학교는 45분, 고등학교는 50분이다. 이것을 기준으로 보면 대략 수업을 진행하는 시간을 절반으로 나눴을 때 나잇대별 집중 시간과 맞물린다는 걸 알 수 있다. 의도한 건지는 모르겠으나 분명한 건 나잇대별로 집중할 수 있는 시간이 다르다는 사실은 변하지 않는다.

잘 생각해보면, 수업하다가 중간에 주의를 환기하는 것이 더 집중 효율을 높일 수 있다는 걸 유추할 수 있다. 만일 학생이 수업 전반부에 집중해서 지쳐갈 때쯤 중간에 잠시 쉬거나 주의 환기를 한다면 도움이 될 것이다. 그러면 나머지 후반부도 집중해서 수업에 임할 수 있을 거라는 말이다.

좁게 보면 이렇게 수업 시간에도 잠시 쉬어가는 것이 오히려 효과가 좋다는 걸 알 수 있다. 나아가 하루 일정으로 살펴보자면, 중간에 쉬는 시간이 꼭 필요하다. 혹은 공부에 몰입한 이후에 계획을 다 실천했으면 공부 스위치를 끄고 푹 쉬는 것이 좋다. 그래서 내가 강조하는 점 중 하나는 계획을 세울 때는 80%만 넣으라는 것이다. 그래야 나머지 20% 시간에 부족한 걸 하거나 혹은 모든 일을 마치고 쉴 수 있는 시간이 생긴다.

비록 80%의 계획만 세웠더라도 매일 계획을 모두 실천한다면 어떤가? 매일 80점짜리 하루가 된다. 반면에 일주일 중에 2일은 150% 공부량을 채웠는데, 3일째부터 공부하는 게 힘들어서 나머지 5일은 20%만 실천한다면 평균 점수는 형편없어진다. 계산해보면 대략 평균 50점 정도를 윗돌뿐이다. 이보다는 매일 80점의 삶을 살아가는 게 훨씬 더 효율이 높다는 걸 알 수 있다.

하물며 요새 유행하는 말이지만, "잘 쉬는 게 혁신이야!"라는 말도 있지 않은가. 안정적인 공부 체력과 감정 두 마리 토끼를 잡는 방법은 간단하다. 충분한 휴식을 취하면 되는 것이다.

하지만 현실은 어떤가? 아이들에게 공부만 하라고 채찍질하고 있는지 지금 되돌아봐야 한다. 달리는 말에게 당근 없이 채찍질만 한다면 어떨까? 아마도 상처가 나서 병 들고 결국에는 죽고 말 것이다. 반면 중간에 당근도 주고, 물도 주고 하면서 말이 충분히 쉴 수 있는 시간을 마련해준다면 오래오래 달릴 수 있다. 이런 사실을 깨닫고 우리 아이들이 공부 항상성을 유지할 수 있도록, 그리고 전략적으로 쉴 수 있도록 고민했으면 한다. 그게 목표를 이루는 가장 빠른 지름길이 될 테니 말이다.

영상 시청은 공부의 주된 적이다

마이크로소프트 빌 게이츠와 애플의 스티브 잡스는 세계에서 가장 영향력 있는 인물로 꼽는다. 게다가 스마트 기기 개발에 힘쓴 두 사람이기에 그들의 자녀는 아마도 더 능숙하게 기계를 다루고 사용하지 않을까 생각할 수 있다. 하지만 반전이 기다리고 있다. 빌 게이츠는 자녀가 비디오 게임을 할 때는 타임 제한을 두었고, 14세가 될 때까지 휴대전화를 사지 못하도록 했다. 또한, 스티브 잡스는 자녀들이 새로 출시된 아이패드를 사용하지 못하도록 했다. 그 이유는 무엇일까?

스마트 기기를 이용하여 영상 시청이나 게임을 하는 것은 아이에게 악영향을 끼친다. 특히 두뇌 발달에 나쁜 영향을 주고, 창의력 저하, 학습 발달 능력 저하 등으로 이어질 수 있다. 그래서 세계보건기구(WHO)에서는 5세 미만 어린이가 스크린에 노출되는 시간을 하루 1시간으로 제한하라고 권고한다. 또한, 다른 연구 기관에서는 아이들이 미디어에 계속 노출되면 우울증에 걸릴 확률이 높다고도 한다.

그만큼 스마트 기기 사용과 영상 노출은 우리 아이들에게 좋지 않다는 걸 시사한다. 게임을 하거나 영상 시청을 할 때는 뇌에서는 쾌락 호르몬인 도파민이 나온다. 도파민이 분비되면 뇌는 뜻밖의 보상을 받았다고 느낀다. 보상을 받았다는 말은 곧 좋은 일이라고 판단하기에 계속해서 그 보상을 원하게 된다. 그래서 중독 현상이 생기는 것이다.

식당에서나 혹은 집에서 밥 좀 편하게 먹어보겠다고, 아이들에게 스마트폰을 건네주고 영상을 보도록 하는 부모가 생각보다 꽤 많이 있다. 물론 나도 한때 그랬다. 첫째 때는 그렇게 영상 노출을 조심했는데, 둘째가 태어나서는 그럴 수 없었다. 우선 첫째가 이미 영상을 보기 시작했으니 자연스럽게 둘째는 어릴 때부터 영상에 노출됐다.

또한, 동시에 둘을 돌보는 게 어려우니 미봉책으로 생각해 낸 일이 영상을 보여주는 거였다. 그렇게 아이들이 잠시 영상을 볼 동안 편하게 밥을 먹을 수 있었다. 그런 식으로 편한 길을 선택하니 무섭게도 금방 습관으로 자리 잡았다. 하지만 아이들은 서서히 영상에 중독되었다. 밥 먹을 때만 영상을 찾는 게 아니라 시도 때도 없이 영상이 보고 싶다고 졸라댔다. 그리고 어쩌다 영상을 1시간 넘게 보면, 이유 없이 짜증 내는 모습을 보였다. 영상을 봐서 피곤해지니 모든 일에 짜증이 생긴 게 아닌가 생각했다.

그런데 실제 도파민이 과도하면 ADHD, 조현병, 치매, 우울장애 등 증상을 유발하기도 한다고 한다. 과유불급이라고 너무 지나치면 문제가 발생하는 건 당연한 일이다. 왜냐하면, 도파민은 사실 공부에 큰 도움이 되는 물질이기도 하기 때문이다. 도파민은 인간을 흥분시켜 살아갈 의욕을 생기게 하고, 흥미를 유발하는 신경 전달 물질로서 쉽게 말해 강한 동기를 부여하는 물질이다. 도파민이 분비되면 쾌락을 느껴 두뇌활동이 증가하여 학습 속도, 정확도, 인내, 끈기, 작업 속도 등에 좋은 영향을 준다. 실제 공부 중독을 경험하는 사람들도 도파민이 많이 분비된 결과라고 한다. 그러니 이왕이면 영상 중독이 아니라 공부 중독이 되는 게 낫지 않을까?

요즘에는 전보다 자극적인 것이 많아지고 있다. 특히 스마트폰에 손쉽게 노출되어 더욱 자극적인 것을 접할 기회가 늘어난다. 이에 따라 강한 자극에 이끌려 빠져나오지 못하고 다른 것에는 흥미를 잃게 된다. 《도파미네이션》이라는 책에서도 이런 점을 꼬집어 지나친 쾌락에서 벗어날 수 있도록 노력해야 한다고 말한다.

실제 특목고 우등생들도 공부를 잘 하다가도 무너지는 경우가 있다. 학기 초에는 성실하게 잘 지내다가 언젠가부터 수업 시간에 계속해서 꾸벅거리며 조는 학생이 생긴다. 이런 아이들을 불러서 상담을 해보면 밤새 영상을 보거나 게임에 빠져서 꼴딱 밤새고 다음 날 학교생활에 영향을 받았다고 한다. 잠을 못 자니 수업 시간에도 졸고, 종일 찌뿌둥한 느낌으로 컨디션이 좋지 못하다. 평소와 다른 정상적이지 못한 자신의 상황에 괴로움과 고통을 호소한다. 쉽게 화내거나 짜증을 내는 모습을 보인다. 감정이 불안정해진 것이다. 지나친 도파민 분비의 결과라고 볼 수 있다.

심지어 한 아이는 학교에서도 스마트폰을 손에서 떼지 못하는 모습을 보였다. 계속 화면을 두드렸다. 주변 아이들에게 물어보니 숨 쉴 틈도 없이 계속 게임을 했다고 한다. 이 잘못된 습관을 고쳐주려고 여러 번 불러서 상담하고 회유하여 끝내 게임 시간을 줄여보겠다는 다짐을 받아냈지만, 효과는 별로 없었다. 졸업하는 날까지 손에서 스마트폰을 놓지 못했고, 입시 결과도 좋지 못했다.

놀랄만한 사실이 하나 있다. 이 아이는 초등학교, 중학교 때까지 반에서 1등을 한 번도 놓치지 않았다. 심지어 항상 학급 반장을 하거나 전교 회장이었으며 일명 엄친아로 불렸던 아이였다. 하지만 스마트폰 중독에 빠지면서부터 인생이 달라지기 시작했다. 공부는커녕 일상생활이 무너진 것이다. 부모도, 교사도 끊임없이 잘못된 습관을 고쳐주려고 노력했지만 소용이 없었다. 너무나 안타까웠다.

성인도 하물며 유튜브 영상을 보며 계속 자극받고, 스마트폰 중독 현상을 경험한다. 그러니 청소년이라고 다를까? 심지어 어린아이는 그런 강한 자극에 얼마나 취약할지 생각만 해도 아찔하다. 예전에 바보상자라고 불렸던 TV보다 작은 화면에, 더 빠르게 화면을 전환하는 요새 영상들은 자극 강도가 훨씬 세다고 한다. 그러니 중독 현상이 더 강할 수밖에 없지 않을까? 게다가 유튜브는 쉼 없이 관심 분야의 추천 영상을 제공하니 누가 잡아가도 모를 정도로 화면에 빨려 들어갈 것이다.

아주 다행히도 우리 집 아이들은 환경을 바꾸면서 영상 중독에서 벗어날 수 있었다. 물론 영상을 전혀 보여주지 않는 건 아니다. 주말에만 시간을 정해서 약속된 시간만큼 영상을 시청한다. 물론 처음에 이 습관을 들이기는 쉽지 않았다. 타이머가 울리면서 화면이 멈추면 울면서 짜증도 내고 화도 냈다. 하지만 규칙을 지킬 수 있도록 장치를 마련하니 조금씩 변화가 생겼다.

영상 시청 시간이 끝나면 단호하게 보지 못하게 했다. 대신 다음 주에 다시 볼 수 있다는 계획을 말해주었다. 타이머가 끝나면 반납해야 한다는 약속을 잘 지키면 매주 토요일에는 항상 50분 영상 시청 약속은 지켜지도록 했다. 세계보건기구에서 정한 5세 미만 어린이에게 1시간 이내 시청 권유 기준 시간을 지켰다.

또한, 유튜브 채널을 어린이용으로 설정하여 유해 영상이 나오지 않도록 했다. 티가 안 나게 일부러 교육적인 내용이 포함된 영상을 볼 수 있게 유도했다. 장난감 상품 리뷰나 아무런 생각 없이 보고 끝나는 영상은 피하도록 노력했다. 혹은 영어 소리에 노출될 수 있는 영상 위주로 보려고 했다. 어쨌든 영상을 보면서 아이들에게 조금이라도 도움이 되는 방향으로 이끌었다.

물론 영상을 보여주는 게 정답이 아니라는 사실을 안다. 하지만 이미 노출이 시작되었으니 막을 수는 없다. 그래서 양을 줄이려고 노력하고, 규칙을 정해서 최소화하려고 하는 것이다. 만일 우리 집과 비슷한 상황이라면 방금 말한 내용을 참고하여 습관을 고칠 수 있도록 노력해보길 바란다.

끝으로 영상 노출이 별로 없었던 친한 친구네 집 아이 이야기로 마무리하려 한다. 이 아이는 10세가 될 때까지 집에서는 영상을 본 일이 없다고 한다. 그래서 엘리베이터에 설치된 화면에 나오는 광고만 봐도 재미있게 본다고 했다. 그러다 11세가 되어서부터는 봉인을 해제하고 디즈니 영화를 보기 시작했다. 물론 영어로 된 버전으로 봤다고 한다. 그렇게 1년 정도 영상에 관한 노출이 있었다.

고학년이 되니 학업이 걱정되어 영어 학원에 보내야 할 것 같아 레벨 테스트를 봤다고 했다. 그런데 뜻하지 않게 주니어 토플 성적이 잘 나와서 고민이라고 했다. 혹시 입시 영어를 하면 아이가 영어에 대한 흥미를 잃을까 해서였다. 여기서 눈여겨봐야 할 점은 그동안 디즈니 영화만 봤을 뿐인데 영상에 대한 목마름을 제대로 풀면서 교육적 효과까지 있었다는 점이다.

이 아이는 영상 노출이 별로 없었기에 자기가 경험하는 세상에 더 호기심이 많았다. 강한 자극에 노출이 없었기에 감정적으로도 더 안정적이었다. 덕분에 교우 관계도 원만했다. 더 시간이 지나 봐야 알 수 있겠지만, 분명한 것은 이 아이의 공부 감정이 안정적이라는 점이다. 그러니 부모로서 우리 아이의 영상 노출에 대한 고민을 꼭 해볼 필요가 있지 않을까?

부모와 먼저 좋은 관계 맺기

민혜영 작가가 쓴 《내 아이를 바꾸는 위대한 질문 하브루타》 책을 살펴보면 진정한 하브루타는 '자녀가 사춘기가 되었을 때도 편한 친구 사이를 유지할 수 있는 것'이라고 했다. 다른 내용도 좋았지만, 개인적으로 이 부분이 가장 좋았다. 실제 학교에서 여러 아이를 상담하면서 많이 느꼈기 때문이다. 부모와 유대 관계가 좋은 아이는 심리적으로 안정되어 있고, 다른 사람의 의견을 존중하는 모습을 보인다.

아리스토텔레스가 말한 '인간은 사회적 동물'이라는 말은 진리다. 인간으로서 개인의 감정에 영향을 받는 건 당연하거니와 주변 사람들과의 관계로부터 생기는 여러 감정은 우리 삶에 큰 영향을 끼친다. 특히 삶의 시작이 되는 집에서부터 가족 구성원과 관계를 잘 맺지 못하면 밖에 나와서도 문제가 생긴다. 특히 요새 더 그런 것 같다.

2020년 시작된 코로나 팬데믹으로 인해 아이들이 집에서 밖으로 나올 일이 거의 없었다. 온라인으로 수업 듣고, 사람들과 만날 기회가 많지 않았다. 인간관계로 부딪히는 일은 거의 가족 안에서만 생겼다. 만일 부모와 어릴 때부터 좋은 관계를 형성한 경우라면 큰 스트레스 없이 이 시기를 보냈을 것이다. 반면 관계가 좋지 못한 경우는 아이들이 감정적으로 더 무너져내려 공부하는 데 영향을 받았을 것이다.

누구나 혹시 이런 경험이 있지 않은가? 공부하기 전에 잠깐 스마트폰으로 정보를 검색하고 있는데 부모님이 갑자기 문을 열고 들어온다. 정말 바로 공부를 시작하려고 했는데, 오해받고 잔소리를 듣는다. 그러면 감정이 상해서 하려고 하던 공부가 하기 싫어진다. 이런 일이 반복해서 일어나면 결국 아이는 공부를 포기하거나 방황의 시간을 보낸다. 남의 집 일인 것 같지만, 생각보다 이런 사례는 무궁무진하다.

한 사례에 불과하지만, 집에서 부모와 아이가 어떤 관계를 맺어가느냐에 따라 아이의 공부 감정이 다르게 자랄 수 있다는 걸 꼬집는 것이다. 같은 상황이었더라도 부모가 아이를 믿고 기다려주었다면 어땠을까? 물론 잠깐 딴짓하더라도 잠시 후에는 공부하는 모습을 볼 수 있었을 것이다. 부모의 기대만큼은 아니더라도 아이 스스로 공부한다고 생각하면 더 낫지 않은가?

학교 폭력 가해자가 된 한 아이는 중학교 때까지는 부모와 관계가 좋았다고 한다. 덕분에 공부도 곧 잘했는데, 특목고 입학 후 상황이 달라졌다. 아이는 공부를 해도 성적이 안 나오니 방황하기 시작했다. 부모는 조급하니 아이를 다그치기 시작했다. 그러자 아이는 조금씩 삐뚤어졌다. 공부는커녕 학교생활에 전혀 충실하지 않았다. 오히려 다른 아이들을 괴롭히는 일에 더 관심이 생겼다.

주먹을 휘두르거나 그러지는 않았지만, 몰래 친구의 물건을 숨겨둔다든지 혹은 심한 말을 한다든지 다른 사람의 감정을 해치는 행동을 서슴지 않았다. 결국, 학교 폭력 위원회가 열려 학부모와 학생 모두 상담하는 과정에서 무엇이 잘못되었는지 확인할 수 있었다.

부모는 중학교 때까지 아이와 관계가 좋았기 때문에 별걱정 없이 지냈다고 한다. 하지만 고등학교 때부터는 아이와 자주 말다툼했고, 이제는 포기한 상태라고 했다. 아이는 그동안 자기를 믿어주던 부모가 갑자기 태도를 바꿔서 혼란스러웠다고 했다. 자기한테 잘되라고 하는 말이라지만 합리화에 불과하다고 생각했다. 잔소리만 하는 부모는 더 이상 내 편이 아니라는 생각이 들었고, 나중에는 자기를 포기하는 모습을 보이니 더 이상 공부할 이유도 없고, 착한 아이로 살아가야 할 이유도 없다고 말했다.

놀라운 것은 어릴 때 아무리 부모와 좋은 관계를 형성해도 나중에 부모의 태도나 입장이 돌변하면 좋은 관계도 틀어질 수 있다는 점이다. 하지만 끝까지 일관된 모습을 보인다면 관계도 계속 유지될 수 있다.

유튜브 채널 조작가의 스몰빅 클래스에 출연하여 '엄친아, 엄친딸 부모님이 상담할 때 보이는 놀라운 공통점'이라는 제목으로 인터뷰를 한 적이 있다. 이 영상은 50만을 넘긴 조회 수를 기록했다. 주변 사람들은 거의 이 영상을 다 봤을 정도다. 미디어를 잘 보지 않는 일본에서 유학 중인 인터뷰 속 주인공 졸업생에게 연락이 올 정도였으니 대박 난 영상이라 할 수 있다.

조작가의 스몰빅 클래스 영상 링크 주소.
https://www.youtube.com/watch?v=3_CpGEwmPwQ&t=3s

무엇보다 이 영상을 보고 나면, 부모와 아이가 관계가 좋을 때 왜 공부에 시너지 효과가 나타나는지 알 수 있다. 부모의 가치관이나 삶의 태도를 그대로 물려받은 아이는 부모와의 관계, 형제와의 관계, 교사와의 관계, 친구와의 관계 어디에서든 항상 좋은 모습을 보였다. 살아가면서 '관계'에 문제가 전혀 없으니 공부할 때 큰 방해 요소가 사라진 것이다.

이 학부모님은 아이에 대한 자기객관화가 분명한 사람이었다. 아이가 무엇을 잘하는지 혹은 무엇이 부족한지 분명히 구분하여 설명할 수 있었다. 그리고 아이의 결정을 존중하고, 스스로 잘 해낼 수 있을 거라는 믿음이 강했다. 행여나 부족함이 있으면 이성적으로 조언을 통해 방향을 제시하고, 구체적인 도움이 필요하면 적극적으로 지원했다. 또한, 단순히 명문대 진학, 대기업 취업 등 그런 사소한 목표가 삶의 목표가 되어야 하는 게 아니라 인생을 크게 보고 본질적인 물음을 많이 하도록 대화했다고 한다.

그런 이유인지 몰라도 학업 능력, 인성, 인간관계, 삶을 대하는 태도, 위기 극복 능력 등 다양한 부분에서 우수한 모습을 보였다. 다른 반 담임교사가 이 학생의 부모님을 한번 만나서 대화하고 싶다고 할 정도로 정말 엄친딸이라 불려도 충분했다. 사실 이 아이의 언니도 우리 학교 학생이었는데 둘의 모습은 다르지 않았다. 실제 대학 입시 결과도 같았다.

일명 SKY라고 불리는 명문대에 지원하여 모두 합격하였고, 일본 문부성 장학금을 받는 전형에도 합격했다. 그리고 둘 다 대한민국 최고 대학 서울대를 뿌리치고 일본으로 유학을 떠났다. 이유는 직접

들을 수 없었지만, 더 넓은 세상에서 배움을 실천하기 위함이 아니었을까 생각한다.

최근에 우리 반이었던 아이와 재회하여 대화할 일이 있었다. 일본에서 장학금 받는 사람 중에서 1년 교육과정에서 1등을 해서 결국 동경대에 입학했고, 계속해서 장학금을 받을 정도로 성적도 우수하다고 했다. 그런데 처음으로 실패라는 걸 경험하면서 감정적으로 힘들었다고 했다. 3학년이 되어 취업을 준비하면서 높은 벽을 경험한 것이다. 그래서 조급한 마음이 들 때 부모님과 대화했는데 큰 교훈을 얻었다고 했다.

부모님은 이렇게 말했다고 한다. "그동안 너는 단 한 번도 실패해보지 않아서 행여나 실패를 경험하면 많이 힘들까 봐 걱정했단다. 하지만 다행히도 20대 초반에 이렇게 실패를 경험했으니 남은 인생에 큰 거름이 될 거야. 앞으로 더 많은 실패와 시련이 있을 텐데 이번 기회에 다시 일어서는 방법을 배워보렴."

덧붙여 이런 말을 했다고 한다. "사람은 땅에 발을 딛고 걷는 존재란다. 하지만 우리는 높은 하늘만 바라보며 손을 뻗으려고만 하는 것 같아. 하지만 아무리 노력해도 하늘에 닿을 수는 없지. 가끔 하늘을 보며 꿈꾸는 것은 좋지만, 넘어지지 않게 땅을 잘 보고 발을 잘 딛는 것이 더 중요하다는 사실을 잊지 않았으면 좋겠구나."

이런 마인드를 가지고 때로는 따뜻한 위로를, 때로는 차갑지만 현실적인 조언을 편하게 할 수 있어야 하는 게 아닐까? 이런 부모와 아이 관계라면 위 사례처럼 훌륭한 자녀로 자라는 건 당연지사다. 하지만 우리는 자꾸만 공부 때문에 아이와의 관계를 망치는 경우가 많다. 닭이 먼저인지 달걀이 먼저인지 구분이 안 된다고 하지만, 분명한 건 부모와 아이의 좋은 관계는 공부 감정에 긍정적인 영향을 미칠 것이다.

뱃속에서부터 시작하는 독서 습관 만들기

뱃속에서 독서를 한다니 말이 되는 소리인가? 하지만 가능한 일이다. 우리가 일반적으로 생각하는 독서는 눈으로 책을 읽는 행위를 말하지만, 귀로 듣는 것도 하나의 방법이기 때문이다. 요새는 책이 오디오북으로도 제작된다는 사실을 알지 않은가? 고로 귀로 하는 것도 독서라고 할 수 있다. 뱃속 아이도 눈으로 볼 수는 없지만, 귀로는 들을 수 있으니 이해가 될 것이다.

그런데 왜 뱃속에서부터 독서를 하는 게 공부 감정을 안정적으로 만드는 데 도움이 될까? 시작점을 뱃속부터 한 이유가 있다. 부모가 뱃속 아이에게 책을 직접 읽어주는 건 아이의 정서 발달에 영향을 주기 때문이다. 특히 아빠의 중저음 목소리는 태아가 잘 반응할수 있다. 그 이유는 양수인 물에서는 음파 특성상 고음보다 중저음이 더 잘 통과하기 때문이다. 결국, 이렇게 전달된 소리가 아이의 청각 세포를 깨워 두뇌를 자극할 수 있다. 두뇌에 자극이 생기면 그것은 곧 두뇌 발달과 연결된다.

이런 이야기를 들으면 궁금한 점이 생길 것이다. 과연 정확히 태아가 몇 주차일 때부터 책을 읽어주는 것이 좋을지 말이다. 태아 발달 시기에 따르면 청각이 생기는 20~24주 정도부터 효과가 있다고 볼 수 있다. 하지만 청각이 없어도 엄마의 기분과 감정에 따라 아이는 영향을 받을 수 있다. 그래서 아빠의 다정다감한 나지막한 목소리는 엄마의 마음을 편하게 만들어 주고, 시기가 지났다면 태아에게도 좋은 영향을 줄 수 있다.

이런 점을 고려하여 아빠가 뱃속 태아에게 책을 읽어주면 효과가 있는 것이다. 지능 발달뿐만 아니라 정서적으로도 큰 도움이 된다. 단순히 책만 읽는 것보다 책 읽는 중간에 태아에게 말을 걸면서 하면 더욱 좋다. 책을 읽으며 태아와 대화하는 과정에서 유대감이 생길 수 있기 때문이다. 궁극적으로는 뱃속 태아에게 책 읽어주기는 정서 발달에 영향을 주기 위한 것이다.

이 사실을 여러 육아 서적을 통해 알게 되면서 나는 아는 것을 실천하기 위해 실제 두 아이에게 적용했다. 첫째 때는 직접 이야기를 만들어서 뱃속 아이와 자주 대화했다. 심지어 내가 만든 이야기를 녹음해서 바쁜 날에는 틀어주곤 했다. 둘째 때는 영어에 대한 욕심이 있어서 뱃속 아이에게 영어로 말을 걸거나 영어책을 읽어줬다.

우연의 일치인지 모르겠으나 두 아이는 아빠가 직접 지어낸 이야기 듣는 걸 좋아한다. 둘째는 색깔은 우리말보다 영어로 먼저 말하기 시작했다. 생각해보니 색깔이 들어간 영어 그림책을 많이 읽어줬었다. 표본이 많지 않아서 아쉬움은 있지만, 그래도 뱃속 태아에게 책 읽어주기는 분명 효과가 있는 것처럼 보인다.

게다가 우등생들이 보이는 특징 중 하나는 부모가 어릴 때부터 책을 읽어줬다는 점이다. 우등생마다 독서 유지 기간은 모두 달랐지만, 부모와 함께 어릴 때부터 책 읽는 습관은 큰 도움이 되었다. 특히 어릴 때 부모 품 안에서 책을 읽는 행동은 다시 한번 정서에 좋은 영향을 준다는 걸 알 수 있다.

뇌 호르몬 중에는 '옥시토신'이라는 행복 호르몬이 있다. 이 호르몬은 스킨십할 때 나온다. 부모와 자녀가 서로 아끼는 마음으로 안아줄 때 더 많이 분비된다고 한다. 어릴 때는 부모의 품 안에 쏙 들어와 앉아서 책을 읽게 되니 안정감을 느낄 수 있다. 실제 여러 전문가는 독서를 하면 지능이 발달하지만, 안정적인 정서 발달에도 좋은 영향을 준다고 말한다. 다 이런 이유에서다.

따라서 공부 감정을 위한 준비 운동으로 독서는 필수다. 정서 안정과 더불어 부모와 유대감 형성이라는 점에서 특효약이기 때문이다. 우리 집 아이들이 공부 지능이 좋은지 아직은 모르겠으나 분명한 사실이 하나 있다. 적어도 매일 부모와 책 읽는 시간을 공유한다는 점이다. 엄마는 책을 그대로 읽어주면서 대화하고, 아빠는 주로 지어낸 이야기를 들려준다. 아직 글자를 모르는 두 아이는 어쨌든 매일 그렇게 책을 읽으면서 자라고 있다. 덕분에 아빠와 엄마 누구와도 큰 차별 없이 똑같은 마음으로 애정을 나누며 지내고 있다.

다른 집을 보면 대부분 엄마와 아이들 사이가 더 좋고, 아빠와 친한 경우는 많지 않은 듯하다. 물론 요새 부모는 아이와 둘 다 친한 경우가 많지만, 예전에는 그렇지 않았던 것 같다. 그 와중에 좋은 사례가 있어서 공유해본다. 어린 시절부터 아빠가 잠들기 전에 책을 읽어주는 한 가정이 있었다. 물론 주말에는 함께 도서관에 손잡고 다녔다. 책으로 의기투합한 아빠와 딸이라서 그런지 평소 생활에서도 부녀 관계는 매우 좋았다. 심지어 이 독서 활동은 딸이 고등학생이 될 때까지 이어졌다. 자기 전에 꼭 책을 함께 읽고 이야기를 나누었다고 한다. 독서 습관이 19년 동안 계속된 덕분인지 몰라도 이 아이는 공부도 잘했고, 정서적으로도 매우 안정적이었다. 그 아이는 전교 1등 자리를 놓치지 않았고, 우수한 성적으로 서울대에 입학했다.

여기서 숨겨진 놀라운 사실은 사교육으로 선행 학습을 따로 하지 않았다는 점이다. 굳이 선행 학습이 되었다고 한다면 독서를 통해 배경 지식을 많이 쌓았다. 어휘력도 우수해서 학교 수업을 따라가는 데 아무런 문제가 없었다. 게다가 독서로 쌓은 부모와의 유대감도 끈끈해서 공부로 부모와 다툴 일도 전혀 없었다. 나비 효과처럼 어린 시절부터 부모와의 독서 경험은 이렇게 큰 태풍을 일으킬 수 있었다.

얼핏 보면, 독서가 감정 발달과는 아무런 영향이 없어 보일지 모른다. 하지만 분명한 영향을 주는 관계라는 걸 잊어서는 안 된다. 우등생들만이 가진 다른 공부 감정을 형성할 때 큰 영향을 주기 때문이다. 독서를 통해 자신을 믿고, 냉철한 이성을 얻고, 끈기를 얻고, 좋아하는 것을 찾고, 자신감을 얻고, 행동으로 실천하고, 좋은 관계를 유지하고, 갈등을 조정하고, 문제를 유연하게 대처하고, 윤리적인 태도를 모두 갖출 수 있기 때문이다.

지금 말한 독서를 통해 얻을 수 있는 10가지 공부 감정은 우등생들이 가진 특징으로 3장에서 자세히 다룰 예정이다. 물론 독서가 만병통치약은 아닐 수 있다. 적어도 비타민 같은 존재가 될 수 있다. 비타민은 필수 영양소는 아니지만, 부족하면 문제가 발생할 수 있는 영양소다. 독서도 마찬가지다. 독서가 부족하면 언젠가는 공부 감정에도 문제가 생길 수 있기 때문이다.

아이가 태어났을 때 조리원에서 비타민D가 부족할까 봐 약을 한 방울씩 매일 먹여야 한다고 했다. 독서도 비타민 D처럼 우리 아이가 좋은 공부 감정을 가질 때 꼭 필요한 요소라 믿는다. 하루 중 긴 시간이 아니더라도 매일 조금씩이라도 꼭 해야 하는 것이 아닐까? 나도 지금의 좋은 상황을 오래 유지하고 싶은 마음이 든다. 유대인들의 하브루타 교육을 위해 매일 저녁 가족이 함께 식사해야 하는 것처럼, 독서를 매일 해야 하는 것으로 만들고 싶다. 물론 즐거운 분위기로 말이다. 여러분도 함께 실천해보는 것은 어떨까.

매일 일기 쓰기의 힘

혹시 감정 쓰레기통이라는 말을 들어본 적이 있는가? 스트레스가 많은 현대인이 감정을 풀기 위해 가까운 사람에게 부정적인 감정을 쏟아낼 때 쓰는 말이다. 그 감정을 받아내는 사람들을 일컬어 '감정 쓰레기통'이라고 한다. 사람은 이성적인 동물이라고 아무리 우겨도 기본적으로 감정이 우선하는 동물이다. 안타깝게도 감정은 쌓이고 풀지 않으면 오히려 몸에 독이 되어 돌아온다.

이런 이유로 사람들은 다양한 방법으로 감정을 풀기 위해 노력한다. 운동을 통해 스트레스를 날려버리거나, 대화로 하고 싶은 말을 쏟아 내거나, 매운 음식을 먹고 땀을 쭉 빼거나 등 방법은 개인마다 다르다. 문제는 나중에 수험생이 되었을 때 이 방법 중 어떤 것이라도 마련되지 않으면 공부 감정에 영향을 줄 수 있다는 점이다.

그래서 나는 감정을 매우 좋은 방법으로 풀어내는 방법을 제안하고자 한다. 특히 우등생들이 자주 쓰는 방법이기에 소개한다. 꼭지 제목에 있는 것처럼 매일 일기를 쓰라고 하고 싶다. 일기 쓰기는 감정 조절뿐만 아니라 메타인지를 발동하여 공부 감정과 공부 이성을 모두 깨우는 무기로 발전할 수 있기 때문이다.

일기는 일기장에 써도 자기가 사용하는 플래너의 한 부분에 꾸준하게 기록을 남겨도 좋다. 혹은 미디어 시대니까 소셜미디어 등 온라인 플랫폼에 비공개로 자신만의 글을 남기는 것도 하나의 방법이 될 수 있다. 하지만 감정은 아날로그적 감성이니 되도록 손으로 직접 썼으면 한다. 물론 방법보다는 본질이 중요하니 매일 쓰는 게 더 중요하다는 건 잊지 말아야 한다.

일기를 쓰는 방식은 어렵지 않다. 당연히 육하원칙을 적용하면 더 논리적인 글이 될 수 있다. 하지만 매일 그렇게 격식을 갖춰서 글을 쓰기란 쉽지 않기에 간단한 방법을 추천한다. 무엇보다 그날 있었던 일 중에 자신의 감정에 영향을 주는 사건을 먼저 떠올린다. 그리고 그 일로 인해 생긴 감정이 어떤지 구체적으로 묘사한다. 마지막으로 가장 중요한 것은 자신에게 솔직하게 말하듯이 쓰는 것이 좋다.

대화하면서 오히려 감정이 흐트러지고 잘못된 방향으로 가는 경우는 '나' 중심이 아니라 상대방을 고려할 때 생긴다고 한다. 일기 쓰기는 절대적으로 '나'를 중심으로 쓰는 것이어야 한다. 일명 '나 대화법'을 실천하는 것이다. 혹시나 부정적인 감정이 든다면 왜 그 감정이 생겼는지 철저하게 파고들어야 한다. 나를 제대로 마주할 때 진실과 마주할 수 있기 때문이다.

일기 쓰기는 무엇보다 비밀이 보장되기 때문에 자신과 솔직하게 대화할 수 있다는 장점이 있다. 솔직하면 할수록 문제를 파악하고 해결책을 찾기가 쉽다. 문제를 제대로 파악할 수 있기 때문이다. 처음에는 감정을 파헤치지만, 결국 어떤 이유로 그런 감정이 생겼는지 이성적으로 분석하게 된다. 어떤 경우에 이와 똑같이 경험하게 될까?

교사로서 학생들에게 상담 요청을 자주 받는다. 처음에는 나도 서툴러서 학생의 문제를 해결해주기 위해 조언을 하려고 노력했다. 하지만 오히려 실마리가 잘 안 풀리는 기분이 들어서 어떻게 하는 게 좋을지 연구하게 됐다. 상담에서 가장 중요한 건 내담자의 말에 경청하는 것이라서 상대방의 입장이 되어 공감하려고 노력했다. 생각보다 이 방법은 잘 통했다.

내가 조언을 할 때보다, 상대방의 이야기를 들어주면 오히려 쉽게 해결됐다. 상담하러 온 학생이 자신의 이야기를 하면서 스스로 상황을 정리하고, 감정도 추스르고, 알아서 좋은 방향으로 마무리했기 때문이다. 이런 경험을 겪으면서 나는 오히려 학생이 더 자세히 말을 하도록 유도만 할 뿐 그 이상은 하려고 하지 않는다. 물론 상대방의 입장이 되어 좋은 해결책이 무엇일지 '개인적인 의견'은 제시하되 그게 답이라고 강요하지 않는다.

이 방법이 효과가 있었기에 일기 쓰기에 적용해볼 수 있다. 일기 쓰기는 내 이야기를 100% 공감하면서, 비밀도 보장되는 자신에게 상담받는 일이기 때문이다. 일기장 혹은 플래너는 나에게 아무런 말도 하지 않지만, 내가 스스로 감정이나 상황을 풀어내면서 정리하는 시간을 가질 수 있다. 그래서 다음 날에 부정적인 감정은 모두 털어버리고 다시 새롭게 하루를 시작하는 힘을 얻을 수 있다.

우등생 중에는 매일 일기 쓰기와 시험이 끝나고 나면 항상 감정 노트를 작성하는 학생도 있었다. 시험을 준비하면서 부족한 점을 확인하고, 그로 인한 결과를 통해 생긴 감정 등 시험과 관련된 모든 걸 노트에 정리하며 감정을 정리했다. 감정이 정리되니 자연스럽게 다음 시험에는 어떻게 해야 부족함을 채우고, 시험볼 때 실수를 줄여서 성적 향상에 도움이 될지를 찾아갈 수 있었다.

바쁜 현대인들에게는 대화할 상대가 부족할지도 모른다. 특히 외동이라서 형제가 없고, 맞벌이 부모와 함께 사는 경우 기댈 곳이 없기에 감정적으로 불안정할 수 있다. 인간에게는 분명 애정의 욕구가 있어서 그렇다. 그래서 누군가 내 이야기를 들어줬으면 하는 마음이 생긴다. 외동이든, 부모가 맞벌이를 하든, 친구가 적든 상관 없이 일기 쓰기는 많은 혜택을 줄 수 있다. 이점을 잊지 않는다면 분명 공부 감정을 단단하게 만들 수 있는 무기를 가질 수 있을 것이다.

나만의 취미 생활 만들기

공부 잘하는 아이가 놀기도 잘한다는 말이 있다. 왜 그런 말이 나왔을까? (반대로 잘 노는 아이가 공부도 잘한다는 말은 오류가 있을 수 있으니 잘 구분하기를 바란다.) 마치 요새 사람들이 워라밸을 잘 지켜서 꾸준하게 일할 힘을 기르는 원리와 같다. 공부할 때 공부하고, 놀 때 노는 아이는 구분이 명확하기 때문이다. 게다가 잘 놀고, 잘 쉬면 다시 정신적으로나 체력적으로도 충전할 수 있다.

살다 보면 누구에게나 슬럼프가 찾아온다. 공부하는 수험생에게는 더욱 잘 찾아온다. 그 이유는 공부가 재미있는 일은 아니기 때문이다. 그래서 더욱 재미있는 일을 병행해야 공부를 버티며 할 수 있다. 실제 우등생들도 공부가 좋아서 한다기보다는 더 나은 미래를 위해 시간을 투자하는 것이기도 하다. 어쨌든 그렇게 참고 열심히 공부하는 우등생의 모습을 보며 우리는 배울 부분이 있다.

놀랍게도 우등생은 각자 자기만의 취미 생활을 즐긴다. 전교 1등하는 학생도 공부만 하지 않는다. 독서, 영화감상, 운동, 퍼즐, 게임, 바둑, 오목, 장기 등 다양한 취미를 즐긴다. 심지어 방학이면 1주일동안 여행을 다녀오는 우등생도 봤다. 그렇게 충전의 시간을 충분히 보내고 와서 다시 공부한다. 취미 생활을 해야만 하는 이유의 본질은 여기에 있다. 어떻게 충전할 것인가 고민하라는 말이다.

힘든 나날 중에 행복을 찾는 하나의 방법이기에 이와 관련된 호르몬 하나를 소개하고자 한다. 바로 '엔도르핀'이다. 엔도르핀은 즐겁고 행복할 때 나오는 호르몬으로 잘 알려져 있듯이, 엔도르핀 수치가 높아지면 기억력 향상 등 인지 능력에 좋은 영향을 준다. 또한, 불안감이나 스트레스를 줄여주고, 면역 체계에도 도움이 되는 비타민 같은 존재다. 이 엔도르핀 수치를 높이기 위해서는 전문가들은 보통 두 가지를 제시한다. 자기가 좋아하는 신체 활동을 하든지 좋아하는 음식을 먹든지 하라고 한다. 그래서인지 몰라도 공부 감정을 잘 다진 학생들은 동적이든 정적이든 신체 활동을 즐긴다. 때로는 시험이 끝나면 맛있는 음식을 먹으며 스트레스를 풀기도 한다. 어떤 학생은 돈가스 마니아로 맛집을 찾으면 그렇게 행복감을 느낀다고 한다.

신체 활동이나 먹는 음식을 대표적인 예로 들었지만, 본질은 행복을 느낄 수 있는 일을 찾는 것이다. 그중에는 영화를 보거나 음악을 들으면서도 행복을 느끼는데, 영화 스토리 혹은 노래 가사를 통해 감동하여 웃음과 눈물을 보인다. 이때는 돈으로 살 수 없는, 엔도르핀보다 4000배의 효과가 있는 '다이돌핀'이라는 호르몬이 나온다. '감동'이 주는 효과는 어마어마하기 때문이다.

이렇게 보니 방법이 문제가 아니라는 걸 알 수 있다. 사람마다 행복을 느끼는 방법도 기준도 다르기에 행복을 주는 '취미 활동'은 결국 자기가 좋아하는 걸 찾아야 한다. 혹은 많이 웃을 수 있는 일을 찾아서 하는 것도 좋다. 왜 그런 말도 있지 않은가? '행복해서 웃는 게 아니라 웃어서 행복하다!' 그만큼 웃음이 주는 효과가 크기에 우리는 하루라도 빨리 재미있고 즐거운 취미를 찾아야 한다.

글씨를 잘 못 쓰던 한 학생이 있었다. 글씨를 쓸 때마다 스트레스를 받았다. 어떻게 하면 좋을까 고민하다가 캘리그래피를 배우면 글씨가 예뻐진다는 정보를 얻었다. 그래서 유튜브 채널을 보며 예쁜 글자 모양을 하나씩 따라 쓰기 시작했다. 비록 처음에는 삐뚤빼뚤 엉망진창이었지만, 매일 꾸준하게 연습하니까 모양이 나아졌다. 마침내 자기가 좋아하는 글씨체를 마스터할 수 있었다.

예전에는 악필이라고 놀림을 받던 이 아이는 학급에서 인기가 하늘을 찔렀다. 글씨가 너무 예뻐서 너도나도 글씨를 써달라고 졸라댄다. 심지어 글씨체를 배우겠다고 나서는 아이도 있었다. 단순히 예쁜 글씨가 쓰고 싶어서 시작한 취미 활동이 이 아이에게는 자신감을 불어 넣어주는 일이 되었다.

수업 시간에 배운 내용을 예쁘게 필기한 것을 보고 선생님들도 칭찬하기 시작했다. 전교에서 캘리그래피 제일 잘하는 아이, 수업 필기 가장 예쁘게 잘 쓰는 아이로 인정받았다. 그러니까 자연스럽게 공부에 흥미를 갖게 되었고, 성적 그래프도 급격하게 상승곡선을 그렸다. 글씨만 예뻐진 게 아니라 성적표의 숫자도 아름답게 변했다.

다른 아이는 우연히 길거리에서 기타 치는 음악가를 보고 감동하였다. 자기도 멋지게 기타 치며 곡을 연주하고 싶었다. 부모님께 졸라 기타 학원에 다니기 시작했다. 아직 초등학생이라서 손가락이 짧고, 피부도 얇아 기타 치는 게 쉽지 않았다. 하지만 기타 줄을 하나씩 튕기는 게 재미있었다. 오랜 연습 끝에 노래 한 곡을 연주할 수 있게 되었다.

학급 학예회에서 장기 자랑을 하라고 해서 학원에서 선생님 기타를 빌려 그동안 연습했던 곡을 연주했다. 초등학생이 얼마나 잘 치겠냐 아무도 기대하지 않았지만, 생각보다 너무 잘 쳐서 모두 놀랐다. 그 이후로 '기타 소년'이라는 별명이 붙었다. 다음 해에도 학급 장기 자랑을 할 때 멋진 연주를 선보였다. 마침내 학교 축제에서는 전교생 앞에서 어려운 곡을 연주하며 많은 인기를 얻을 수 있었다.

기타 소년도 마찬가지로 기타를 배우면서 재미있는 일을 통해 성장한 점이 있었다. 그것은 바로 '끈기'를 배운 것이다. 점점 더 어려운 코드와 기술을 배우며 자기가 목표로 하는 곡을 완성하기까지 시행착오를 겪지만 포기하지 않고 계속 부족함을 채우는 과정을 겪었기 때문이다. 사실 취미로 시작한 일이지만, 공부의 본질을 익히게 된 것이다. 공부 감정은 이렇게 사소한 취미 활동을 통해서 훌륭하게 자라날 수 있다. 좋아하는 일을 할 때 아무리 힘들어도 계속해서 해나갈 힘이 있기 때문이다.

취미는 공부하다가 지칠 때 잠시 기쁨과 행복을 느낄 수 있는 하나의 도구다. 슬럼프가 오기 전에 즐거운 일을 하면서 잠시 쉬어갈 수 있기 때문이다. 그리고 취미를 통해 본격적으로 공부를 시작하기 전에 다양한 공부 감정을 키우는 경험을 해볼 수 있다. 공부 포기를 모르는 우등생들의 '공부 감정' 10가지도 어쩌면 취미 활동에서부터 길러질지 모른다.

피겨 선수 김연아도 피겨를 시작하게 된 계기는 7살에 근처에 아이스 링크장이 새로 생겨서 가족이랑 놀러 가서 취미로 타면서부터였다. 운 좋게도 재능이 있었고, 코치 눈에 띄어서 선수 제안이 들어와 본격적으로 활동을 시작했다. 다른 사람보다 진도도 빨랐다. 12세 트리플 점프 5종 완성, 13세 첫 국제 대회 노비스 부분 우승, 14세 최연소 국가대표에 선발 등이 그녀의 업적이다.

이런 업적의 최고조는 2010년 밴쿠버 올림픽 세계 신기록을 세우며 금메달을 딴 일이다. 그녀는 수많은 회전으로 허리가 성치 않고, 스케이트화를 묶던 손가락은 굳은살이 생기고, 스케이트화에 눌리고 점프 충격을 받은 발목은 휘고 상처가 끊이지 않았다고 한다. 이렇게 힘든 과정을 이겨낼 수 있었던 것은 건강한 집념과 정신력 덕분이 아닌가 싶다.

2018년 평창 동계올림픽 UN 총회에 특별연사로 나와서 성공적인 개최와 결의안 채택을 호소하는 영어 연설을 했다. 그렇게 큰 자리에서 떨지 않고 연설하는 모습은 아마도 그동안 피나게 연습했던 피겨 경험에서 우러나온 게 아닌가 싶다. 이처럼 자기가 좋아하는 일을 하면서 힘든 일을 견디고 성장하여 어떤 일을 하더라도 완성도를 높이는 결과를 낼 수 있다.

취미라고 하면 별거 아닌 것같이 느낄 수 있지만, 김연아 선수처럼 시작은 미약하나 끝은 창대할 수 있다. 나는 단단한 공부 감정의 시작은 어린 시절부터 자기만의 건강한 취미 생활을 찾는 것부터라고 생각한다. 그러니 우리 아이가 좋아하는 일을 찾을 수 있도록 어릴 때부터 다양한 경험의 기회를 부여하도록 노력하면 좋겠다. 분명 그 경험의 씨앗이 큰 나무로 자랄 테니까 말이다.

#부모교육
아이들은 부모의 도움이 꼭 필요합니다

기린은 태어나자마자 걸음마를 시작합니다. 하지만 사람은 1년 정도는 되어야 걸을 수 있지요. 기린은 15개월이면 완전히 독립합니다. 반면에 사람은 20살이 넘어도 독립하는 경우가 드물죠. 인간은 수명이 긴 만큼 성숙하기까지 시간이 오래 걸린다는 의미입니다. 달리 말하자면, 어린 시절 아이들은 부모의 도움을 받는 시간이 더 길게 필요하다는 말입니다.

물론 적절한 관심과 사랑을 기반으로 한 도움을 말하는 것입니다. 과유불급이라는 말처럼, 너무 지나쳐도 너무 부족해도 좋지 않습니다. 제가 만난 우등생들을 보면 그 뒤에는 항상 부모의 도움이 밑바탕에 깔려있었답니다. 맞벌이 생활을 하더라도 주말에는 꼭 아이와 함께 시간을 보내려고 노력했습니다. 아무리 평일에 조부모님이 보살펴도 부모의 영향만큼 좋지는 않았습니다.

한 예로 지인 중에 맞벌이로 바쁜 나머지 평일에는 아이를 조부모님께 맡겼습니다. 그런데 3살이 되어서도 아이가 말을 잘하지 못해 검사해보니 언어 발달 장애가 온 것이죠. 조부모님이 아무리 보살펴도 아이는 부모로부터 받는 관심과 사랑에 대한 결핍이 있었죠. 아차 싶었던 아이 엄마는 바로 육아 휴직을 냈답니다.

휴직 기간에 종일 아이와 좋은 시간을 보내려 노력했어요. 무엇보다 언어 치료에 집중했죠. 그런데 전문가의 도움을 받아 발음을 잘할 수 있도록 치료받는 것도 중요했지만, 부모와 함께 정서적 교감을 많이 할 수 있도록 신경 썼어요. 말을 제대로 못 하는데 감정표현이 서툴러서 짜증을 내거나 우는 상황이 많이 생겼기 때문이었죠.

상황에 따라 어떤 감정인지 알려주었고, 올바른 감정을 표현할 수 있게 도와주었어요. 다만 혼내거나 화를 내면 아이가 상처받고 더 마음을 닫을까 걱정이었다고 해요. 무조건 감싸주고 아이에게 사랑을 듬뿍 주었죠. 그렇게 6개월을 보내니 드디어 또박또박 발음하며 말을 할 수 있게 되었습니다. 누구보다 부모는 여러 감정이 들어 눈물을 흘렸죠.

그 후 6개월이 지나 복직하게 되었을 때는 또래 아이들만큼 정상으로 돌아올 수 있었습니다. 다행히도 회사에서 배려해준 덕분에 육아시간을 쓰고 1시간씩 일찍 퇴근해서 아이를 계속 돌봤다고 해요. 덕분에 초등학생이 되어서는 걱정 없이도 잘 지내는 아이로 성장해 있었습니다.

만일 언어 발달 장애를 발견했을 당시 휴직 결심을 하지 않았더라면 어떤 결과가 있었을까요? 아무도 알 수는 없지만, 적어도 이렇게까지 정상적으로 되돌리기까지 더 힘든 시간이 있었으리라 생각해봅니다. 이 아이는 부모의 결단이 살린 결과가 아닌가 싶습니다.

아이들은 하나씩 스스로 해내는 힘을 기릅니다. 그런데 기린처럼 태어나자마자 단번에 걸음마를 할 정도로 빠르게 성장하지는 않죠. 차근차근 하나씩 배우며 자랍니다. 아기 때는 모유나 분유를 먹여야 하고, 기저귀도 갈아줘야 하고, 이유식도 줘야 하고, 어쨌든 부모가 다 해줘야 합니다. 귀찮고 힘들겠지만, 그렇게 보호를 받고 자란 아이는 건강하게 잘 자랄 수 있죠.

문제는 그 이후인 것 같습니다. 아이가 몸이 크고 행동도 하나씩 할 줄 아니까 다 큰 사람처럼 느껴집니다. 아직도 아이인데도 말이죠. 하지만 부모는 아이가 큰 줄 착각하고 기대가 큽니다. 기대한 만큼 해 주지 못하니 실망스럽고, 좋지 못한 감정을 말로 표현하게 되죠. 그 속에서 아이와의 관계에 균열이 생기기 시작합니다. 이 책에서 말하는 '공부 감정'에 악영향을 주는 고리를 만드는 일이죠.

고등학교에 근무하면서 보면 덩치는 어른인데 생각하는 건 여전히 아이라고 느낄 때가 많습니다. 언제부턴가 부모와 관계가 틀어져 감정이 불안정한 아이들도 있고요. 반대로 성숙한 모습을 보이고, 부모와도 관계를 잘 유지하는 아이들도 있습니다. 어떻게 그렇게 자랐나 기특합니다.

알고 보면 모든 우등생이 있기까지 부모의 역할이 중요했습니다. 아이의 성장 속도에 맞게 조력자로서 아이가 성숙해질 수 있도록 적당한 수준에서 관심을 가지고 도우면 좋은 결과로 이어졌습니다. 반면 아무런 도움 없이 방치하거나 너무 지나치게 간섭한 경우에는 오히려 미성숙하거나 의존적인 아이로 자라는 것 같았습니다. 도움은 꼭 필요한 것이지만, 적정한 수준을 맞추는 게 관건이지요.

그런 면에서 섬세함이 필요한 것 같습니다. 아이가 기저귀를 더는 차지 않아도 화장실에 갔을 때 도와줄 일이 있다는 걸 섬세하게 알아차리는 것처럼 말이죠. 공부 감정에서도 마찬가지입니다. 아이가 공부 감정을 하나씩 배워나갈 때 제대로 배울 수 있도록 옆에서 조력해야 합니다.

예를 들어, 회복 탄력성을 가질 수 있게 하기 위해서는 어떻게 도와야 할까요? 아이가 무언가에 도전해서 실패해도 뭐라고 하는 게 아니라 다시 해보자고 용기를 북돋아 줘야 하죠. 여러 번 실패해도 단지 하나의 과정일 뿐이라 알려주는 것도 좋은 방법이죠. 그런데 종종 부모는 아이가 못하면 혼내고, 탓하고, 실망하면서 회복 탄력성을 배울 기회를 잃게 하는 것 같습니다.

다른 공부 감정도 똑같습니다. 적시 적소에 맞게 부모가 도와야 아이가 올바르게 공부 감정을 형성하며 성장할 수 있습니다. 누군가는 아이는 스스로 자란다고 말합니다. 하지만 저는 부모 도움 없이는 아이는 힘들게 자랄 수밖에 없다고 생각합니다. 부모가 조금이라도 도움을 주기 위해 노력한다면 아이에게는 좋은 영향을 줄 것이니 꼭 이 점을 명심하고 더욱 신경 썼으면 좋겠습니다.

3

공부 포기를 모르는
우등생들의
'공부 감정' 10가지

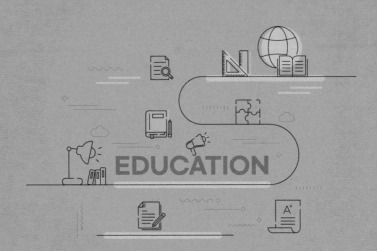

3

공부 포기를 모르는
우등생들의
'공부 감정' 10가지

1. 누구보다 자신을 믿는 감정

자존감

개념 알기

'믿음'이란 말은 철학에서는 사실적으로 확실한 경험적 증거의
유무와 상관없이 믿는 것을 의미한다. 성경에서는 히브리어 '에문'

이라는 단어로 '확고함, 불변, 신뢰, 성실성' 등의 개념으로 사용되는 말이다. 즉, 자신을 믿는 감정은 단단한 자기 자신을 믿고 따르는 거라고 볼 수 있다. 그렇다면 이 감정은 어떻게 만들어질까?

우리는 보통 정신적으로 무너지지 않는 사람들을 보면서 '자존감'이 높다고 말한다. 하지만 간혹 사람들은 자존감과 자존심을 구별하지 못하는 것 같다. 실제 우등생인 경우와 아닌 경우를 비교해 보면 이 두 단어의 차이로 구분된다. 우등생은 자존감이 높고, 우등생이 아닌 아이는 자존심이 세기 때문이다. 글자도 비슷하고, 뜻도 비슷해 보이는데 어떤 차이가 나는 것일까?

자존심은 'pride'다. 이 단어의 뜻을 찾아보면 다음과 같다. "a feeling that you respect yourself and deserve to be respected by other people, self-respect" 해석해 보면, 스스로 자신을 존중하면서도 동시에 다른 사람으로부터 존중받는 것을 당연하게 여기는 감정이다. 반면에 자존감은 'self-esteem'이다. 영영사전에서는 "a feeling of having respect for yourself and your abilities"라고 정의한다. 자기 자신과 자기 능력에 대해 존중하는 감정이라는 의미다.

영어로 봐도 거의 비슷해 보이는데 가장 큰 차이가 무엇일까? 자세히 눈 씻고 찾아보면 분명히 다른 점이 있다. 그것은 자존심은 자기를 '스스로' 존중하면 동시에 '다른 사람에 의해' 존중받기를 바라는 마음이 포함된 것이다. 오히려 이 부분이 더 크다는 걸 알 수 있다. 자존심이 센 사람들은 다른 사람들의 눈을 많이 의식하기 때문이다. "괜한 자존심 부린다."라는 말도 결국 사람 관계 속에서 나타나는 현상이니까 말이다.

알고 보면 자존심이 센 사람은 허영심을 갖기 쉬운 동시에 자존심이 금방 약해질 수 있다. 자기가 잘난 줄 알기 때문에 부족하다는 걸 인정하지 못한다. 그런데 만일 자기 능력이 탄로가 나면 쉽게 당혹스러워하거나 부끄러운 감정을 느낀다. 강했던 자존심이 무너지면서 심한 자기 비하나 열등감을 느끼게 된다. 그러면 마치 삶을 포기할 것만 같은 태도를 보인다. 자존심이 세서 공부를 잘했던 아이들도 상급 학교에 진학해서 성적이 나오지 않으면, 쉽게 무너지는 경향을 보인다. 그게 다 이런 이유에서다.

우등생들은 다행히도 이런 자존심이 센 게 아니라 자존감이 높다. 자존감은 자아존중감의 준말로 미국의 의사이자 철학자인 윌리엄 제임스가 1890년대에 처음 사용한 용어다. 자아존중감을 그대로 해석하면, 진심으로 자기 자신을 존중하는 감정이다. 자신이 사랑받을 만한 가치가 있는 소중한 존재이고 성과를 이뤄낼 만한 유능한 사람이라고 믿는 마음이다. 자존감을 나타내는 말 중에 가장 명확했던 표현은 다음과 같다.

"자존감이란 있는 그대로의 모습에 대한 긍정의 마음이다."

자존심은 다른 사람과의 경쟁이라는 수식어가 붙지만, 자존감은 모든 것이 자기 안에서 일어난다. 좋은 점이든 나쁜 점이든 잘난 점이든 못난 점이든 자기 자신의 모든 것을 있는 그대로 받아들일 수 있다는 의미다. 다시 말해, 있는 그대로의 자기 자신을 사랑한다는 말이다. 외모가 별로여도, 학업 능력이 부족해도 뭐든 상관없다. 이미 어떠한 누구라도 자기 자신을 사랑하기 때문이다. 그래서 성적이 조금 안 나와도 괜찮다. 언제든 받아들일 준비가 되어 있으니 말이다.

자존감이 높은 아이들의 특징

우리는 좋은 게 좋은 거라고 아이들에게 "착한 사람이 되어야 한다, 멋진 사람이 되어야 한다, 무엇이든 잘하는 사람이 되어야 한다."라고 계속 긍정적인 측면만 강조한다. 아무리 칭찬은 고래를 춤추게 한다고 하지만, 모든 것은 과유불급이다. 아이들이 부정적인 감정을 표현할 경험을 하지 못하면, 자존감이 높은 게 아니라 자존심만 센 아이로 자랄 수 있기 때문이다.

따라서 우리는 부모로서 아이의 감정을 솔직하게 표현할 수 있도록 해야 한다. 아이의 감정을 먼저 알아주는 것이 좋다. 자신의 감정을 충분히 공감받지 못하면 부모의 사랑을 갈구하며 괜찮은 척, 밝은 척, 긍정적인 척하는 거짓 감정을 계속 기르게 된다. 영화 〈인사이드 아웃〉에 나오는 5개의 캐릭터처럼 인간은 다양한 감정을 표현할 수 있기 때문이다. '기쁨, 슬픔, 버럭, 까칠, 소심' 외에도 충분히 다른 감정이 있다는 사실을 아이가 인식할 수 있게 해야 한다.

하지만 현실은 어떠한가? 아이들은 행여나 자신이 부모에게 나쁜 아이로 비추어질까 염려하는 모습이 역력하다. 부모가 좋아하지 않는다는 느낌을 받으면 자기가 좋지 않은 사람, 나쁜 사람으로 인식한다고 생각하기에 그렇다. 따라서 아이의 다양한 감정을 모두 받아줄 수 있는 부모가 되어야 아이들이 감정을 솔직하게 털어놓을 수 있다. 긍정이든 부정이든 있는 그대로의 감정을 받아들이기 때문에 자기 자신을 좋게 여기는 마음이 생긴다. 이것이 바로 우리 아이 자존감을 기르기 위한 첫 단추를 끼우는 일이다.

내가 만나온 우등생들은 모두 자존감이 높았다. 자존감의 시작은 부모와의 관계에서 시작된 것 같다. 고등학생이 되어서도 부모와 편하게 대화하는 사이고, 부모가 아이를 절대적으로 믿어주는 느낌을 받았다. 상담할 때도 부모는 아이의 의견을 매우 존중하는 태도를 보였다. 즉, 부모의 태도가 곧 아이의 자존감의 시작인 것이었다.

자존감이 높은 아이들은 다음과 같은 다양한 특성을 보인다.

(1) 자신에게 주어진 현재에 집중한다

그들은 절대 과거에 연연하지 않는다. 또한, 미래에 일어날 일에 대해 지나치게 걱정하지 않는다. 과거로부터 배우고 미래를 지향하지만, 무엇보다 주어진 '현재(present)'라는 선물에 감사한 마음이다.

(2) 자기만의 확고한 신념이 있다

다른 사람의 원칙이나 가치관에 휘둘리지 않고 굳은 신념을 가지고 자신의 것을 지키려는 태도를 보인다. 아무리 반대 의견이 있어도 신념에 따라 생각하고 움직인다. 물론 다양한 상황이나 경험에 따라 자신의 신념을 바꾸기도 하지만, 확신이 있을 때 그렇게 한다.

(3) 자신의 판단을 신뢰하고 후회하지 않는다

최고의 선택이 중요한 게 아니라 최선이 무엇인지 생각하기에 다른 사람에게 좋지 않은 평가를 받더라도 실망하지 않는다. 행여나 잘못된 판단을 했더라도 죄책감을 느끼지 않는다. 자신이 선택한 일에 책임감이 있어서 선택에 관해 후회하지 않기 때문이다.

(4) 타인에게 도움을 요청할 수 있다

자신이 잘하는 것도 있지만, 못 하는 것도 있다는 사실을 인정하기에 필요에 따라 다른 사람의 도움을 받는 모습을 보인다. 자존심이 센 사람은 자기 잘난 맛에 도움을 요청하지 않지만, 자존감이 높은 사람은 쓸데없는 자존심 따위는 기르지 않는다.

(5) 나와 다른 사람을 동등한 존재라 생각한다

자신이 우월하거나 타인이 열등하다고 생각하지 않는다. 사람마다 다른 개성이 있음을 인정하고 다른 사람의 능력을 존중하는 태도를 보인다. 그래서 시기하거나 질투하지 않고 오히려 타인의 우수한 능력을 보고 배우려는 자세를 보인다.

(6) 이타적인 모습을 보인다

사회 규칙을 잘 지키고, 다른 사람에게 손해를 끼치거나 피해를 줄 정도로 자신의 권리나 이익을 주장하지 않는다. 자존감이 높으면 피해의식이 있거나 자격지심과 같은 얄팍한 감정이 들지 않기 때문이다. 그래서 다른 사람의 감정을 살필 만큼의 여유를 보인다.

자존감이 높은 우등생들은 위의 여섯 가지 특성을 보인 반면에 자존감이 낮고 자존심만 센 아이들은 다음 여섯 가지 양상을 보인다. 첫째, 현재보다 과거의 빛나던 시절을 그리워하거나 자기 수준보다 훨씬 높은 목표를 지향한다. 둘째, 요새 말로 내로남불처럼 자기에게 유리한 쪽으로만 생각하는 편향적인 성향을 보인다. 셋째, 다른 사람들의 평판에 매우 민감하고, 좋은 평가를 받기 위해 거짓된 모습을 보이기도 한다. 넷째, 자존심이 강해서 도움이 필요해도 요청하지 못한다. 다섯째, 자신이 항상 우월한 존재라고 믿는다. 여섯째, 타인의 이익보다 자기 이익을 위해 수단과 방법을 가리지 않고 목표를 이루려고 한다.

자존감이 높지 않은데 공부만 잘하는 아이들은 껍데기만 우등생이다. 왜냐하면, 인성적으로 부족하거나 사회에 공헌하려는 자세가 부족하기 때문이다. 진정한 부자는 돈도 많고, 성품이 뛰어나고, 사회에 기여하는 사람이다. 우등생도 마찬가지다. 공부도 잘하고, 인성이 좋고, 타인에게 배려하며 봉사심을 보이는 사람이 진정한 우등생이다. 참고로 자존감이 높은 우등생들은 이런 모습을 보인다.

우리 아이 자존감 기르는 방법

아이의 자존감은 무엇보다 아이와 부모와의 관계에서 시작한다고 볼 수 있다. 부모가 아이를 믿어주는 만큼 아이의 자존감의 크기가 결정되기 때문이다. 어린 시절부터 주변 눈치를 보지 않고 부모의 든든한 지원 속에 자란 아이들은 더욱 자신감 있게 행동한다. 물론 자만심이 아닌 자신감이어야 한다. 무조건 오냐오냐하며 키우라는 말이 아니다. 아이가 스스로 경험할 수 있도록 하되 올바르지 않은 행동에 대해서는 좋은 방향으로 나아갈 수 있도록 안내해야 한다는 말이다.

(1) 부부가 서로 존중하는 태도 보이기

동등한 관계에서 어떻게 사람을 대하는지 보고 배우기 때문이다. 간혹 부부간에 막말하거나 욕설을 하며 싸우는 모습을 보이는 경우 아이들도 똑같이 해도 된다고 생각한다. 혹은 자기가 닮고 싶고 좋아하는 사람이 무시당하는 모습을 보면서 자존감이 함께 하락

할 수 있다.

(2) 남녀노소 구분 없이 누구에게나 똑같이 존중의 태도 보이기

윗사람, 아랫사람 혹은 성별 구분 없이 모두가 똑같이 동등한 존재라고 인식할 수 있기 때문이다. 아이들 앞에서는 냉수도 못 먹는다는 말이 있는 것처럼, 부모로서 윗사람에게 하는 행동 혹은 아랫사람에게 하는 행동 모두 아이가 그대로 보고 배울 수 있다. 특히 요새는 남녀가 동등한 시대인데 '남자가 어쩌고저쩌고', '여자가 어쩌고저쩌고' 하는 식의 말은 더욱 피해야 한다.

(3) 타인을 존중하는 태도 보이기

우리 가족만 중요한 게 아니라 남들도 소중한 존재임을 알도록 해야만 한다. 사소하지만 사회에서 서비스직에서 일하는 사람들에게 낮게 보고 막대하며 갑질을 하는 경우가 종종 있다. 그런 행동을 하는 부모 밑에서 자란 아이는 부모를 그대로 따라 할 수밖에 없다. 직업에는 귀천이 없다고 했다. 누구든 무슨 일을 하든 상관없이 타인도 소중한 존재임을 알게 해줘야 한다. 나도 누군가에게는 타인이기 때문이다. 내가 존중받으려면 남을 먼저 존중해야 한다.

마지막으로 지금 설명한 세 가지를 생활 속에서 실천하고 있다면, 딱 두 가지 더 보태고 싶다.

첫째는 부모가 다 해주려고 하기보다는 아이가 직접 해볼 수 있게 하고, 잘 못 하더라도 기다려주라는 것이다. 세상에는 실패는 하나의 과정일 뿐이라는 사실을 인식시켜줘야 한다. 실제 세상에는 '성공'과 '과정' 2개 밖에 없기 때문이다. 과정이 끝나면 결국 성공할 수 있다는 점을 알려주는 것이다. 그러면 자연스럽게 자존감은 단단하게 자라고 있을 것이다.

둘째는 모든 걸 다 잘할 수 없다는 사실을 알도록 하는 것이다. 세상 사람들은 각자 잘할 수 있는 것이 다르다는 것을 인정해야 한다. 가드너 교수가 말한 다중지능이론처럼 언어, 수리, 공간, 신체, 음악, 대인관계, 자기 이해, 자연 탐구 등 사람마다 적성이 다를 수 있기 때문이다. 단점을 자꾸 극복시키려 하기보다는 장점을 더 살려서 아이가 잘할 수 있는 것을 찾도록 돕는 일이 자존감을 지키는 일이라 할 수 있다. 물론 단점을 보완하는 과정에서도 자존감이 자란다. 하지만 중점을 어디에 둘지 선택해야 한다면, 장점에 집중하라고 하고 싶다.

지금까지 내용을 정리하자면, 사람 관계를 통한 나와 타인의 소중함을 이해하는 것부터 시작해서 자기 자신이 하는 일이 괜찮은 일 혹은 잘할 수 있는 일이라는 믿음을 갖도록 하라는 말이다. 그러면 자존감은 무럭무럭 자랄 것이다.

자기효능감

개념 알기

자존감이 높은 우등생들은 한번 안 좋은 일이 생겼다고 해도 무너지지 않는다. 스스로 상황을 극복할 수 있고, 자신에게 주어진 과제를 성공적으로 수행해 낸다. 그래서 자존감은 자기효능감과 자연스럽게 연결된다. 자기효능감(self-efficacy)은 캐나다 심리학자 앨버트 반두라에 의해 소개된 개념으로 다양한 분야에 적용되고 있다. 앞서 말한 것처럼, '자신이 어떤 일을 성공적으로 수행할 수 있는 능력이 있다고 믿는 기대와 신념'이다. 그렇다면 자기효능감은 어떻게 생겨날까?

자기효능감은 지속적인 성공 경험을 통해서 얻을 수 있다. 성공 경험뿐만 아니라 성공 기억이 많을수록 자기효능감은 높아진다. 자기효능감이 높은 사람은 자기 삶을 통제하고 자신 있게 행동하며 스스로 결정을 통해 목표를 선택할 수 있다. 자신에 대한 믿음이 있기에 가능한 일이다. 행여나 시련이 닥쳐도 절대 쓰러지지 않는다.

예를 들어, 도전해야 하는 상황이 왔을 때 '나는 할 수 있다.'라는 마음으로 자기 능력을 의심하지 않고 도전하는 사람이 있다면 자기효능감이 높은 것이다. 반면에 어렵다고 느끼면서 바로 포기하고, 단념하고, 무기력해지는 사람은 자기효능감이 낮은 것이다. 다시 말해, 나의 능력을 의심하지 않고 어려움을 받아들이는 자세가 자기효능감이라 볼 수 있다.

이론적으로 자기효능감을 결정하는 4가지 요인이 있다고 한다. 첫째, 성공(성취) 경험으로 과거에 어떤 과제를 수행했을 때 성공했었던 경험을 말한다. 둘째, 대리 경험으로 내가 직접 경험하지 않아도 간접적으로 보고 듣고 느끼며 자극을 받을 수 있다. 셋째, 사회적(언어적) 설득으로 칭찬과 격려를 통해 믿음이 생긴다. 넷째 정서적 심리적 상태로 불안감을 없애서 정서적으로 최상의 컨디션을 가질 때 생긴다.

자기효능감이 높은 아이들의 특징

자존감이 높은 아이들의 공통점은 '자기효능감' 또한 강하다. 특정 과제를 완수해 내고 목표에 도달할 수 있는 자신의 능력에 대한 믿음이 있기 때문이다. 자기가 스스로 해낼 수 있다는 믿음이 있기에 성공하든 실패하든 그 경험을 통해서 더 단단하게 마음이 자란다. 비록 이번에는 실패하더라도 다음에 다시 도전하겠다는 자세를 보인다. 따라서 자기효능감이 강할수록 더 힘든 과제가 생겨도 쉽게 포기하지 않고 도전하려는 경향이 있다.

자존감이 개인의 존재가치 자체에 대한 믿음이라면, 자기효능감은 능력에 관한 판단과 믿음이라고 볼 수 있다. 믿음이라는 것은 아무런 근거 없이 저절로 생기지 않는다. 분명한 사실적 근거가 있을 때 믿음이 생긴다. 근거는 자신이 해낸 경험에서 비롯된다. 성취 경험이 있어야 분명히 자신이 해낼 수 있을 거라는 믿음이 생기기 때문이다.

하지만, 성공 경험의 크기나 정도보다는 빈도가 더 중요하다. 능력에 대한 검증을 여러 번 받을수록 믿음이 강해지기 때문이다. 물론 성공 경험이 쌓일수록 눈덩이가 불어나듯 점점 정도의 크기도 커진다. 다시 말해, 자기효능감은 한 번에 커질 수는 없다는 말이다.

가령, 덤벨 100kg을 한 번 들 수 있는 사람과 비록 10kg밖에 들지 못하지만 열 번 들 수 있는 사람이 있다고 해보자. 전자와 후자 중에 누가 더 근육을 꾸준하게 기를 수 있을까? 초인적인 힘을 발휘해서 우연히 100kg을 들었다고 해도 다음에 성공할 확률은 낮아진다. 단 한 번의 성공 경험이기에 그게 정말 자신의 능력인지 우연에 의한 성공인지 알 수 없기 때문이다. 반면에 10kg을 드는 게 조금은 힘들지만 10회나 반복해서 할 수 있는 사람은 분명히 자신의 능력을 가늠할 수 있다. 10번 동안의 성공 경험 속에서 명확히 자신이 10kg을 들 수 있는 사람이라는 사실을 깨닫기 때문이다. 게다가 조금씩 무게를 늘리면서 자기 능력을 확인할 수 있기에 해낼 수 있는지 없는지의 구분이 명확하다. 아쉽게도 자기효능감은 감정이기에 수치로 정확히 잴 수 없다. 그래서 경험할 때 느낌이 중요하다.

자기효능감이 높은 아이들은 다음과 같은 특성을 보인다.

(1) 과거에 성공했던 경험이 많다

사소하지만 일상생활에서부터 공부 습관에 이르기까지 다양한 경험을 하며 감정을 느낄 수 있다. 아침에 일찍 일어나는 습관을 통해 매일 규칙적으로 생활하는 것조차 좋은 성취 경험이다. 침대 정리를 매일 하는 것도 마찬가지다. 혹은 아이가 한글 공부를 열심히 해서 받아쓰기 점수를 잘 받거나 사칙연산을 배워서 틀리지 않고 계산할 수 있으면 성공의 감정을 느낀다. 이렇게 자기효능감이 시작되는 것이기에 큰 눈덩이가 될 때까지 눈을 계속 굴려야만 한다.

(2) 자극을 주는 대리 성공 경험이 많다

내가 직접 경험하지 않아도 간접 경험이 된다. 주변 사람들이 뭔가를 해내는 것을 보면서 자극받을 수 있다. 성공한 사람들의 마인드와 가치관을 따라 하며 어느샌가 그들과 똑같이 노력하는 자신을 발견하게 된다. 뇌에는 거울 뉴런이라는 게 있어서 주위에 있는 사람의 행동을 보기만 해도 자신이 움직일 때와 마찬가지로 반응한다. 즉, 간접적으로 다른 사람의 성취 경험을 학습할 수 있다.

(3) 칭찬과 격려를 많이 받고 자랐다

생각보다 말의 힘은 무섭다. 할 수 있다는 믿음을 충분히 심어

줄 수 있기 때문이다. 아이가 목표를 이룰 수 있도록 칭찬과 설득을 통해 격려하면 말 그대로 실천하게 된다. 꿈을 이루기 위해 목표를 100번 말하면, 꿈이 이뤄진다는 속설이 있는 것처럼 아이들에게 긍정의 언어로 자꾸 '할 수 있다'라는 암시가 통할 수 있다. 아이도 스스로 자신에게 암시를 걸어서 자신과의 약속을 지켜가며 자기효능감을 키울 수 있다.

(4) 정서와 감정이 안정되어 있다

인간은 불안감이 심하면 상황을 회피하려는 성향을 보인다. 언어학에서도 감정 여과기(affective filter)라는 표현이 있는데, 감정적인 안정이 없으면 언어 학습이 일어나지 않는다고 한다. 그런데 우등생들은 과제를 수행할 때 매우 안정적인 감정 상태를 유지한다. 그래서 자신이 가진 능력을 모두 발휘할 수 있다. 안정적인 감정 상태 덕분에 자연스럽게 목표를 성취하도록 도우며 성취 경험이 누적될 수 있다.

자기효능감이 높은 우등생들은 위 네 가지 특성을 보인 반면에 자기효능감이 낮은 아이들은 반대 특성을 보인다. 첫째, 사소한 것에 대해 스스로 성공한 경험이 부족해서 낮은 자신감을 보인다. 둘째, 주변에 성취감을 보이는 사람이 별로 없어서 보고 배울 기회가 없다. 셋째, 부모에게 칭찬보다 질책을 더 많이 받고 자라서 기가 죽어있거나 자기가 잘할 수 있는 게 별로 없다고 생각한다. 넷째, 과제 수행에 대한 불안감이 커서 실수하는 등 궁극적으로 좋은 결과를 내지 못한다. 이런 경험이 모여서 자기효능감과 자신감을 점점 잃어간다.

다행히 자기효능감이 없던 사람도 작은 것부터 하나씩 성취하면서 경험을 쌓으면 충분히 회복할 수 있다. 문제는 강도가 아니라 빈도이기 때문이다. 나이가 들어서도 반복적으로 성취 경험을 할 수 있다면 자기효능감이 생긴다는 말이다. 늦게 머리가 트였다는 사람들이 나중에라도 자기효능감이 생겨서 과제 수행 능력이 향상되는 이유도 여기에 있다.

우리 아이 자기효능감 기르는 방법

(1) 쉬운 과제부터 수행하기

아이가 성공을 자주 경험할 수 있는 가장 첫 번째 방법은 쉬운 과제부터 수행하는 것이다. 이 부분이 매우 중요하다. 아이에게 맞는 학습 수준은 'i+1'이라는 이론이 있지만, 처음에는 오히려 'i-1'로 시작하는 게 유효하다. 자기효능감은 정도보다 빈도가 중요하기에 비록 과제 수준이 높지 않더라도 지속적인 성공 경험 속에서 자기효능감이 자랄 수 있기 때문이다. 아이가 오히려 지루해하는 모습을 보이면 그때부터 조금씩 수준을 올리는 게 낫다는 말이다.

(2) 주변 사람의 성공 경험 배우기

자존감을 기르는 것과 마찬가지로 아이는 자기효능감을 주변 사람의 성공 경험을 통해 배운다. 심지어 적성에도 유전적 혹은 후천적으로 많은 영향을 끼친다. 교육자 집안에서 자란 아이들은 보고 듣고 배운 게 교육 분야일 가능성이 크다. 의사 집안, 법조계 집안, 사업가 집안 등 각자 집안 환경에 따라서 아이들의 진로 방향이 비슷할 수 있다. 그 이유는 이미 그 분야에 성공한 사람들의 경험을 간접적으로 경험하기에 그렇다.

물론 주변 또래의 영향을 받기도 한다. 내 경우는 어린 시절 많은 시간을 보낸 친척 형의 영향을 많이 받았다. 친척 형의 중고등학교 시절의 모습을 그대로 답습하고 심지어 진로까지 같아졌기 때문이다. 시를 쓰던 형을 따라서 나도 문예 창작 동아리에서 활동했고, 연극 동아리를 했던 형을 따라서 대학교에서는 연극 동아리에서 활동했다. 심지어 둘 다 교사라는 직업을 선택했으니 말이다. 만족스러운 삶의 모습을 보여주는 형을 보며 자란 나로서는 같은 분야에 있어서 잘할 수 있을 것 같은 느낌이 분명히 있었다. 그게 자기효능감이 아닌가 싶다.

(3) 칭찬과 격려에 신중하기

칭찬과 격려 부분은 조심스럽게 접근하고 싶다. 무분별한 칭찬과 격려를 받고 자란 아이는 자기효능감이 생길 수는 있지만, 잘못하면 자만심으로 자랄 수 있기 때문이다. 무조건 자기가 최고라는 착각에 빠진다는 말이다. 그렇게 되면 만일 자기가 최고가 될 수 없는 상황이 되었을 때 좌절감이 커서 그동안 쌓아온 자기효능감이 한 번에 녹아내릴 수도 있다.

(4) 불안이라는 감정 줄이기

마지막으로 정서적인 부분은 '불안'이라는 감정과 관련이 많다. 그래서 얼마나 아이가 긴장하지 않고 이완된 상태를 경험할 수 있게 하느냐가 관건이다. 학습과 관련 없을 수 있지만, 경찰 친구한테 들은 이야기가 있어서 소개한다. 가정 폭력 신고가 들어온 집에 찾아가 보면, 이상하게 청소가 잘 안 되어 있어서 바닥이 끈적한 편이라고 했다. 그만큼 집안을 정리할 여유가 없는 상태라는 말이다.

환경은 우리 삶에 많은 영향을 준다. '불안'이라는 감정은 '긴장' 상태에서 시작된다. 우리 아이가 긴장하지 않도록 부모로서 어떻게 해야 할까? 아이가 과제 수행을 못 한다고 소리치면 어떨까? 비난하면 어떨까? 혼내면 어떨까? 혹은 때리면 어떨까? 아이의 성향마다 반응은 다르겠지만, 대부분 이렇게 한다면 아이는 주눅이 들 수밖에 없다. 혹은 항상 '긴장' 속에서 살 수밖에 없다.

이제 공부로 넘어와서 이 '긴장'은 공부에 많은 영향을 준다는 사실을 알 수 있다. 시험을 볼 때도 너무 긴장하면 실수할 가능성이 크다. 시험은 여러 과목을 보는데, 한 과목을 망치면서 계속 긴장이 되어 다른 과목까지 망칠 수 있다. 실제 자기효능감이 높은 우등생 중에도 너무 긴장한 나머지 그런 경우가 종종 있었다.

적당한 긴장은 도움이 되지만 지나친 긴장은 독이 된다. 반면에 긴장 없이 시험에 임하면 더 여유 있게 시험을 치를 수 있다. 이 여유를 갖도록 하는 것이 아이가 언제든 도전할 수 있는 자신감을 기르는 방법이 될 수 있다. 즉, 시험을 한 번 망쳤다고 인생이 끝나는 게 아니라는 걸 알고, 다시 일어나서 도전하기 때문이다. 이것은 자신이 해낼 수 있을 것이라는 믿음이 기저에 깔려있기에 그렇다. 그게 바로 자기효능감이다.

2. 냉철하고 객관적인 눈을 가진 감정

자기객관화

개념 알기

이론적으로 자기객관화의 정의를 찾기는 쉽지 않다. 비록 연구의 대상은 아니지만, 사람들이 많이 쓰는 용어로 '자신에 대한 객관적인 모습 파악하기 혹은 그 능력'으로 주로 묘사된다. 현실을 제대로 파악하라는 의미다. 우리가 삶을 살아가면서 현실을 이해하고 적응하며 잘 살아가기 위한 필수 능력이다. 고대 그리스 철학자 소크라테스가 말한 '너 자신을 알라'의 현대판 버전이라고 보면 될까?

개인적으로 나는 그렇다고 생각한다. 소크라테스는 전제가 모순에 도달하는 한계를 드러낼 때 비로소 제대로 된 지식을 얻을 수 있다고 믿었다. 한 전제에 대해 반대 견해로 토론하다 보면 진리에 도달할 수 있다는 의미다. 요새 말로는 변증법이라고도 하고, 정반합의 원리라고도 부른다. 그래서 소크라테스와 플라톤의 정신을 이어받은 아리스토텔레스는 '중용'을 외쳤을지도 모른다.

아리스토텔레스의 스승인 플라톤과 달리 현실과 동떨어진 이데아의 세상에서 답을 찾지 않고, 인간은 현실 세계에서 '행복'을 위해 살아야 한다고 생각했다. 여기서 행복은 본능대로 먹고 노는 게 아니라 진리를 깨우치고 고귀한 덕에 맞게 행동해야 한다는 의미다. 감성에 지배당하는 게 아니라 지혜를 쌓고 이성의 힘을 기르는 덕을 말하는 것이다. 지나치지도 않고 모자라지도 않는 중간 상태를 '중용'이라 하는데, 이 상태를 유지하기 위해서 피나게 노력해야만 행복을 얻을 수 있다고 했다.

자기객관화를 위해 어려운 철학이 나온 이유는 다음과 같다. 인간이 스스로 자기객관화를 하지 못하는 이유는 이성이 아니라 감성에 의해 지배당하기 때문이다. 내가 잘났다고 생각하거나 혹은 못났다고 생각하거나 하는 감정에서 비롯되는 이유다. 당연히 우월감을 느낀다면 인생에 도움이 되겠지만, 지나친 우월감은 오히려 냉철하고 객관적인 눈을 실명하게 만든다.

예를 들어, 우등생들도 대학입시에 간혹 실패하곤 한다. 자기객관화를 제대로 못 할 때 그렇다. 만일 자기 내신 점수로 갈 수 있는 대학이 있는데도 무조건 명문대에 가야 한다고 고집을 부린다면, 대학에 떨어질 수밖에 없다. 감정을 누르고 이성적으로 제대로 된 판단을 했다면 충분히 좋은 대학에 진학할 수 있었을 텐데 말이다. 그랬다면 불행한 결과가 아닌 행복한 결말이지 않았을까?

나아가 자기객관화는 내가 정하는 게 아니라 타인에 의한 기준으로 평가해야 한다. 학생으로서 가장 많이 하는 실수 중 하나는 가르치는 사람의 입장이 되어보지 못하는 것이다. 학생들은 스스로 자기 수준이나 능력이 어떤지 알 수 없다. 하지만 가르치는 사람은 학생의 수준에 맞게 수업을 진행하고, 평가를 통해 수준이 향상되고 있는지 확인한다. 이 부분이 누락되어 있기에 학생들은 자기객관화를 할 수 없다.

자기객관화를 잘하는 아이들의 특징

(1) 커뮤니케이션 능력이 우수하다

자기객관화의 필수 조건은 '소통'이다. 1인칭부터 3인칭 시점까지 모두 오갈 수 있어야 하기 때문이다. 객관성이란 다수가 생각하는 공통적인 기준에 맞는 결과라서 그렇다. 스스로 생각하는 상황도 중요하지만, 실제 의사소통 능력이 부족한 사람들은 무엇이 중요하고 무엇이 중요하지 않은지 구별하지 못한다. 매사 자기중심적으로만 생각하고 자기에게 이익이 되는 혹은 자기 형편에 맞는 내용 중심으로 말하는 성향을 보인다. 자기 관점에서만 생각하는 사람이 바로 커뮤니케이션 능력이 낮은 사람이다.

우등생들은 커뮤니케이션 능력이 매우 뛰어나다. 학교에서 토론 수업을 비롯해 대화의 시간이 있으면 그들은 매우 현상에 대해 객관적으로 바라보는 시각을 가지고 있다. 다양한 각도로 생각하고, 논리적인 근거를 다양하게 제시할 수 있다. 쉽게 말해, 편협한 시각을 가지지 않고 항상 객관성을 유지하고, 중립에서 찬성과 반대 견해를 모두 이해한다. 쉽게 말해, 자기주장이 강하지 않다는 말이다. 상대방의 말에 경청하고 새로운 관점에 대해 수용하는 자세를 보인다. 그게 바로 커뮤니케이션의 기본 원리가 아닌가?

(2) 다른 사람을 비난하지 않는다

뒷담화를 즐기는 사람들을 보면 명확한 근거 없이 자기 멋대로 기준을 정해서 판단하는 경향을 보인다. 이것은 투사의 한 행위인데, '투사'란 자신이 지닌 불만의 원인을 해소하기 위해 원인을 남에게 뒤집어씌우는 심리적 방어기제다. 다른 사람도 자기처럼 부정적인 생각이나 감정을 마찬가지로 가지고 있다고 생각하기 때문이다. 나아가 뒷담화하는 행위에서 부끄러움을 느끼지 못한다. 옳지 않은 행동을 하면서 부끄러움을 느끼지 못하는 것 자체에서 자기객관화가 안 된다는 의미다.

반면 우등생들은 다른 사람에게 자신이 가지고 있는 부정적인 생각을 투사하지 않는다. 투사하는 자기 모습을 상상할 수 있기에 다른 사람들이 자기를 어떻게 평가할지 알기 때문이다. 쉽게 말해, 다른 사람을 비난하는 행위를 통해 부끄러움을 느낀다는 의미다. 팀 과제 수행에 있어서 아쉬운 점이 있다면, 자신의 노력을 탓할 뿐 같은 팀 구성원에게 탓을 돌리지 않는다. 심지어 무임승차하는 구성원에 대해서 제대로 챙기지 못한 자신을 되돌아보며 반성하기까지 한다.

주변에서 가스라이팅을 하더라도 자기객관화를 통해 감정이 흔들리지 않는다. 주변의 몇몇 사람의 말에 귀를 기울이는 게 아니라 자신이 직접 판단하고 믿으려 한다. 그러면 불안감이 절대 생길 수 없다. 반면 다른 사람들은 주변 몇몇 사람들의 시선에 신경을 많이 쓰고, 일희일비하면서 휘둘린다. 우등생들은 반대로 안정감 있게 대응한다.

(3) 자기 합리화하지 않는다

범죄자들은 스스로를 과대평가하는 경향이 있고, 그 맛에 삶을 살아간다는 말이 있다. 일반인들도 자기객관화가 힘들다. 다만 자신에게 유리하게 상황을 해석할 뿐이다. 그게 바로 자기 합리화다. 더 쉽게 말하면, 자기 주관대로 생각하고 행동하는 것을 말한다. 그리고 마치 그것이 정답이라고 여기는 마음이다.

우등생들은 절대 합리화하지 않는다. 비록 자신이 작고 초라해지는 상황이 될지라도 자신의 부족한 점을 그대로 인정한다. 자신이 평가하는 관점과 다른 사람이 평가하는 관점에서 오는 차이를 이해한다는 말이다. 오히려 자기 자신의 모습을 그대로 받아들이면서 자기 확신을 얻게 된다. 자신이 할 수 있는 것과 못하는 것을 분명히 구별하게 된다는 말이다. 덕분에 자기객관화 지수는 올라간다.

우리 아이 자기객관화 기르는 방법

(1) 다양한 의견 수용하여 다양한 각도로 살펴보기

우선 커뮤니케이션 능력이 우수하다는 말은 열린 마음을 가졌다는 의미다. 자기 생각에 갇히는 게 아니라 다른 사람의 생각을 받아들일 수 있어야 한다. 내 생각이 무조건 옳다고 믿는 게 아니라 다른 사람의 의견도 존중하는 마음을 기를 수 있도록 노력해야 한다. 그래야 다른 사람의 평가나 조언을 듣고 내 위치가 어딘지 확인할 수 있다. 다양한 의견을 수용한다는 것은 다양한 각도로 볼 수 있는 시각을 기르는 기회를 얻는 것과 똑같기 때문이다. 한쪽에 치우치면 주관적일 수밖에 없으니 객관성을 높이기 위해서는 다른 사람들과의 소통을 통해 시야를 넓혀야 한다. 그게 자기객관화를 높일 수 있는 지름길이다.

(2) 다른 사람 비난하지 않기

두 번째로 나와 다른 사람의 생각이 다르다고 해서 혹은 다른 사람이 부족하다고 해서 부정적인 평가를 하지 않도록 해야 한다. 논리적이고 명확한 근거를 바탕으로 사실을 주장하는 것은 괜찮다. 그러나 근거 없이 마음에 들지 않는다고 무차별 공격을 퍼붓는 행위를 하지 말라는 말이다. 남을 비난할 때는 미워하는 마음이 기저에 깔려있기 마련이다. 그러면 이성을 잃고 감정적으로 생각하고 말할 수밖에 없는 상황에 놓인다. 객관성을 상실하고 주관성만 남게 된다. 그래서 비난을 하지 말라는 것이다.

다른 사람을 비난하지 않기 위해서는 내가 우월하다는 마음을 던져버려야 한다. 혹은 질투나 시기하는 마음이 생기지 않도록 노력해야 한다. 남을 미워하는 마음은 여러 이유로 생긴다. 문제는 대부분 상대방이 나보다 잘났다는 느낌을 받을 때 비난하는 경우가 많다. 상대방이 비이성적으로 나를 대하는 경우를 제외하고 정상적으로 대하는데도 미운 마음이 생긴다면 거꾸로 내가 비이성적으로 행동하고 있을지도 모른다는 사실을 알아야 한다.

평소 공부할 때 감정이 상해서 공부가 안되는 경우가 많다. 그러면 자기객관화를 하지 못하고 감정대로 행동하게 된다. 특히 부정적인 감정은 행동에 부정적인 영향을 미치기에 애초부터 부정적인 마음을 갖지 말라는 것이다. 누군가와 소통에 있어서 부정적인 감정은 남을 깎아내리는 마음이기에 그런 마음조차 갖지 말라는 것이다.

(3) 위기를 기회로 생각하며 자신을 믿어보기

거꾸로 만일 누군가로부터 자신이 비판적인 평가를 받았다고 한다면 위기가 아니라 기회라고 생각하는 자세를 갖는 것이 좋다. 자신의 능력을 높이기 위해서는 분명히 자신의 한계를 알아야 하기 때문이다. 물론 처음에는 답답하고, 짜증도 나겠지만 그 한계를 느끼고 부족함을 느껴야 새로운 도전을 통해 능력을 향상할 수 있다. 자기객관화는 그런 면에서 자기 발전을 돕는 역할을 하는 촉매제가 될 수 있다.

간혹 남이 나를 이상하게 평가해도 내 생각이 옳다고 끝까지 밀고 나가는 경우가 있다. 그게 바로 합리화의 끝판왕이 되는 것이다. 합리화를 하지 않는 방법은 내가 철저하게 평론가처럼 행동하는 것이다. 평론가들도 주관적일 수는 있겠지만, 비교적 객관성을 추구하는 사람들이다. 객관적으로 바라보고 비교하고 상대적인 눈높이에서 분석하고 비판하며 평가하는 지식과 능력을 갖춘 사람이 바로 평론가이기 때문이다.

물론 시대에 따라 생각이 바뀔 수 있을 거라는 마음가짐도 중요하다. 과거에는 좋지 못한 일이 현재에는 좋은 일로 바뀔 수 있기 때문이다. 그래서 무엇보다 현재에 집중하는 것이 우선이다. 자존감이 높은 사람들 특징에서도 1번이 '현재'에 집중하는 것이라 말했다. 왜냐하면, 자기객관화가 분명한 사람은 자존감이 높은 사람이 되기 쉽기 때문이다. 객관성을 충분히 가지고 믿음을 유지하니 다른 유혹에도 흔들리지 않는 게 아닐까?

(메타인지)

개념 알기

메타인지는 자기객관화와 매우 비슷하다. 하지만 학자들이 주로 사용하는 용어이기에 구체적으로 알아볼 필요가 있다. 미국 발달심리학자인 존 플라벨은 1976년 처음으로 '메타인지'라는 용어를 사용하면서 인간의 인지 능력 중 메타인지의 발달이 가장 중요하다고 강조했다. 인지 능력이기는 하지만 공부 감정 책에서는 냉철하고 객관적인 눈을 가진 감정으로 표현하고자 한다.

메타인지는 우등생들 사이에서도 천차만별 수준 차이를 보인다. 새로운 지식에 대해 이해는 했어도 어떻게 '해석'했느냐는 천차만별이기 때문이다. 쉽게 말해 메타인지 수준이 아이마다 다르다는 의미다. 아이가 살면서 경험한 것, 자라온 환경, 혹은 가치관에 따라 완전히 다르게 현상이나 지식을 해석하고 이해하기에 그렇다.

영어에서 '듣기' 능력은 두 가지로 구분한다. 'hear' 또는 'listen'으로 나눠서 설명할 수 있다. 'hear'의 경우에는 병원에서 귀가 들리는지 안 들리는지 확인하는 청각 테스트할 때 하는 행위다. 그냥 어디선가 들리는 소리를 듣는 것이다. 반면에 'listen'은 소리를 듣고 의미까지 생각하는 행위를 의미한다. 그래서 영어 듣기 평가 시험을 볼 때는 'hearing test'가 아니라 'listening test'라고 표현하는 것이다.

이 예시를 가져온 이유는 다음과 같다. 메타인지를 활용할 때는 'think'가 아니라 'contemplate'를 해야 하기 때문이다. 'think'는 그냥 단순히 생각하는 행위다. 반면에 'contemplate'는 심사숙고한다는 뜻으로 이해가 안 되는 부분을 스스로 판단하며 생각하는 행위다. 새로운 지식을 살피면서 구체적으로 모르는 것이 있는지 확인하고 생각해야 한다는 말이다. 즉, 진짜 생각하기를 할 수 있어야만 한다.

진짜 생각하기를 하기 위해서는 객관적인 시각이 필요하다. 주관적으로 생각하는 게 아니라 옳고 그름을 따질 수 있어야 한다. 그러기 위해서는 메타인지가 필요하다. 메타인지는 '메타(meta)'와 '인지(cognition)'가 합쳐진 말이다. 메타는 그리스에서 온 말로 'over(~위에)'라는 의미이다. '인지'는 '아는 것'을 의미한다. 다시 말해 인지 위에서 진짜 내가 '아는지 모르는지' 확인하는 것이라 할 수 있다.

미국에서 독특한 교육철학을 가지고 있는 명문대학인 세인트존스 대학에서는 학기마다 '돈 래그(Don Rag)'라는 평가회를 진행한다. 튜터가 학생 평가하는 자리로 객관적으로 세세하게 평가하고 한 학기 동안 자신이 어떻게 공부해왔는지 내 수행 능력은 어떤지 하루 동안 생각하는 시간을 갖는다. 이 방법은 마치 빌 게이츠가 일주일

동안 혼자 여행을 떠나 생각하는 시간을 갖는 방식과 같다. 자기를 객관적으로 되돌아보는 시간을 갖는다는 말이다.

메타인지의 핵심은 스스로 배우는 것으로, 이 세상 속의 나는 누구인지 확인하는 시간이라 보면 된다. 그래서 뒹굴고 넘어지면서 능력 없고 하찮은 내 모습과 마주하는 것이 메타인지의 지름길이다. 시간이 흘러 내가 무언가를 배웠다고 느끼고, 드디어 극복했다고 느끼는 것도 중요하지만, 포기할 줄도 알아야 한다. 욕심을 내려놓고, 초라한 나를 그대로 바라볼 수 있어야 한다. 혹은 한계에 도달했다는 것을 알고 자신을 받아들이며 마음이 편해지려고 노력하는 것이다. 이런 메타인지를 통해 오히려 배움이 시작될 수 있기 때문이다.

메타인지가 높은 아이들의 특징

자기객관화에서 강조한 것처럼 메타인지의 핵심 또한 '소통'이다. 자신에 대한 성찰과 더불어 다른 사람과의 소통이 필요하다. 다른 사람의 생각이나 관점을 배울 수 있고, 다양한 각도로 생각하는 힘을 기를 수 있다. 메타인지는 그럴 때 성장한다. 언제나 배움은 간격을 메울 때 일어나기 때문이다. 다른 사람들과 서로 다른 생각을 공유할 때 생각하는 방법을 더 깨닫고 소통하는 법을 배울 수 있다. 메타인지는 다음 3가지 범주로 나뉜다. 첫째, 메타 기억과 메타 이해, 둘째, 문제 해결, 셋째, 비판적 사고이다. 각 범주에 해당하는 사항을 실행하는 아이는 메타인지가 우수하다고 평가할 수 있다.

(1) 직접 해본 경험을 통해 자기 자신을 믿는다

메타 기억과 메타 이해는 스스로 경험할 때 성장한다. 지식과 경험과 관련하여 아는 상태에 대한 스스로의 주관적인 평가를 할 수 있다. 스스로 대답할 수 있다고 생각하거나 스스로 이해를 잘하고 있는지 판단할 수 있다고 믿는다. 그래서 자신의 기억, 느낌, 지각하는 모든 것을 완벽하게 판단할 수 있는 능력이 있는 것이라 볼 수 있다. 쉽게 말하자면, 우등생들은 자신을 믿는 능력이 있고 스스로 판단하고 결정할 기회가 많았기 때문이다.

일반적인 부모는 아이가 메타인지를 키울 기회를 빼앗는 경우가 많다. '빠른 길이 좋다.', '쉬운 길이 좋다.', '실패 없는 길이 좋다.'라는 3가지 착각에 빠지기 때문이다. 그래서 부모 주도하에 학습이 이뤄지고, 아이가 잘할 수 있도록 최선을 다해 돕는다. 하지만 오히려 이런 상황은 아이에게는 독이 된다. 스스로 경험할 기회가 없어지기 때문이다. 하지만 우등생들은 반대 성향의 부모 아래서 메타인지를 차곡차곡 쌓는다.

학습은 마치 근육을 만드는 과정과 같다. 빠르고 쉽게 근육을 만들면 그만큼 근육은 빠르고 쉽게 빠진다. 반면에 어렵고 힘들게 만든 근육은 그만큼 오래 유지된다. 학습도 마찬가지다. 쉽게 배운 것은 쉽게 잊어버리지만 어렵고 힘들게 학습한 것은 오래 남는다. 메타인지를 향상시키기 위한 훈련은 시간이 오래 걸려도 혹은 힘들어도 오히려 혼자서 해야만 하는 이유다.

(2) 실수와 실패를 충분히 경험한다

문제 해결 능력은 무엇을 해야 할지 정확히 알지 못하는 상태에서도 무언가를 하려고 하는 것을 의미한다. 문제 해결 과정에서 문제가 발생하면 목표를 다시 확인하고 현재 상황에서 해야 할 다음 단계를 계획한다. 그런데 만일 충분히 실수나 실패할 경험을 하지 못한다면 이 문제 해결 능력은 저하될 수밖에 없다.

메타인지가 뛰어난 우등생은 완벽하지 않은 자기 모습을 인정하고 더 나은 모습으로 나아가기 위해 노력한다. 실수해도 괜찮고, 실패해도 괜찮다. 그들에게는 언제나 성공과 과정만 있을 뿐이다. 그래서 아무리 수많은 실패가 있어도 성공으로 가는 과정을 즐길 줄 아는 여유가 있다. 공부 감정이 단단한 이유도 여기에 있다. 모르는 걸 창피해하지 않고 오히려 배울 게 있어서 좋다고 생각하기에 그렇다.

많은 학생은 시험에서 틀리면 속상해한다. 우등생도 마찬가지다. 하지만 둘의 태도는 서로 다르다. 일반적으로는 그 속상한 감정에 매몰되어 실패자의 태도를 보인다. 하지만 우등생은 자기의 부족한 점을 찾고 채우려고 노력한다. 비록 지금은 실력이 낮아도 객관적으로 자기 상태를 인지하고 다음 단계로 넘어가기 위해 노력한다.

문제가 발생해도 해결하려는 의지가 다분하다는 말이다.

(3) 논리적으로 자기를 평가하는 힘이 있다

비판적 사고란 생각을 평가하고 말이 되는지 아닌지 판단하는 것이다. 한 생각이 다른 생각과 논리적으로 맞는지 확인하는 것이란 의미다. 특히 이 과정에서는 객관적으로 상황을 평가하고, 장단점을 비교한다. 논리적인 질문을 통해 구체적으로 문제점을 찾아낸다. 끝으로 객관적으로 계획을 세우고 해결 전략을 적용 및 반영하여 앞으로 나아간다.

메타인지 전략에는 계획-점검-조절 3단계가 있다. 효율적인 학습 효과를 얻기 위해서는 자기가 수행하는 과정이 적합한지 확인해 나가는 전략이 필요하다. 자신에게 주는 피드백을 매우 객관적이고 논리적인 자세로 한다는 말이다. 중간에 자신을 되돌아보는 시간을 꼭 가지고 자기에게 맞는 방법으로 학습하는지 아닌지 확인한다. 대부분은 되돌아볼 수 있는 심적 여유가 없는 경우가 많다. 하지만 우등생들은 전체적인 시간 계획을 세울 때도 충분히 피드백 시간을 갖는다. 시험 문제를 풀 때도 1~2분 정도 어떤 방식으로 문제를 푸는 게 나을지 계획을 세우고, 만일 그게 효과가 없으면 다음에는 계획을 수정하는 조절 과정을 거친다.

우리 아이 메타인지 기르는 방법

(1) 질문하는 힘 기르기

메타인지를 기르기 위한 첫 단추는 바로 '질문'하는 힘을 기르는 것이다. 질문은 생각하는 힘을 기르게 하고, 자기를 객관적으로 평가하여 용기가 나도록 하기 때문이다. 즉, 구체적으로 모르는 것에 대한 질문하기가 필요하다. 진짜 생각하기를 위한 질문하기 과정은 곧 진정한 배움의 과정으로 이어진다. 질문하기 방식은 아래 4가지로 요약해볼 수 있다.

• 꼬리물기 질문하기

"수학 공부는 왜 해야만 하는 거지? 대학에 잘 가려고 하는 거지. 대학에 가는 데 왜 수학이 필요하지? 수학 점수가 필수이기 때문이지. 수학을 포기하고는 대학에 가는 방법은 없을까? 그러면 서울에 있는 대학에는 못 가겠지. 결국, 수학을 할 수밖에 없을까? 명문대에 가고 싶다면 그래야지." 이런 방식으로 자신의 상황에 대해 제대로 인지하고 있는지 꼬리에 꼬리를 물어가며 질문하는 방식을 적용해본다.

• 핵심(본질) 질문하기

"대학은 왜 가야 할까? 연봉 높은 회사에 취직을 잘하려면 대학을 졸업해야지. 그러면 명문대에 가야만 하는 것일까? 아무래도 명문대에 나오면 더 취업이 잘 되겠지. 그런데 명문대 나오고 취업이 잘되면 성공한 걸까? 꼭 그게 인생의 성공은 아닐 수도 있지. 그런데 지금 왜 이렇게 질문하고 있는 거지?" 이렇게 여러 질문을 왜 하는지에 대해 스스로 물어보는 것이 본질을 깨닫기 위한 좋은 질문 방법이 될 수 있다.

• 요구식 질문하기

"메타인지는 정확히 무엇을 의미하는 것일까? 그래서 메타인지를 기르려면 어떤 역량이 필요할까? 구체적인 예시는 무엇이 있을까?" 이렇게 요구식 질문하기는 다시 쉽게 설명하도록 묻는 방법이다. 상대방이 자신의 의견을 더 확실히 말하도록 하기 위해서다. 이 과정에서 정보를 정확히 파악할 수 있다.

• 앵무새처럼 질문하기

"방금 말한 게 뭐였지? 맞아. 성공의 본질은 높은 연봉이 아니라 행복을 느낄 수 있다는 거였지. 그렇다면 행복의 기준은 누가 정하는 걸까?" 방금 자신이 말한 것을 그대로 반복해서 말하는 질문법이다. 보통 문제 해결은 스스로 되짚어보면서 자연스럽게 해결하는 경우가 많다. 되묻는 과정에서 자연스럽게 해결책이 발견되기 때문이다.

(2) 누군가에게 가르쳐보기

메타인지의 핵심은 정확히 아는 것이다. 누군가를 가르칠 때는 분명히 자기가 모르는 것이 무엇인지 알 수 있다. 누군가를 가르치는 과정에서 객관적인 눈으로 무엇을 아는지 모르는지 정확히 파악할 수 있기 때문이다. 그러면 그 부족한 점을 채우기 위해서 노력하게 된다. 이런 과정이 반복되면 자연스럽게 선순환이 일어난다.

실제 우등생들은 주변 친구들에게 질문을 많이 받는다. 그러면 자기가 알고 있는 지식을 알려주는 과정에서 자기의 구멍을 알게 된다. 자연스럽게 메타인지를 발동하여 자기객관화를 할 수 있다. 미국 행동연구소에서도 이런 이유로 학습 효율성 피라미드에서 꼭대기에 있는 '누군가 가르치기'가 90%의 학습효율을 보인다고 설명한다. 그러니 메타인지를 기르기 위해 가르치는 습관을 기르면 좋다.

(3) 협업의 과정에 참여하며 학습하기

협업의 학습 방법으로는 토론과 발표가 있다. 일방적인 강의식 수업이나 혼자서 하는 공부보다는 토론과 발표 학습에서는 누군가와 소통을 할 수 있다. 소통하면서 다른 사람의 의견을 들어볼 기회를 얻을 수 있다. 다른 사람의 의견을 들어야 하는 이유는 간단하다. 다양한 관점에서 현상을 바라보고 이해할 기회가 생기기 때문이다. 예를 들어 토론 수업의 목적은 싸우자는 게 아니라 서로의 의견을 들어보자는 것이다. 누군가에게 자세하게 내용을 말로 설명할 수 있어야 하는 동시에 즉각적인 피드백을 받으며 생각을 수정해 나갈 수 있기에 메타인지를 기르기에 좋은 방법이다.

공부에는 3차원이 있다고 한다. 1차원은 암기식 생존 공부, 2차원은 타인을 이기 위한 전략적 공부, 3차원은 새로운 것을 창조하고 즐기기 위한 융합 공부라고 한다. 메타인지를 활용한 토론이나 발표식 공부는 결국 새로운 생각을 만들어내는 힘을 기를 수 있다. 잘 풀리지 않는 어려운 문제를 해결하기 위해 서로 머리를 맞대고 골똘히 생각하는 경험은 메타인지 능력을 높여준다. 참고로 논술형/서술형 형식의 평가에서 이 방식에 적응된 학생들은 좋은 성과를 낼 것이다.

3. 절대 포기를 모르는 감정

그릿

개념 알기

그릿(Grit)은 미국 심리학자 앤절라 더크워스가 개념화한 용어로 성취를 끌어내는 데 결정적인 역할을 하는 '끈기, 근성, 집념, 투지, 용기, 열정' 등으로 표현된다. 그릿은 단순하지 않다. IQ, 재능, 환경을 뛰어넘는 열정적인 끈기의 힘을 말한다. 그리고 성공의 열쇠는 재능이 아니라 절대 포기하지 않는 태도에 있다. 재능은 선천적으로 타고나지만 새롭게 배우는 기술은 무수히 많은 시간 동안 다듬어야 향상되기 때문이다.

그릿은 '실패, 역경, 슬럼프를 이겨낸 사람들만이 가진 성공의 비밀' 혹은 '포기하지 않고 노력하는 힘이며 역경과 실패 앞에서 좌절하지 않고 끈질기게 견딜 수 있는 마음의 근력'이라고 표현된다. 열정과 끈기의 끝에는 결국 성공이 기다리고 있기에 그릿이 높을수록 정서적으로 건강한 삶을 살아갈 가능성이 크다. 그릿과 행복감 간에는 분명한 비례 관계가 성립한다는 말이다.

큰 업적을 성취한 사람들은 열정과 끈기가 남다르다. 타고난 재능도 중요하지만, 나중에 만들어가는 재능을 제대로 발휘하기까지 끈기가 없다면 결국 의미가 없다. 스스로 도전하고 이루어 내는 과정에서 당연히 실패와 좌절을 맛볼 수밖에 없다. 하지만 그릿이 있는 사람들은 어제보다 잘하려고 매일 연습한다. 이것을 의식적인 연습이라 부른다. 도전을 멈추지 않고 계속한다는 의미다. 만일 태어날 때 재능이 없어도 끈기를 갖고 자신의 잠재력을 끄집어낼 수 있다면 그게 곧 후천적 재능이 될 수 있지 않을까?

1만 시간의 법칙도 그릿을 의미한다고 생각한다. 일정 시간을 투자해야 결과가 나온다는 말이다. 그러나 제일 안타까운 경우는 머리가 비상해도 시간과 노력을 쏟아붓지 않는 경우다. 실제 미국 육군 사관학교에서도 성적이 좋은 생도들이 더 많이 중도 포기했다. 반면에 성적이 좋지 않은 생도들은 끝까지 버텨냈다.

실제 머리가 좋지 않은 학생들은 유독 많은 시간을 투자해서 공부한다. 부족한 점을 채우기 위해 매일 공부한다. 원하는 성적이 나오지 않아도 끝까지 버틴다. 이런 학생들이 공부를 놓지 않고 끈기를 갖고 하는 경우가 더 많다. 그런 점에서 그릿은 절대 포기를 모르는 공부 감정이라 볼 수 있다.

그릿이 높은 아이들의 특징

(1) 자신이 재능이 있다고 생각하지 않는다

토끼와 거북이 일화를 기억하는가? 토끼는 당연히 자신이 경주에서 이긴다고 생각했다. 왜 그랬을까? 거북이보다 빨리 달릴 수 있기 때문이었다. 하지만 결과는 어땠나? 빨리 달리던 토끼는 중간에 잠들었고, 느리지만 끝까지 포기하지 않고 한걸음 씩 발걸음을 옮긴 거북이가 승리했다. 거북이에게는 바로 그릿이 있었다.

자만심이 있는 사람은 자기 재능을 믿고 노력을 믿지 않는다. 반면에 재능이 없다고 생각하는 사람은 재능을 기르기 위해 부단히 노력한다. 부족한 점을 채우기 위해서는 노력만이 살길이라고 믿기 때문이다. 그런 겸손한 태도를 갖추고 무한 노력을 기울인다. 실제 우등생들을 살펴보면 모르는 것을 다른 사람에게 잘 물어본다. 자기보다 다른 사람이 가진 재능을 인정하고 배우기 위해 노력한다.

안타깝게도 부모들은 아이가 조금만 잘해도 능력을 칭찬하기 바쁘다. 특히 머리가 좋다고 자주 칭찬받는 아이는 비난받지 않기 위해 어렵고 힘든 과제에 도전하기보다 실패할 바에 쉽고 간단히 성공할 수 있는 과제에 집중하게 된다. 공부의 평가 기준이 머리가 좋고 나쁨으로 나뉘기 때문이다. 이 아이들은 공부는 마음만 먹으면 언제든 잘할 수 있으니 지금 당장 하지 않아도 된다고 생각하기 쉽다.

(2) 타고난 재능이 없어도 제2의 천성처럼 된다고 믿는다

재능은 타고난 것이고 바뀔 수 없다고 한다면 재능을 가지지 못한 사람들은 얼마나 억울할까? 다행히도 우리는 노력을 통해 재능을 기를 수 있다. 이 사실을 우등생들은 잘 알고 있다. 자기가 지금은 비록 부족해도 부단한 노력을 통해 제2의 재능과 천성을 만들어 낼 수 있다고 믿는다. 물론 하루아침에 뚝딱 그 능력이 발휘되지 않는다는 사실도 안다.

대신에 목표로 하는 일을 매일 꾸준하게 실천하고 집중한다. 시간이 오래 걸려도 언젠가는 실력이 향상되고 전문가 수준에 오를 수 있다고 믿기 때문이다. 그래서 어떠한 어려운 상황에도 휘둘리지 않고 매일 자신이 하고자 하는 일을 지속한다. 고로 눈덩이 효과처럼 하루하루 쌓은 노력이 어느새 커져서 빛을 보게 된다.

우등생들은 공부할 때 자기가 잘하는 과목보다는 못하는 과목에 더 집중한다. 부족하다는 사실을 인정하고 채우려고 노력하는 것이다. 실제 못하는 과목에 투자하는 공부 시간은 2~3배나 된다. 처음에는 비록 성적이 나오지 않지만, 결국에는 좋은 결과를 만들어낸다. 그 이유는 점수가 나올 때까지 계속 그 과목에 더 많은 시간을 투자하기 때문이다. 방법도 중요하지만, 더 중요한 건 우선 임계량을 채우는 것이기 때문이다. 그때 필요한 것이야말로 바로 그릿이다. 이처럼 포기하지 않는 마음 근육이 있어야 결과를 낼 수 있다.

(3) 단기 목표보다 장기적인 최상위 목표가 있다

100m가 목표인 사람과 42.195km가 목표인 사람 중 누가 오래 달려야 한다면 먼저 포기할 것인가? 당연히 전자일 것이다. 그릿을 가진 아이들도 마찬가지다. 보통 아이들보다 장기적인 목표를 갖고 살아가기에 끈기를 보인다. 자세히 살펴보면 그들은 눈앞에 보이는 목표보다 인생의 최종 목표가 따로 있다. 예를 들면 공부하는 목적이 의대 진학인 경우와 의사라는 직업을 갖는 경우, 그리고 아픈 사람들을 치료해주는 사람인 경우는 분명한 차이가 발생한다.

의대 진학이 목표인 아이들은 의대를 가지 못하면 실패한 인생이라 생각할 것이다. 의대에는 진학했지만 의사 면허를 따지 못하고 떨어지면 좌절감이 클 것이다. 하지만 아픈 사람들을 치료하고 돕는 사람으로 살아가려는 아이는 만일 의사가 되지 못하더라도 의료계에 종사하며 만족감을 느낄 것이다. 유연하게 중간 목표를 수정할 수 있을 때 오히려 열정과 끈기를 놓지 않게 된다는 의미다.

좁게 봐서 고등학교에서도 우등생들은 3년 동안을 마라톤 경주라고 생각하고 중간에 멈추지 않는다. 하지만 한 학기마다 성적에 따라 일희일비하는 아이들은 중간에 공부를 포기하고 무너진다. 만일 멈추지만 않는다면 자기가 원하는 대학에 진학하지는 못할지라도 자기가 이뤄낼 수 있는 수준보다 더 떨어지지는 않을 것이다. 안타깝게도 현실은 대부분 아이는 그릿을 발휘하지 못하는 것 같다.

우리 아이 그릿 기르는 방법

(1) 다양한 경험을 통해 자신에게 맞는 진지한 관심 두기

자기가 아직 발견하지 못한 재능을 찾기 위해서는 다양한 경험을 해야 한다. 그 경험 속에서 적성에 맞는지 관심사가 맞는지 확인하는 것이다. 만일 흥미와 관심이 생긴다면 즐거운 일로 발전시킬 수 있다. 나아가 비록 처음에는 성장 속도가 더딜 수 있지만, 꾸준한 노력을 통해 전문가로 성장할 수 있다. 따라서 다양한 것에 관심을 가질 기회를 만들 수 있어야 할 것이다.

어린 시절에 아이들은 환경에 영향을 많이 받는다. 유전적인 것을 무시할 수 없지만, 대체로 노출된 환경에 따라 아이의 적성에 큰 영향을 끼친다. 부모가 책을 읽는 모습을 많이 보고 자란 아이들은 나중에 독서광이 될 확률이 더 높다. 악기를 연주하는 부모 밑에서 자란 아이들은 음악 관련 일에 종사할 가능성이 크다. 미술 관련 일을 하는 부모를 보며 자란 아이들은 관련 분야에 흥미나 관심이 높을 것이다. 실제 아이들을 지도하며 확인한 결과 가족이나 친척 혹은 주변 지인의 진로와 비슷한 경우가 많았다.

따라서 아이가 어떤 특정 재능이나 능력을 기르기를 바란다면 아이가 흥미나 관심을 보일 수 있도록 경험의 기회를 주어야 할 것이다. 맛있는 음식을 먹어 본 아이가 맛있는 음식을 만들 수 있는 것과 같은 원리다. 그만큼 관심을 기르기 위한 경험이 중요하고, 관심이 생기면 남들보다 잘하기 위해 노력할 테니 자연스럽게 그릿이 생기게 된다.

(2) 양적으로뿐만 아니라 질적으로 다른 의식적인 연습하기

1만 시간의 법칙을 부정하고 1만 시간의 재발견이라는 연구 결과가 나왔다. 1만 시간을 채우더라도 질적으로 의식적인 노력을 하지 않으면 전문가가 될 수 없다는 주장이었다. '시늉뿐인 연습'이 아닌 '의식적인 연습'을 해야 발전이 있다는 의미다. 왜냐하면, 생각보다 전문가가 되려면 1만 시간으로는 어림이 없기 때문이다. 훨씬 더 많이 연습해야 최상의 상태에 도달할 수 있다.

쉽게 말해서 편안한 상태에서 단순히 반복하는 것은 실력 향상에 도움이 안 된다는 말이다. 연습은 제대로 해야 한다. 연습할 때 '컴포트 존(편안한 상태)'에 머물면 변화가 일어나지 않기 때문이다. 관심 가지기에 이어 질적인 의식적 연습이 필요한 이유는 '몰입'하기 위해서다. 몰입 상태에서는 시간이 금방 흘러간다. 만일 공부에 관심을 가지고 몰입 상태로 의식적으로 연습한다면 성적 향상은 당연한 것이 된다.

(3) 높은 목적의식과 미래를 개선할 수 있다는 희망 품기

그릿의 핵심은 포기하지 않는 정신이다. 포기하지 않는 사람들을 보면 높은 목적의식(이타적인 목적)을 가지고 있다. 예를 들어, 나보다는 세상의 변화를 위해 살아가거나 다른 사람을 돕거나 하는 식으로 내 안에 매몰되지 않는다. 왜냐하면, 나의 노력이 미래를 개선할 수 있다는 기대를 하기 때문이다. 그게 바로 희망이다. 다시 일어서려는 자세를 가진 희망이 필요하다.

희망은 오히려 힘든 상황 속에서 원하는 감정이다. '하늘이 무너져도 솟아날 구멍이 있다'라는 속담처럼 언제나 우리는 힘들 때 희망을 품는다. 그릿은 그 희망을 먹고 산다. 모든 것을 내려놓은 사람은 더는 꿈도 열정도 용기도 없다. 위기를 기회로 생각하고 끝까지 포기하지 않고 희망의 끈을 잡고 노력하는 사람에게는 말 그대로 '전화위복(轉禍爲福)'이 된다.

이런 관점에서 볼 때 인생을 더 슬기롭게 그리고 행복하게 살아갈 사람은 머리가 좋은 사람이 아니라 그릿을 갖춘 사람이다. 열정과 끈기를 보이는 사람은 무슨 일을 하더라도 끝까지 해낼 힘을 가졌기 때문이다. 다른 말로 해보자면, 무너지지 않는 마음을 가졌다고도 볼 수 있다. 우리는 그것을 다른 말로 '회복탄력성'이라 부른다. 자세한 내용은 다음 꼭지에서 살펴보도록 하겠다.

회복탄력성

개념 알기

회복탄력성(resilience)은 역경을 딛고 다시 일어서는 심리적 능력이다. 아무리 힘든 상황 속에서도 한 줄기 희망의 빛을 찾아내 버티고 견딜 수 있다. 따라서 회복탄력성이 높으면 행복은 실패나 어려움이 없는 상태가 아니라 그런 역경을 극복한 상태라고 생각하는 경향이 있다. 혹은 스트레스를 이겨내는 정신적 면역 체계라는 말로도 통한다. 그래서 회복탄력성이 있으면 정신적으로 감기에 걸리지 않거나, 아파도 금방 회복할 수 있다. 마치 우리 면역 체계가 건강할 때와 같이 말이다.

어찌 보면 늘였다 다시 줄어드는 고무줄 같기도 하다. 아무리 세게 당겨도 굴하지 않고 계속 원래 상태로 돌아오려는 성질을 보이기 때문이다. 만일 약한 고무줄이라면 강한 힘으로 인해 끊어지겠지만, 튼튼한 고무줄이라면 끝까지 견뎌내고 버틴다. 우리 정신 상태도 마찬가지다. 아무리 어렵고 힘든 일이 있을지라도 포기하지 않고, 무너지지 않고, 끝까지 버티고 견뎌내는 힘이 있는 것이다.

혹은 '희망'을 가진 모습이다. '하늘이 무너져도 솟아날 구멍이 있다'라는 속담이 주는 교훈처럼, 회복탄력성은 '희망'이 있기에 유지할 수 있다. 우리는 어려움에 닥치면 '절망'과 마주한다. 그러면 절대 다시 일어설 수 없다. 패배만 있을 뿐이다. 하지만 '희망'은 우리에게 힘을 준다. 넘어져도 일어나고, 힘들어도 버티고, 어려워도 도전할 힘을 준다. 회복탄력성은 '용기'와 '희망'으로 묘사가 되니까 말이다.

회복탄력성이 좋은 아이들의 특징

회복탄력성 테스트를 살펴보면 자기조절능력, 대인관계 능력, 긍정성의 세 가지 점수의 총합이 회복탄력성 지수라고 한다. 실제 회복탄력성이 좋은 아이들은 관련 특성을 보인다. 자기조절능력은 세분화하면 '감정조절력, 충동통제력, 원인분석력'으로 나뉜다. 대인관계 능력은 '소통 능력, 공감 능력, 자아 확장력', 긍정성은 '자아 낙관성, 생활 만족도, 감사의 마음'으로 구성되어 있다.

(1) 자기조절 능력이 좋다

첫째, 감정조절력이 좋은 아이들은 어려운 일이 닥쳤을 때 스스로 감정을 통제할 수 있다. 왜냐하면, 자기 생각이 자기 기분에 어떤 영향을 미칠지 잘 알아채기 때문이다. 실제 다른 사람과 토론할 때도 찬반으로 나뉘어도 감정을 통제하고 이성적으로 토론에 참여할 수 있다. 만일 집중해야 할 중요한 일이 생기면 스트레스를 받기보다는 해결해야 할 문제라고 인식하고 적극적으로 반긴다. 감정적으로 안정적이기 때문에 자기감정에 잘 휘말리지 않고, 감정적인 문제로 학교나 집에서 공부하거나 일할 때 집중 못 하는 일은 없다.

둘째, 충동통제력이 강해서 당장 해야 할 일이 있으면 어떠한 유혹이나 방해도 잘 이겨내고 할 일을 한다. 아무리 당황스럽고 어려운 상황이 닥쳐도, 스스로 어떤 생각을 하고 있는지 잘 안다. 만일 누군가가 자신에게 화를 내도 감정이 무너지지 않고 우선 그 사람의 의견을 잘 듣는다. 진행하던 일이 생각대로 잘 안 풀려도 쉽게 포기하지 않는다. 평소 일상에서도 철저하게 계획을 세우고, 소비나 지출에서도 계획적으로 움직인다.

셋째, 원인분석력이 우수하여 문제가 생기면 여러 가지 해결이 가능한 방안에 대해 먼저 생각한 후에 적극적으로 해결하려고 노력한다. 혹은 힘들고 어려운 일이 생기면 그 원인이 무엇인지 신중하게 생각한 후에 해결책을 제시한다. 그래서 주변 사람들로부터 사건이나 상황을 잘 파악한다는 이야기를 종종 듣는다. 왜냐하면, 문제가 생겨도 성급하게 결론을 내리지 않고, 신중하게 구체적인 원인을 분석하기 때문이다.

(2) 대인관계 능력이 좋다

첫째, 소통 능력이 우수하여 사람들과 잘 어울리는 모습을 보인다. 특히 분위기나 대화 상대에 따라 대화를 잘 이끌어 갈 수 있고, 재치 있는 농담을 하기도 한다. 표현하고자 하는 바에 대한 적절한 문구나 단어를 잘 찾아내기 때문이다. 한국 문화에서는 윗사람과 대화하는 것을 부담스러워하는 분위기인데, 이들은 소통 능력이 우수하여 남녀노소 상관없이 두루 잘 지낸다. 끝으로 대화에 잘 집중하고, 자신이 하고 싶은 이야기를 명확히 말할 줄 안다.

둘째, 소통 능력에 이어 공감 능력이 매우 우수하다. 요새 아이들은 자기주장이 강한 편이지만, 소통 능력이 뛰어난 아이들은 상대방의 표정을 잘 관찰하면서 어떤 감정인지 알려고 노력한다. 예를 들어, 슬퍼하거나 화를 내거나 당황하는 사람을 보면 그들이 어떤 생각을 하는지 잘 알 수 있다. 심지어 주변 사람이 화를 낼 경우 그 이유를 꽤 잘 아는 편이다. 주변 사람에 대한 관심이 많아 행동 방식을 잘 이해하고, 이야기를 잘 들어주는 사람으로 인식되는 경우가 많다.

셋째, 주로 사람들에게 인기(자아 확장력)가 있다. 그 이유는 이미 소통과 공감 능력을 갖추어서 매력을 가진 사람이기 때문이다. 물론 자기가 먼저 주변 사람들을 아끼고 사랑하는 마음을 가지고 있다. 'give and take'라고 그런 진심을 알고 주변 사람들로부터 사랑과 관심을 많이 받게 된다. 상부상조라는 말이 있는 것처럼 서로 도움을 주고받는 사람이 주변에 많고, 서로의 기분을 잘 이해하는 편이다. 게다가 고민이 있을 때 편하게 마음을 터놓고 이야기할 수 있는 친구가 많다.

(3) 긍정적이다

첫째, 자신을 믿고 밀어붙이는 힘을 지니고 있다. 지금 아무리 힘들어도 열심히 일하거나 공부하면 언제나 보답이 있으리라고 생각한다. 왜냐하면, 항상 해결책은 있는 법이고, 그 해결책은 스스로 찾아야 문제가 사라진다고 믿기 때문이다. 일명 '자기 확신'이 있는 사람이다. 부정적인 감정보다는 긍정적인 감정을 바탕으로 자신의 의지로 어떠한 일이든 해결할 수 있다고 믿는 것이다. 그래서 미래에 성공한 자신의 모습을 자주 상상하곤 한다. 그것이 긍정적으로 살아가는 힘을 제공한다.

둘째, 자기 삶에 대한 만족도가 높다. 자기에게 주어진 환경이나 상황에 대해 불만족하기보다는 만족스러운 감정을 지니고 있다. 어떤 경우에는 자기의 삶이 이상적이라고 생각하기도 한다. 왜냐하면, 자기에게 주어진 삶과 조건이 만족스럽기 때문이다. 자기는 충분히 중요한 것을 갖추었다고 생각하고, 심지어 다시 태어나도 현재 삶을 다시 살 것이라 말하기도 한다.

셋째, 작은 것에도 감사하는 마음을 보인다. 주변 사람들에게도 감사하고, 자기에게 주어진 환경에도 감사하고, 모든 것이 감사하다. 그리고 그 마음을 직접적으로 표현할 줄 안다. 그래서 마음이 전달되고 상대방으로부터 같은 마음을 받기도 한다. 이렇게 선순환되어 감사한 마음이 자기에게 도움이 된다는 것을 안다. 실제 많은 아이가 자기 전에 감사 일기를 쓰거나 감사 리스트를 작성하곤 한다.

우리 아이 회복탄력성 기르는 방법

(1) 객관적으로 자기 인식하기

객관적이라는 말은 주관적이라는 말의 반대말이다. 고로 내 주관이 들어가기보다는 다른 사람들의 생각을 참고해야 한다. 즉, 다른 사람은 나를 어떻게 평가하는지 현실적으로 이해할 필요가 있다는 말이다. 물론 다른 사람이 나의 적인 경우라면 부정적인 평가만을 받을 수 있기에 거를 수 있고, 객관적인 관점으로 평가하는 사람으로부터 조언을 들을 필요가 있다.

물론 남이 나를 평가하기 전에 내가 삶에서 진짜 원하는 것이 무엇인지, 무엇을 할 수 있는지 분명히 알아야만 한다. 자신에 대해 확실히 알고 있어야 다른 사람도 나를 믿을 수 있는 사람이라고 생각하기 때문이다. 이런 방식의 자기 인식 과정을 통해 자존감과 자기 효능감을 기를 수 있다. 그래서 회복탄력성이 자연스럽게 따라온다.

(2) 스스로 동기부여 하는 내적 동기 추구하기

외적 동기는 보상을 받으면 움직이는 인위적인 동기지만 내적 동기는 스스로 하고 싶다는 마음이 들게 하는 자연스러운 동기다. 동기는 어떤 목표를 달성하도록 돕고, 성공할 때까지 그 행동을 유지하게 하기에 내적 동기가 강하면 큰 도움이 된다.

그리고 수동적이지 않고 능동적이다. 그래서 솔선수범하는 모습을 보이는데, 회복탄력성이 높을수록 그런 모습을 보이게 된다. 다만 내적 동기는 금방 생기지 않는다. 시간이 조금 오래 걸린다. 하지만 시간이 오래 걸려도 목표를 달성하기 위한 최고의 방법을 찾기 위해 노력하고, 목표를 이룰 때까지 한결같은 행동을 유지한다. 그래서 멈추지 않고 계속 이어나갈 힘이 생긴다.

(3) 자기 긍정하기

참고로 자만심이 아니라 자신의 성공을 기뻐하고, 성공한 원인을 찾고, 되돌아보는 자세를 갖추는 것이다. 왜냐하면, 성공은 철저하게 스스로 피드백을 주며 배우고 성장한 결과물이기 때문이다. 물론 자아도취가 아니라 균형 잡힌 시각으로 현상을 바라보되 자신이 끝까지 해낼 수 있을 거라는 믿음을 갖는 것이 중요하다.

아무리 주변에서 부정적인 피드백을 주거나 시련의 시간을 부여하더라도 해낼 수 있다는 믿음은 '긍정 에너지'가 되어 회복할 힘을 줄 수 있다. 자기 긍정을 할 때는 자신의 능력보다 약간 높은 상태를 추구하는 것이 좋으니 과유불급을 떠올리면 좋다.

결국, 회복탄력성이라는 것은 우리 자아와 마주하는 시간을 가진 사람일수록 좋은 것 같다는 결론에 다다른다. 우등생들은 이렇게 자기 인식, 동기부여, 긍정의 힘을 활용하여 회복탄력성이라는 감정을 잘 경험하여 단단한 사람으로 거듭날 수 있다.

4. 좋아하는 것에 빠져드는 감정

(열정)

개념 알기

열정이란 가슴이 뜨거워지는 느낌을 받는 일을 할 때 느끼는 감정이다. 사전을 통해 뜻을 살펴보면 '어떤 일에 열렬한 애정을 가지고 열중하는 마음'이라 되어 있다. 보다시피 '열렬한 애정'과 '열중하는 마음'이 함께 공존한다. 그래서 열정은 우리의 정신이 즐거움, 행복, 영감으로 가득한 상태로 만들어준다. 왜냐하면, 열정을 가진 사람은 무언가에 홀딱 빠져있기 때문이다.

스티브 잡스는 말했다. "무엇이 당신의 가슴을 뜨겁게 만드는가?" 이 질문을 바꿔보면, "당신은 무엇에 열정이 있는가?"로 해석할 수 있다. 열정은 우리 내면의 불꽃을 지핀다. 그렇기에 내가 어떤 열정을 가졌는지 확인하려면 무엇이 나의 가슴을 뜨겁게 만드는지 스스로 질문해 보면 된다.

하지만 단순히 좋아하는 것과는 분명히 구별된다. 일시적으로 갖는 취미나 관심사가 아니라 진정한 자아정체성을 찾는 과정이다. 오로지 한 가지에만 몰두하는 모습을 보이기에 열정에 빠진 상태에서는 그 자체가 인생이 된다. 자기가 선택한 일에 집중하고 몰두하기에 주의가 산만하지 않다. 중간에 포기 없이 목표하는 바를 향해서 꾸준하게 나아가는 모습을 보인다. 그게 바로 열정이다.

영어로 열정은 'passion' 혹은 'enthusiasm'이라고 불린다. 이 중 'enthusiasm'은 고대 그리스어에서 온 단어다. 고대 그리스어 en(~안에)과 theos(신)가 합쳐져서 entheos라는 단어가 생성되었다. 이 단어의 의미는 '신에게 영감을 받은', '신에게 홀린'이란 뜻이 있다. 후기 라틴어 enthusiamus로 변형되었다가, 중세 프랑스어 enthousiasme이 되었다. 결국 1600년대 enthusiasm으로 변형되어 현재까지 전해지게 되었다.

그래서 'enthusiasm'은 '신에게 영감 또는 신임을 받다, 넋을 잃다. 황홀경에 빠지다'라는 뜻으로 해석된다. 쉽게 말하자면, '우리 안에 있는 신'이라는 의미고, 결국 열정적인 사람은 '신들린' 듯한 느낌을 준다. 아무래도 무언가에 미칠 정도로 애정하는 마음이 있으니 신이 될 정도가 된다는 의미로 해석하는 게 아닌가 싶다.

대부분 사람은 처음에 무언가에 흥미를 느껴서 빠져들지만 조금만 지나면 금세 시들해진다. 반면에 열정을 가진 사람은 단순히 좋아하는 마음이 아니다. 해낼 때까지 포기하지 않고 계속해서 시도한다. 아무리 힘든 과정이 있어도 이겨내고 성취감을 느끼는 결과 단계까지 나아간다. 그런 점에서 '인내와 끈기'와 연결되는 지점이 있다.

열정이 높은 아이들의 특징

열정이 높은지 확인하려면 특정 활동에 대해 그것을 좋아하는지, 중요하게 혹은 가치 있게 여기는지, 그리고 꾸준하게 시간과 에너지는 투자하는지 확인해보면 알 수 있다. 이 세 가지가 모두 있을 때 우리는 열정이 있다고 판단할 수 있다.

(1) 내적 동기가 강하다

열정이 많은 아이는 특별한 보상을 바라지 않는다. 그 이유는 자기가 선택한 활동에 대한 내적 동기가 강하기 때문이다. 내적 동기는 외적 동기와 달리 보상 없이도 계속 같은 행동을 하게 만드는 힘을 지녔다. 그래서 스스로 알아서 목표를 정하며 달성하기 위해 노력한다. 누가 시키지 않아도 알아서 하는 상태가 된다는 말이다. 다시 말하면, 자율성을 가지고 하는 활동이 된다는 말이다. 따라서 자기만의 원칙에 따라 어떤 일을 하거나 스스로 자신을 통제할 수 있다.

외적 동기가 강한 아이들은 보상이 따르지 않으면, 절대로 공부하지 않는다. 반면에 내적 동기가 강한 아이들은 공부하는 행위 자체를 좋아하기 때문에 꼭 보상이 없어도 스스로 공부하는 모습을 보인다. 우등생들이 바로 그렇다. 오히려 공부하지 말라고 해도 공부에 열정을 갖고 즐겁게 공부한다. 말도 안 되는 이야기 같지만, 실제 그렇다. 새로운 지식을 알아가는 것에 대한 즐거움을 느끼기 때문이다. 쉽게 말해, 좋아하는 일이 공부 그 자체가 된다는 말이다.

(2) 조화 열정을 따른다

열정이 있는 아이들은 배움을 통해서 끝없이 새로운 결과를 만들어낸다. 이것은 선순환 구조를 만든다. 결과물을 남들보다 빠르게 더 많이 만들어 낼 수 있다. 단, 강박 열정이 아니라 조화 열정을 따른다. 심리학에 따르면 열정에는 두 가지 종류가 있다. 하나는 조화 열정이고, 다른 하나는 강박 열정이다. 조화 열정은 특정 활동에 열정을 가지고 있지만, 그것에만 집착하지 않는다. 반면에 강박 열정은 오로지 특정 활동에서만 열정과 쾌락을 느낀다.

이 열정을 투자로 비유하면 쉽게 이해할 수 있다. 조화 열정은 분산 투자다. 리스크가 적은 편이다. 한 가지 활동이 인생 전부가 아니기 때문에 마음이 바뀌어도 다른 활동에서 열정을 느낄 수 있다. 하지만 강박 열정은 오직 한 가지만 바라보기 때문에 갑자기 열정이 사라지면 상실감과 좌절감이 매우 크다. 심하면 절망의 단계까지 도달할 수도 있다.

다행히도 공부 우등생들은 조화 열정을 따른다. 그래서 다양한 공부를 하면서 위기가 와도 무너지거나 좌절하지 않는다. 열정을 분산시켜 두었기 때문에 다양한 분야에서 열정을 느끼며 살아간다. 그래서 공부 잘하는 아이가 잘 논다는 말도 있는 것 같다. 삶에 다양한 활동에서 열정을 보이는 만큼 공부에서도 그 열정의 불꽃이 켜지기 때문이다.

(3) 단순하다

우리의 착각 중 하나는, 우등생들은 생각이 많을 거라고 판단하는 것이다. 하지만 의외로 그들은 단순하다. 단순함은 집중력을 키우고, 엄청난 열정으로 이어진다. 한 방울씩 떨어진 물이 바위를 뚫는다는 말처럼, 단순하지만 꾸준함으로 승부한다.

한 예로 유명한 화가인 피카소는 미술에 열정을 가진 사람이었다. 92세로 생을 마감할 때까지 평생 거의 하루 한 장의 그림을 그렸고, 무려 5만 점이 넘는 작품을 남겼다. 음악 천재 모차르트는 평생 작곡을 했고, 심리학의 거장 프로이트는 평생 600편이 넘는 논문을 발표했다. 이 모든 것은 단순한 열정 하나로 이어온 결과다.

학교에서 우등생들은 보면 마찬가지다. 그들은 쉬지 않고 끝없이 공부한다. 남들은 놀고 쉬느라 바쁠 때 그들은 항상 공부한다(물론 속도 조절하고 쉬면서 한다). 고3 학생 중에 쉬는 시간에도 키다리 책상에 서서 공부하는 학생은 결국 우수한 성적으로 입시를 마무리한다. 다들 여름이 지나고 지쳐서 무너질 때도 그들은 공부를 멈추지 않는다. 수능 전날까지 단순하게 공부함으로써 열정을 불태운다. 그게 그들의 특징이다.

우리 아이 열정 기르는 방법

(1) 다양하게 경험하기

누가 시켜서 하는 게 아니라 스스로 만족감을 느낄 수 있어야 한다. 어찌 보면 열정을 불사를 수 있는 간절한 대상이 필요한 것이다. 기회는 다가올 때까지 기다리는 것이 아니라 우리가 먼저 찾아가야 한다. 그렇기 위해서는 어린 시절부터 다양한 경험을 통해 좋아하는 것이 무엇인지 찾는 과정을 겪어야 한다.

대학입시를 위해서는 앉아서 하는 공부가 전부일 수도 있다. 하지만, 어린 시절에는 자기가 흥미를 느끼는 분야 혹은 잘할 수 있는 적성 분야는 무엇인지 다양한 도전을 해봐야 한다. 아이들은 직접 경험하지 않으면 스스로 좋은지 싫은지 알 수 없다. 누가 초콜릿을 맛보지 않고 달콤하다고 말할 수 있는가. 누가 레몬을 맛보지 않고 시다고 할 수 있겠는가. 간접 경험도 좋으니 경험하지 않으면 알 수 없다.

(2) 좋아하는 일 찾기

아이가 좋아하는 분야를 찾을 수 있도록 노력하는 일이야말로 열정을 기를 수 있는 첫 단계다. 어릴 때를 생각해보라. 피아노를 배울 때는 피아니스트를 꿈꾼다. 그림을 배울 때는 화가를 꿈꾼다. 축구를 배우면 축구선수를 꿈꾼다. 아이들은 자기가 경험하면서 좋아하는 일이 생기면 자연스럽게 빠져든다. 단, 자기가 남들보다 훨씬 더 잘할 수 없다는 사실을 인정하기 전까지는 말이다. 그래도 계속해서 그 기회를 마련해야 아이들은 자기가 좋아하고, 잘할 수 있는 일을 찾게 된다.

반대로 너무 기회가 적으면, 하나만 바라볼 위험성이 있다. 일명 강박 열정에 빠지게 된다. 예를 들어, 야구를 좋아해서 어릴 때부터 운동만 했는데, 큰 부상으로 중간에 꿈을 잃게 되어 자연스럽게 야구에 대한 열정도 식었다고 가정해 보자. 그러면 더 이상 삶의 이유를 찾을 수 없게 된다. 다시 다른 열정을 찾기 전까지 아마도 상실감, 좌절감 등으로 인해 힘든 시기를 보낼 수밖에 없다. 좋아하는 분야를 10개까지 가지라는 건 아니다. 다만 '플랜 B' 혹은 'Second Best'가 될 기회를 놓치지 않도록 노력하자는 말이다.

(3) 목표 명확히 갖기

목표가 명확하지 않으면 이랬다가 저랬다가 왔다 갔다 꾸준함을 잊게 될 게 뻔하다. 생각보다 아이들은 진로를 명확하게 정하지 못한다. 그건 당연한 일이다. 20대, 30대, 40대가 되어도 인생 고민은 계속 일어나기 때문이다. 그런데 최소한 우등생들은 가까운 미래에 대한 목표가 분명히 있다. 최소한 어느 대학, 무슨 과에 가고 싶은지 그 목표가 명확하다.

그 목표에 관한 생각은 자기객관화로부터 나온다. 우선 자기 현재 상태를 객관적으로 인정하고, 자기가 할 수 있는 만큼의 목표로 구체화한다. 그래서 자기가 지금 무엇을 해야 하는지 명확히 안다. 무엇을 해야 하는지 아는 사람은 생각 없이 몸소 매일 실천하는 모습을 나타낸다. 학생들은 공부하는 게 최선이라는 걸 알기에 다른 것은 생각하지 않고 공부에 몰두한다.

반면에 자기 수준은 생각하지 않고, 막연하게 높은 이상향을 꿈꾸는 아이들은 공부에 집중하지 못한다. 자기가 원하는 대학에 갈 성적이 나오지 않기 때문이다. 그러면 매일 좌절하며 자괴감을 느끼게 될 뿐이다. 그래서 객관적인 목표 설정이 중요한 이유다. 그게 단순하게 한 가지에 몰입하여 열정을 보이며 실천할 명분이 충분히 되기 때문이다.

혹시 내가 어떤 활동에 대해 '열정'이 있는지 확인해보려면 다음 5가지 질문을 해보라. 그러면 열정 여부를 알 수 있을 것이다.

1. 내가 지금 하는 일을 좋아하는가?
2. 10년 뒤에도 이 일을 하고 싶을까?
3. 시련이 닥쳐도 이 일을 하고 싶을까?
4. 일하는 데 필요한 기술과 경험 지식을 배우고 싶은가?
5. 내가 하는 일로부터 꾸준한 수입을 얻을 수 있을까?

몰입

개념 알기

'몰입'이라는 단어를 생각하면 무엇이 떠오르는가? 자리에 앉아서 주야장천 한 가지 일에 몰두하는 모습이 떠오르지 않는가? 그렇다. 몰입은 특정 대상에 대해 깊게 파고들거나 빠진 상태다. 그렇다면 최적의 몰입 상태는 무엇일까? 몰입 개념 창시자 미하이 칙센트미하이는 '미치도록 행복한 나를 만나는 시간'이라고 표현했다. 무언가에 미쳐서 정신 차리지 못한 상태라고 볼 수 있다.

우리는 사랑에 빠지면 이런 상태가 된다. 사랑은 머리로 하는 것인가 아니면 심장으로 하는 것인가? 당연히 누구라도 심장이 시키는 일이라 대답할 것이다. 실제 이것은 이론적으로도 증명된다. 심장 자체에 뇌에 있는 신경 세포와 같은 뉴런이 있기 때문이다. 게다가 심장은 뇌보다 더 미세한 감정에 즉각 반응하는 특성을 가졌다. 특히 긍정 감정, 감사, 연민, 동정, 사랑을 느낄 때 안정적이라고 한다.

그 이유는 교감 신경과 부교감 신경이 조화와 균형을 잘 이루어 각성(적당한 긴장)과 이완이 적절하게 유지되어 집중이 잘되기 때문이다. 집중력이 올라가면 머리가 맑아지고, 몸이 가뿐하며 힘이 거의 들지 않는 상태로 느껴진다. 이런 상태는 감정, 생각, 행동이 일치한 상태로 우리가 경험하는 최적의 몰입 상태에 빠질 수 있다.

반면에 심장이 불안정하다는 말은 감정적으로 불편하다는 의미다. 심장이 불규칙하게 뛰면서 스트레스 호르몬인 코르티솔이 분비된다. 우리가 감정이 안정적인 상태에서 스트레스를 받으면 이 호르몬 수치가 상승하여 교감 신경과 부교감 신경의 조화와 균형이 깨지는 것이다. 그로 인해 심장에서 뇌로 가는 정보가 전달되지 않는다. 위기 상황을 감지하고 모든 것을 멈추기 때문이다. 인간은 본능적으로 불안과 공포의 상황 속에서는 이성적 사고보다는 맞서거나 회피하려는 감정적 본능에 충실하기 때문이다.

따라서 마음이 불안하고 분노, 우울 등의 상태에서는 주의력이 약해지고 기억 관련 기능이 잘 작동되지 않는다. 아이들이 공부할 때 흥미를 느끼며 재미있게 공부하는 즐거운 마음 상태를 갖게 하는 것이 무엇보다 중요하다. 이런 마음 상태라면 주변에 어떠한 영향도 받지 않고 온전히 자기의 행복한 상황에 깊게 빠져서 안전한 상태에 놓이는 것이다. 왜 이런 표현도 있지 않은가? "누가 잡아가도 모를 정도로 집중한다.", "무언가에 빠져서 시간 가는 줄 모른다." 등은 최적의 몰입 상태에 빠지는 것이라 볼 수 있다.

몰입 상태에서는 시간이 빠르게 흘러간다. 기분이 좋아지면 주변에서 일어나는 일에 대한 집중력이 높아져 시간을 신경 쓰지 않기 때문이다. 시간의 흐름을 인식하지 못하면 시간이 빠르게 흘러가는 경험을 한다. 다시 말해, 무언가에 집중하면 시간에 주의를 기울이지 않아서 시간이 빨리 지나간다. 그래서 물이 흐르는 것처럼 편안하게 느껴진다고 표현하는 게 아닐까? 아이러니하게도 행복한 상태에서는 시간이 빨리 흐르고, 불행한 감정일 때는 시간이 천천히 지나간다. 몰입 상태를 경험하고, 긍정적인 공부 감정을 갖게 되어 우리 아이들도 공부할 때 물 흐르는 듯한 느낌, 무아지경의 상태에 빠지면 좋겠다는 생각이 든다.

몰입이 높은 아이들의 특징

(1) 뚜렷한 목표가 있다
학교에는 집중력 있게 수업을 듣고, 자습 시간에 공부에 매진하는 것뿐만 아니라 심지어 쉬는 시간에도 몰입해서 공부하는 아이들이 있다. 상담 시간에 어떻게 그렇게 쉬지 않고 공부할 수 있냐고 물어보면 백이면 백 모두 같은 대답을 한다. "오늘 제가 세운 계획을 모두 실천해야만 하기 때문이에요!" 공부를 통해 더 나은 결과에 대한 만족감을 느끼기 때문에 정해 놓은 목표를 얻고자 노력하는 모습을 보인다. 스스로 보상체계를 가진 셈이다. 그래서 의욕적으로 도전하는 모습을 보이고, 인지 능력도 동시에 향상된다. 그 이유는 보상의 중요한 역할을 하는 해마에 영향을 끼치기 때문이다. 해마의 활성화는 오히려 공부에 더 몰입하도록 집중력을 강화하도록 돕기에 이러한 결과가 나타난다.

(2) 능동적으로 학습한다

무엇보다 공부에 몰입하는 아이들은 누가 시키지 않아도 스스로 공부하는 습관을 보인다. 일명 자기 주도 학습 능력이 우수한 아이들이라 할 수 있다. 그런데 왜 알아서 척척 스스로 계획하고 실천하는 능동적인 공부를 하는 것일까? 이유는 단순하다. 공부에 흥미와 재미를 느끼기 때문이다.

우리는 공부라 하면 힘든 것, 혹은 어려운 것이라 느끼기 쉽다. 하지만 우등생들은 공부는 힘든 점도 있지만, 충분히 즐기면서 할 수 있다고 생각한다. 왜냐하면, 책을 읽고 공부하면서 지식 습득에 대한 즐거움을 경험했기 때문이다. 사람이라면 자기 관심 분야에 대해 모르는 것보다 아는 것에 대한 즐거움이 있다. 그래서 공부의 시작은 자기 관심 분야에서부터 시작된다.

하지만 많은 아이가 공부를 힘들어하고 포기하는 이유는, 누가 시켜서 하고, 힘들고 어려운 것만 골라서 시작하기 때문이다. 안 그래도 공부에 취미가 없는데, 재미도 없고 어렵기만 한 공부를 하려니 수동적인 공부 자세가 될 수밖에 없다. 결국, 공부는 혼자서 해야 하고, 스스로 해야 하기에 능동적인 태도가 필수로 수반되어야 한다. 실제 우등생들은 좋아하는 공부 분야가 명확히 있었다. 그게 능동적 학습의 코어가 되었다.

(3) 자존감이 높다

자기가 관심 있게 집중할 수 있고, 잘할 수 있는 분야가 있다는 건 행운이다. 왜냐하면, 그 아이는 자존감을 계속 키워나갈 수 있기 때문이다. 대부분 우등생은 자기가 잘하는 분야에 대해 자부심을 느끼고 더 깊게 탐구하는 모습을 보인다. 처음에는 비록 낮은 자존감이었을지라도 점점 잘할 수 있는 모습을 스스로 확인하면서 자존감이 자라기 때문이다.

한두 번 경험이 쌓여서 열 번이 되고, 백 번이 되고, 무한한 잠재력을 키우는 기회를 얻게 된다. 덕분에 자존감을 형성했으니 다른 어려운 분야에 도전하더라도 해낼 수 있을 것이라는 믿음이 있다. 믿음을 바탕으로 다른 분야에 도전하고 결국 같은 방식으로 좋은 결과를 성취한다. 그러면 기분이 어떨까? 당연히 공부에 긍정적인 감정이 생기니 '몰입' 상태에 자주 빠지게 된다.

(4) 메타인지를 활용한다

아이들은 자기 능력보다 어려운 일을 할 때 좌절감을 느낀다. 공부할 때 아이 대부분이 느끼는 감정이다. 왜 그럴까? 이유는 단순하다. 수준에 맞지 않는 공부를 하기 때문이다. 선행이 중요하다고 상급 단계의 내용을 학습하고, 아직 소화가 제대로 안 된 채로 계속 먹기만 하니까 탈이 나는 것이다. 하지만 탈이 나지 않게 음식을 적절하게 먹는 것처럼, 우등생들은 자기 수준에 맞는 소화할 수 있는 공부를 하고자 노력한다.

그렇기에 공부를 하더라도 부담을 느끼지 않을 수 있고, 충분히 소화해 낼 수 있다. 소화를 잘하면 영양이 몸에 공급되어 우리는 건강해질 수 있다. 공부도 마찬가지다. 계속 새로운 지식을 공부하더라도 소화가 되면 다음 지식을 얻고자 할 때 크게 도움이 된다. 기존 지식을 활용하여 새로운 지식을 추가할 수 있기 때문이다. 이런 식으로 공부가 반복되면 자연스레 공부는 꾸준하게 이어지고, 집중해서 공부하는 습관이 생긴다. 즉, 집중력 있게 공부하는 '몰입' 공부가 되는 것이다.

우리 아이 몰입력 기르는 방법

몰입의 상태에 도달하면 아이는 공부하면서 집중력, 참여도, 창의성 등이 높아져 활동에 상당한 만족감을 느낀다. 공부할 때 최고의 기분 상태는 무아지경에 빠질 때다. 공부가 재미있고 쉽게 느껴진다. 공부 외에 중요하지 않은 모든 요소가 사라진다. 심지어 시간이 어떻게 흘러가는지도 모를 정도로 몰입한다. 그래서 공부 생산성이 높아져 효율적으로 공부하는 상태가 되지만, 매일 이렇게 몰입하기란 여간 쉽지 않다. 그래서 몰입력을 기르기 위한 노력이 필요하다.

이 외에도 몰입하게 되면 감정적으로 안정감을 느끼면서 스스로 통제할 수 있다는 자신감을 얻는다. 게다가 몰입 상황에서 결과물을 만들어내면 보상이 크게 느껴져 만족도가 증가한다. 선순환으로 공부 몰입도가 증가하고, 그동안 해결하지 못했던 문제를 해결하는 등 창의력이 향상된다.

칙센트미하이의 연구 결과에 따르면, 개인의 역량도 높고, 난도도 높은 경우 몰입할 가능성이 크다고 한다. 뛰어난 역량에 알맞은 도전이 주어지면 그 둘이 서로 시너지를 내어 평소보다 몇 배 더 높은 역량 수준을 끌어내기 때문이다. 하지만 난도가 너무 높은 경우에는 오히려 역효과가 날 수 있으니 적절한 난도가 중요하다. 그래야 자신감을 가지고 계속 몰입 상태를 유지할 수 있기 때문이다. 그렇다면, 어떻게 해야 몰입력을 기를 수 있을까?

(1) 유연하게 목표를 수정하며 나아가기

목표의 명확성은 매우 중요하다. 목적지가 어딘지를 알고 가는 것과 아닌 것과는 큰 차이가 있기 때문이다. 그리고 만일 목표를 이루기에 어려움이 있다면 수단과 방법을 수정하며 목표를 이룰 수 있게 유연하게 대처할 수 있어야 한다. 그래야 현재 수행 중인 일을 성공적으로 진행 및 완료하고 있는지 파악하는 데 도움이 될 수 있다.

만일 명확한 목표를 세우는 데 어려움을 겪는다면, 일의 우선순위를 정해야 한다. 이것은 평소 시간 관리 습관에서부터 연습할 수 있다. 해야 할 일과 하고 싶은 일을 구분하고, 긴급한 일부터 해치운 후에 자신이 여유를 갖고 즐기며 할 수 있는 일로 넘어가는 것이다.

우선순위를 명확히 구분하면 목표를 명확히 정할 수 있어서 좋다. 목표가 명확해지면, 집중하게 되고 몰입도를 높일 수 있다.

(2) 스스로 할 기회 마련하기

요새 부모는 아이들이 스스로 할 수 있는 일에도 많은 도움을 주곤 한다. 그리고 가족 구성원이 적어지면서 부모와 아이가 항상 함께해야 한다는 강박감을 느끼기도 한다. 그래서 요즘 아이들은 예전보다 부모한테 많이 의지하는 경향이 있다. 하지만 아이가 무언가에 몰입하는 모습을 길러주기 위해서는 조금은 내려놓을 필요가 있다. 그렇다고 무분별하게 게임이나 유튜브만 보고 있는 아이를 내버려두라는 말은 아니다. 무언가 자기가 좋아하는 일을 찾도록 기회를 마련하고 그 일에 혼자서 매달릴 시간을 주라는 말이다.

아이가 혹시 어떤 것을 좋아하는지 확신이 서지 않는다면, 다양한 경험의 기회를 주어야 한다. 어릴 때는 놀이도 공부라는 사실을 잊지 말아야 한다. 곰곰이 생각해보면 할 수 있는 일이 꽤 많다. 우연한 기회에 놀이를 통하든 여행을 통하든 흥미 있는 분야를 발견하면 아이는 그 분야에 관심을 지속적으로 갖게 된다. 그게 어찌 보면 몰입의 시작점이라고 볼 수 있다.

(3) 자존감 지켜주기

달리 이야기하자면, 시무룩하고 기가 죽지 않도록 해줘야 한다는 말이다. 일명 자존감을 잃지 않도록 유능하다는 느낌이나 인정받는 느낌이 들도록 해야 한다. 특히 자존감을 높이려면 고정적 사고가 아니라 성장적 사고를 할 수 있도록 해야 한다. 실패를 거듭하더라도 새롭고 더 어려운 과제를 추구할 수 있도록 말이다.

그러려면 억지로 시키는 게 아니라 스스로 목적을 가지고 과제를 할 수 있도록 해줘야 한다. 목적을 가지고 하는 일은 이미 자기가 예전에 몰입 상태를 경험하여 어떤 느낌인지 알기 때문이다. 혹은 부모가 아이를 지도할 때 정답을 말하지 않더라도 틀렸다고 말하지 않아야 한다. 아이들은 자기가 틀렸다고 평가받으면 마음을 닫고 생각을 말하지 않는다. 결론은 아이가 자존감을 통해 몰입의 상태에 집중할 수 있도록 도와야 한다는 의미다.

(4) 멀티태스킹 하지 않기

우선 자기 역량과 도전 과제 사이에 갭이 너무 크지 않도록 해야 한다. 약간의 도전은 괜찮다. 하지만 과제가 너무 어려우면 스트레스를 받아 몰입하기 어렵고, 너무 쉬우면 지루함을 느끼기 때문이다. 이는 몰입에 전혀 도움이 되지 않는다. 특정 작업에 고도의 집중력을 키우려면 이 부분이 중요하다는 사실을 알아야 한다.

나아가 몰입을 방해하는 멀티태스킹 습관이 생기지 않도록 조심해야 한다. 멀티태스킹을 할 때 뇌는 몰입 상태의 작업이 아닌 다른 작업에 집중하도록 강요받는다. 고로 다시 몰입 상태로 돌아오려면 시간과 에너지가 더 많이 소비된다. 뇌는 한 번에 한 가지 일에만 집중할 수 있기 때문이다. 우리는 멀티태스킹을 할 때 동시에 여러 일을 한다고 착각한다. 뇌는 사실 두 가지 일을 빠르게 번갈아 가며 처리하는 중이라 몰입 상태에서 벗어난다. 결과적으로 뇌에 과부하가 생겨 집중력과 기억력에 부정적인 영향을 끼친다.

공부할 때 제대로 집중하지 못하고 5분마다 이거 했다가 저거 했다가 정신없는 아이. 요새 말로는 ADHD(주의력 결핍 과다 행동 장애)가 아닌가 의심이 든다. 반대로 무언가에 꽂히면 자리에 앉아서 계속해서 한 가지에만 몰두하는 아이는 얼핏 보면 집중력이 좋고 몰입 상태라고 볼 수 있다. 하지만 지나치면 독이라고, 자폐 성향의 경우 이런 행동을 보이기도 한다.

몰입 상태는 좋아하는 것에 빠져드는 공부 감정이다. 다행히도 ADHD도 자폐도 아니다. 누구나 좋아하는 것에 무아지경의 상태에 빠질 수 있기 때문이다. 우리는 그 지점을 잘 살펴야 한다. 아이가 무언가에 빠져드는 경험을 점점 나이를 먹을수록 하기가 어려워지기 때문이다. 이상보다는 현실적인 벽에 부딪혀서 희망을 잃는다. 그런 면에서 볼 때 어린 시절의 몰입 경험은 '희망'을 꿈꾸는 일이라는 생각이 든다. 아이들이 더 많은 희망을 경험할 수 있도록 부모로서 노력해보는 것은 어떨까?

5. 자기가 해낼 수 있다는 감정

$$\boxed{\text{자기 주도성}}$$

개념 알기

자율성은 스스로 결정할 수 있는 독립적인 상태를 말하고, 자기 주도성은 자기 스스로의 원칙에 따라 어떤 일을 하거나 자기 스스로 자신을 통제하여 절제하는 성질이나 특성을 의미한다. 얼핏 보면 두 개념을 구분하기 어렵지만, 사실 주도성은 자율성을 수반한다. 자율성이 확보되지 않으면 주도적으로 무언가를 할 수 없기 때문이다. 동기 이론의 대가 리처드 라이언과 에드워드 데시도 얼마나 자율성이 보장된다고 느끼는지에 따라 행동을 일으키는 동기의 정도가 결정된다고 했다.

단, 자율성은 누구에게도 의지하지 않고 살 수 있을 정도로 성숙해야만 비로소 발휘된다. 스스로 무언가를 해낼 힘이 있어야 한다는 말이다. 부모의 도움 없이 스스로 움직이고 세상을 탐색하는 시기부터 자율성은 발달한다. 그런데 부모가 자율성을 너무 지나치게 통제하면 아이는 자율성이 부족한 아이로 자랄 것이다. 그러면 자기 주도적으로 무언가를 결정해야 할 시기에 어려움이 생길 수 있다.

예를 들면, 2025년에는 폐지가 될 예정이지만 현재 시행 중인 자유 학년제로 인해 중학교 1학년 때는 시험을 보지 않고 활동 위주로 학교생활을 한다. 아이들은 주제 선택, 예술·체육, 동아리, 진로 탐색 활동 4개 영역에서 듣고 싶은 수업을 직접 선택하고 학습할 수 있다. 그런데 만일 어린 시절부터 부모의 통제를 받고 자란 아이들은 자기에게 선택권이 주어져도 현명한 선택을 하지 못하는 상황에 놓일 수 있다. 고교학점제도 마찬가지다. 스스로 진로를 탐색하고 학습에 열의를 보인다면 고교학점제가 시행되어도 자기 주도성을 가지고 슬기롭게 어려움을 헤쳐 나갈 수 있을 것이다.

자율성은 3단계로 발전한다. 첫째, 어린 시절 부모로부터 일방적인 정서적 보살핌을 받는 관계에서 벗어나 스스로 자신을 돌보고 다른 사람들과 상호적 정서 교류를 나눈다. 둘째, 부모나 사회의 가치관과 구별되는 자신의 철학과 기준, 신념을 가지고 살아간다. 셋째, 스스로 결정을 내리고 삶을 이끌어나가며 그 결과에 대해 책임진다. 따라서 스스로 결정을 내리고 책임지는 자기 주도성을 통해 자기만의 인생을 살아간다는 말이다.

아이들은 어린 시절 자율성을 부여받으면 더 자신 있게 자기 스스로 해보려고 노력한다. 하지만 심하게 통제하거나 의무감을 높이면 과제를 회피하려는 경향을 보인다. 뇌과학적으로 인간은 위기의 순간에는 도망치려는 장치가 발동하기 때문이다. 따라서 아이의 자율성과 자기 주도성을 기르는 데 있어서 열쇠는 부모가 쥐고 있다는 점을 잊지 말아야 한다. 자율성에서 비롯된 자기 주도성이 높은 아이들의 특징을 살펴보고, 어떻게 하면 자기 주도성을 기를 수 있을지 방법에 대해 천천히 살펴보자.

자기 주도성이 높은 아이들의 특징

(1) 내적 동기가 높다

자기 주도성이 높은 아이들이 공통으로 가진 가장 큰 특징은 스스로 알아서 한다는 점이다. 누군가 시키지 않아도 자기가 원하는 방향대로 나아가려는 성향이 있는데, 그 이유는 바로 '동기'에 있다. 동기 중에서도 마음에서 우러나오는 동기인 '내적 동기'가 강하다. 외적 동기는 물질적 보상이 따를 때 생기는 동기지만, 내적 동기는 아무런 조건이나 보상 없이도 하려는 의지를 가지기 때문이다.

공부 잘하는 아이들은 공부하는 자체 행위에 대한 동기가 높다. 배움에 대한 즐거움을 알기에 알아서 공부한다. 반면에 공부가 싫은 아이들은 공부에 대한 내적 동기가 많이 부족하다. 시험을 잘 보면 보상을 준다고 해도 공부를 할까 말까 한다. 자기가 원해서 한다기보다는 어쩔 수 없이 부모가 시키니까, 보상이 주어진다고 하니까 하는 것이다. 간혹 외적 동기로 시작했다가 흥미를 느끼고 내적 동기로 발전하는 때도 있지만, 본질적으로 접근하지 않으면 내적 동기가 생기기가 어렵다.

자기 주도성이 분명한 아이들은 매일 공부할 계획을 세운다. 공부하는 게 가끔은 힘들고 지치지만, 공부는 100% 남는 장사라는 사실을 알기 때문이다. 지금 공부해 두면 나중에 편해진다는 진실을 정확히 알고 있다. 우리는 아는 게 많을수록 나중에 새로운 지식을 받아들이는 데 시간을 줄일 수 있다는 걸 잘 아는 것이다. 그래서 강한 내적 동기가 있고, 스스로 알아서 찾아서 공부하는 것이다.

(2) 다양한 경험이 풍부하다

내적 동기가 강한 아이들과 대화해보면 어린 시절부터 다양한 경험을 통해 스스로 도전해보는 경우가 많다는 사실을 알게 된다. 책상에 앉아서 공부만 하는 아이도 있지만, 공부를 즐기는 아이들을 보면 다양한 취미 활동을 한다. 고3 수험생인데 보컬 트레이닝 학원에 다니고, 바둑을 배우고, 유도를 배우는 등 자기가 하고 싶은 활동을 규칙적으로 하는 모습을 보였다. 처음에는 그렇게 시간을 낭비하면 어쩌나 걱정했는데, 오히려 그 아이들은 모든 걸 즐기면서 하는 모습을 보였다.

취미든 공부든 자기가 직접 선택하고 적절한 통제 속에서 매일 성실하게 그리고 즐겁게 살아갔다. 중간에 감정적으로 무너져서 망연자실 한 모습은 전혀 볼 수 없었다. 고3 수험생에게 가장 슬럼프가 많이 오는 여름이 되어도 그 아이들은 철저하게 자기를 통제하며 꾸준하게 자기 루틴을 이어갔다.

평소 습관이 공부 습관으로도 이어졌다. 자기가 하고 싶은 공부를 하면서도 어렵거나 재미없는 과목 공부를 적절히 중간에 끼워 넣었다. 보통은 자유롭게 공부하라고 하면 하기 싫은 것은 안 하기 마련이다. 하지만 자기 주도성이 분명한 아이들은 자율성의 기준이 망나니처럼 마음대로 날뛰는 게 아니라 철저하게 자기 기준에 맞춰서 생활하는 것이라 믿는다. 왜냐하면, 자율성 뒤에는 책임이 따르기 때문이다.

만일 싫어하는 과목을 팽개쳐 버린다고 생각해보자. 그러면 성적이 안 나올 것이고, 성적이 나오지 않으면 자신이 원하는 목표를 이룰 수 없으니 철저하게 통제하는 것이다. 자율성에는 통제라는 규칙이 꼭 따라야 하는 이유다. 자율성과 통제가 만났을 때 자기 주도성이라는 특성이 생기기 때문이다. 자기 주도성은 스스로 알아서 하면서 책임을 지는 것이니까 말이다.

끝으로 다양한 경험을 해본 아이들은 좋은 것도 싫은 것도 모두 해볼 수 있다고 여긴다. 그래서 싫어하는 공부도 자기가 해볼 수 있는 다양한 경험 중 하나라고 생각한다. 나아가 다양한 경험 속에서 자신을 객관적으로 판단할 수 있다. 내가 무엇을 잘하는지 못하는지 알 수 있기 때문이다.

(3) 각자 학습 수준 및 역량이 다르다고 생각한다

다양한 경험으로 인해 자기를 객관적으로 파악하고 있기에 다른 활동을 하더라도 자기의 장단점을 파악하여 움직인다. 모든 과목을 다 잘하는 우등생도 있지만, 대부분 과목별로 편차를 보인다. 다만 우등생들은 자기가 부족한 과목을 인지하고 더 많은 시간을 투자하여 구멍을 메우려 노력한다는 게 일반 아이들과 차이다.

만일 수학을 싫어하는 아이가 있다면, 계속 수학 성적이 나오지 않을 것이다. 자기 주도성이 부족한 아이들은 이런 상황이 오면 학원 혹은 과외를 통해 위기를 극복하려고 하지만, 스스로 공부하기보다는 의존성을 보인다. 하지만 누군가 대신 풀어주는 수학 문제는 자기가 직접 공부하는 게 아니라는 사실을 모른다. 결국, 시간과 노력을 투자했지만, 결과가 좋지 못하다. 그러면 자신감도 떨어지고 악순환이 반복되어 수포자가 될 가능성이 있다.

반면에 자기 주도성이 높은 아이들은 그나마 덜한 편이다. 어쨌든 자기가 해결해야 할 문제라고 인식하기 때문이다. 학교, 학원, 과외 선생님이 문제를 풀어주시더라도 자기가 제대로 이해되지 않으면 다시 스스로 풀어보면서 점검한다. 수학뿐만 아니라 다른 과목도 마찬가지다. 자기가 잘하는 과목만큼 잘할 수는 없다는 걸 알면서도 구멍이 생기지 않도록 최대한 노력한다. 그러면 어느 정도 보완되고 안정되어 평균치가 올라가는 것이다.

실제 한 우등생은 영어 실력이 부족함을 인식하고 다른 과목에 비해 영어 공부에 많은 시간을 투자했다. 다른 과목은 자신이 있으니 1~2회만 보고 마무리하고, 영어는 5~6회 반복해서 공부한 것이다. 누가 시키지 않아도 스스로 자기가 해야 하는 일을 판단하고 실천했다. 이것이 바로 자기 주도성이 있는 아이가 보이는 모습이다.

(4) 과제 중심 또는 문제 해결 중심으로 학습한다

당연히 공부하는 사람이라면 좋은 결과를 기대하기 마련이다. 그런데 자기 주도성이 높은 아이들은 결과도 중요하지만 당장 눈앞에 놓인 문제를 해결하는 데 더 힘을 쏟는 경향을 보였다. 그 이유는 내가 지금 해야 할 일이라 생각하기 때문이다. 우리 인생은 항상 문제가 발생하고 이를 해결하기 위한 선택의 연속이다. 자기 주도성이 강한 아이들은 이 사실을 분명히 알고 있다. 자기가 지금 당장 해결하지 않으면 문제가 더 커진다는 사실을 말이다.

그래서 공부할 때도 주도적으로 계획을 세운다. 어려움이 생기면 스스로 연구하고 해결책을 마련하고자 항상 노력한다. 주어진 과제를 해결하면서 성취감을 느낀다. 문제를 해결하고 나면 속이 시원한 느낌을 자주 받는다. 이런 감정이 계속 쌓이면서 자연스럽게 공부에 대한 내적 동기가 생긴다.

우리는 공부를 암기라고 착각하는 경우가 많다. 하지만 진짜 공부는 문제를 해결하는 것이다. 내가 모르는 것을 이해하는 과정이고, 이해한 것을 바탕으로 기억해서 우리 삶에 적용하는 것이다. 학교에서는 시험을 잘 보기 위해 공부한다. 하지만, 결국은 우리 인생을 슬기롭게 살아가기 위한 지혜를 얻기 위한 것이 공부라는 사실을 안다. 그래서 과제 중심 혹은 문제 해결에 중점을 두고 학습한다.

우리 아이 자기 주도성 기르는 방법

기억해야 할 것은 '주도성'은 나 혼자 주도적인 것이 아니라 내가 중심이 되어 타인과 함께 어우러지는 것을 의미한다는 점이다. 그래서 필요한 덕목은 5가지로 요약된다. '신뢰, 존중, 독립, 협력, 친절'이다. 5개의 핵심 요소를 기억하며 어떻게 스스로 자기 주도성을 기를 수 있을지 구체적인 방법에 대해 알아보도록 하자.

(1) 선택권 주기

아이에게 특정 행동을 지시하기보다 구체적인 선택권을 제공해야 한다. 광범위한 질문은 오히려 아이가 선택하지 못하고 방황하게 만든다. "무엇을 하고 싶니?"라는 질문보다는 "A, B, C 중에 어느 것을 하고 싶니?"와 같이 2개 이상의 선택권을 주되 구체적으로 옵션을 제시해야 한다. 그러면 아이는 자기 의견을 명확히 표현할 수 있고, 그 결정에 대해 책임지는 연습을 할 수 있다. 이것이 자율성을 기르는 방법이자 통제하는 법을 배우는 자기 주도성으로 이어지게 만드는 지름길이다.

물론 아이가 더 성장해갈수록 선택의 폭을 넓혀주는 것도 하나의 방법이다. 궁극적으로는 선택에 대한 독립이 목표이기 때문이다. 자율성의 결론은 아이들에게 독립성을 부여한다. 나중에 독립적인 사고를 하는 아이만이 창의적인 아이로 자랄 수 있기 때문이다.

(2) 존중하기

아이가 부족하고 서툴더라도 혼자 하려고 할 때는 기다려줄 수 있어야 한다. 경험이 많지 않기 때문에 아이는 당연히 모든 것에 느리고 서툴 수밖에 없다. 그런데 마음이 급한 부모는 아이가 실수할까, 상처받을까 노심초사하며 주변에서 지극 정성을 다해 도우려 노력한다. 하지만 이는 오히려 독이 된다. 아이는 부모에게 의존하게 되고, 스스로 무언가를 해내는 힘을 잃을 수 있다. 조금은 답답하더라도 부모가 참고 기다려줘야 하는 이유다. 다시 말해, 아이를 믿어주라는 말이다.

아이는 태어날 때 무한한 잠재력을 가지고 태어났다. 다만 인간으로 태어났기에 속도가 조금 느릴 뿐이다. 어떤 동물은 태어나자마자 바로 일어서고 달릴 수 있지만, 인간은 적어도 1년은 부모의 보살핌을 받아야 한다. 그래서 더욱 부모의 영향이 큰 이유다. 그런데 자꾸만 부모가 해주기를 바라는 상황이 되면, 아이의 자기 주도성은 성장하지 못한다. 고래로 태어난 아이를 고등어로 키우는 격이다. 고래는 결국 고래로 자란다. 그러니 당장 고래처럼 보이지 않더라도 계속 믿고, 지지하고, 기다리자.

(3) 함께하기

아이는 부모와 갈등을 어떻게 조정하고 화해하는지를 통해 복잡하고 어려운 사회성 기술을 배운다. 부모가 아이의 요구를 무시하면 아이는 자신의 권리를 빼앗긴 느낌을 받는다. 반면에 부모가 아이에게 자율성을 부여하면 좋은 관계를 맺는 방법을 차근차근 배워나간다. 내가 존중받은 만큼 다른 사람을 존중하는 태도를 보이기 때문이다.

또한, 혼자 하는 것보다 협력해서 하는 것이 낫다는 것을 깨닫게 해야 한다. 세상에 나아가면 인간은 사회적 동물이기에 혼자서 살 수 없다. 게다가 내가 주도적으로 삶을 살지 않으면, 결국 누군가에게 끌려가는 수동적인 삶을 살게 된다. 능동적인 삶이면서 동시에 타인과 어울리는 삶이야말로 진정한 행복을 느낄 수 있기에 협력의 중요성을 알아야 한다. 타인과 함께 무언가를 한다는 소속감은 엄청난 변화를 낳을 수 있지 않은가?

존중과 협력이라는 키워드를 실천하기 위해서는 아이가 하는 말에 대해 '되물어주기'를 해주면 좋다. 이 방법은 감정코칭에 해당하는 방법으로 아이는 존중받는다는 느낌을 얻을 수 있고, 그로 인해 자신도 누군가를 존중해야겠다고 생각하게 만든다. 선순환 고리가 생기는 것이다. 나 혼자가 아니라 누군가 함께 해야 하는 세상을 알아가는 것이다.

(4) 격려하기

존중과 더불어 격려를 받으며 자란 아이는 실패에 대한 두려움이 없다. 따라서 자기 주도적으로 새로운 일에 도전하려는 자세를 갖춘다. 나아가 결과가 어찌 되었든지 과정 중심으로 모든 일에 초점을 둔다. 일곱 번 쓰러져도 여덟 번 일어나는 정신을 얻는 것이다. 그래서 문제 해결력이 우수하고, 창의적인 아이디어를 낼 수 있는 비상한 머리를 갖게 되는 것이다. 참고로 아이들은 어른들이 믿어줄 때, 자신을 믿는다. 아무리 미친 아이디어라 하더라도 들어주고 존중해야 한다.

만일 아이가 엉뚱한 생각을 할지라도 친절하게 받아주고, 실현할 수 없는 일이라고 할지라도 일단 들어준다. 아이가 직접 해보거나 탐구하면서 한계의 벽에 직접 부딪히도록 두는 것이다. 단, 정말 열심히 하고 있다면 옆에서 격려하고 지지해 주는 태도가 필요하다. 만일 실패했다면, 그때는 뭐라고 하는 게 아니라 기꺼이 실패에 대해서도 친절하게 받아주어야 한다. 그래야 실패를 하더라도 자신의 독립적 아이디어를 끝까지 실현해 낼 수 있는 용기 있는 마음이 생긴다.

마지막으로 승부욕이 강한 아이라면, 한 가지를 더 강조해줘야 한다. 사람마다 배우는 속도가 다르다는 점을 알려주는 것이다. 시작할 때 비록 느리더라도 꾸준하게 연습하면 잘할 수 있다는 걸 깨닫게 해줘야 한다. 그때 필요한 것이 멈추지 않도록 격려하는 방법이다. 힘들어하고, 어려워하고, 실패해도 격려라는 무기를 통해 아이를 지원할 때 자기 주도성의 장점이 무럭무럭 자라날 것이다.

최근에 20년 지기 친구를 만났다. 호주에서 5년, 한국에서 5년, 영국에서 7년간 일을 해온 이 친구는 아들이 둘이다. 그런데 아이들 영국 시민권을 신청하지 않겠다고 한다. 그 이유는 아이들이 직접 자신의 삶을 선택할 권리를 존중하기 위해서라고 한다. 스무 살이 되었을 때 영국사람으로 살아갈지 한국 사람으로 살아갈지 그 선택권을 주려는 의미다. 이런 사례를 볼 때 진정한 자율성 부여는 자기가 하고 싶은 대로 하라는 말인 동시에 따뜻한 지원을 하는 것을 의미하는 것 같다.

다른 예로, 대치동 키즈라 불리는 한 아이는 부모가 시키는 대로 삶을 살았다. 어린 시절 영어 유치원부터 시작해서 해외 명문대학 진학까지 엘리트 코스를 밟으며 살았다. 심지어 박사 과정까지 마친 아이는 서른 살이 되어 부모에게 물었다고 한다. "저 이제 다음에는 무얼 하면 되죠?" 서른 살이면 다 큰 어른인데도 아직도 부모에게 자기 삶의 방향을 묻는 사람으로 자란 것이다. 자기 주도성이 왜 필요한지 알 수 있는 예다.

두 예시를 통해 나는 독자들에게 선택권을 주었다. 전자처럼 할 것인가 후자처럼 할 것인가 그것은 여러분의 몫이다. 이왕이면 전자의 모습을 바라지만, 아마도 쉽지 않을 것이다. 모든 것은 작은 것부터 시작된다. 아직 아이에게 자기 주도성을 키워주기가 어렵다고 생각한다면, 작은 것부터 시작하도록 하자. (1) 존중하기, (2) 선택권 주기, (3) 함께하기, (4) 격려하기, 이 4가지는 꼭 기억하고 실천하자.

긍정 마인드

개념 알기

컵에 물이 절반 있다. 여러분은 이 상황에서 어떻게 말할 것인가? 누군가는 물이 반밖에 없다고 부정적으로 생각한다. 반면에 누군가는 반이나 있다고 긍정적으로 생각한다. 둘 중에 누가 더 자신이 생각한 일을 이룰 확률이 높을까? 당연히 후자다. 왜냐하면, 뇌는 상상하는 것을 실현하게 하는 힘을 가지고 있기 때문이다. 플라시보, 피그말리온, 로젠탈 효과가 이를 증명하지 않는가?

플라시보 효과는 의사가 효과 없는 가짜 약이나 치료법을 환자에게 제시했는데, 환자의 긍정적인 믿음으로 질병이 호전되는 현상이다. 피그말리온 효과는 그리스 신화에서 유래한 현상으로 긍정적으로 기대하면 상대방은 기대에 부응하는 행동을 하게 되는 것이다. 로젠탈 효과는 아이들을 학습시키는 데 있어 능력 있는 학생으로 기대하고 인정해 주면 학생의 능력이 더욱 신장하며, 그와 반대로 능력이 없는 학생으로 기대하면 능력이 떨어지는 현상을 말한다. 다시 말하자면, 우리 뇌는 생각하는 대로 우리의 상태를 바꿀 수 있다는 말이다.

그리스 신화 유래 배경(피그말리온 효과)

> 그리스 신화에 등장하는 키프로스의 왕 피그말리온은 여성들의 결점을 너무 많이 알기에 여성을 혐오했다. 결혼하지 않고 평생 독신으로 살 것을 결심했으나 외로움과 여성에 대한 그리움으로 인해 아무런 결점 없는 완벽하고 아름다운 여인을 조각하여 함께 지내기로 했다. 그는 이 조각상에 옷을 입히고 목걸이를 걸어주면 어루만지고 보듬으면서 마치 자신의 아내인 것처럼 대하며 온갖 정성을 다하였다. 어느 날 대답 없는 조각상에 괴로워하던 피그말리온은 아프로디테 신전에서 일을 마치고 신들에게 자신의 조각상과 같은 여인을 아내로 맞이하도록 해달라고 기원했다. 여신이 피그말리온의 사랑에 감동하여 조각상을 사람으로 환생시켜 주었다.

특히 긍정 마인드는 우리의 뇌와 몸이 지탱할 수 있도록 진정한 에너지를 만들기에 중요하다. 왜냐하면, 긍정 에너지는 신체 상태를 바닥에서 원상태로 복귀하게 만드는 힘이 있기 때문이다. 사람은 스트레스를 받으면 심장박동이 빨라지고, 혈압이 상승한다. 면역력이 억제되고 즉각적인 행동을 하기 위해 준비한다. 하지만 이런 반응을 제대로 조절하지 못하면 오히려 질병에 걸리거나 심하면 죽음에 이를 수 있다. 이런 면에서 긍정 마인드는 긍정의 힘을 길러주니 효과가 있는 것이다.

원초적으로는 이런 효과가 있지만, 나아가 보면 긍정 마인드는 도덕적이고 선한 행동을 이끄는 힘이 있다고 한다. 신체적 변화뿐만 아니라 정신적, 사회적, 지적인 능력 모두를 더욱 성장시킨다. 이것은 문제 해결 능력, 새로운 정보 학습 능력, 사회적 관계 형성, 창의성 등 공부할 때 도움이 되는 다양한 역량을 기를 수 있도록 돕는다. 무엇보다 마음이 평온하니 항상 낙관적인 태도를 보이게 된다는 점에서 긍정 마인드가 얼마나 중요한지 알 수 있다.

IMPOSSIBLE을 어떻게 읽을 것인가? '불가능'이라고 볼 것인가? 아니면 'IM POSSIBLE'로 볼 것인가? 노먼 빈센트 필은 "NO를 거꾸로 쓰면 전진을 의미하는 ON이 된다. 모든 문제는 반드시 문제를 푸는 열쇠가 있다. 끊임없이 생각하고 찾아내라."라고 했다. 이처럼 우리는 부정적인 것을 긍정적인 것으로 돌림으로써 좋은 방향으로 나아갈 수 있다는 사실을 알 수 있다.

'태풍이 불면 누구는 벽을 쌓고 누구는 풍차를 단다'는 서양 속담이 있다. 아무리 어려운 상황이 닥치더라도 긍정적 태도를 잃지 말라는 교훈을 주는 말이다. 긍정 마인드를 장착하면 우리 삶의 질은 높아진다. 긍정 마인드로 인해 정신적인 안정을 누리면 행복을 가져다줄 뿐만 아니라 질병이나 스트레스로부터 해방해주니까 더할 나

위 없이 좋은 삶의 지혜. 이처럼 긍정 마인드는 인간의 정신세계를 행복하고 안락하게 함으로써 다른 사람에게까지 좋은 영향을 주는 가장 고차원의 사고방식이라 볼 수 있다.

긍정 마인드가 높은 아이들의 특징

(1) 자신에게 정직하다

자신에게 정직한 아이들은 스스로 합리화하거나 변명을 늘어놓지 않는다. 이런 태도를 보이기 위해서는 진실할 수 있는 용기가 필요하다. 왜냐하면, 부정적인 진실이 있더라도 도망치지 않아야 하기 때문이다. 혹은 자신의 실수나 오점을 겸허히 받아들일 수 있다. 실수를 남의 탓으로 돌리지 않고, 자신이 잘못했다는 것을 말할 용기를 가지고 있다.

다시 말해, 공부하면서 틀리는 것에는 두렵지 않다. 자기가 아직 부족하다는 걸 인정하고 앞으로 나아가면 되기 때문이다. 오히려 자기객관화를 분명히 하여 부족한 점을 채워나간다. 자기에게 정직하기 때문에 좋은 과정과 결과를 함께 이룬다. 이는 부정적으로 현상을 인식하기보다는 긍정적으로 인식하기 때문이다.

(2) 실패를 바라볼 때, 배움의 기회로 받아들인다

긍정 마인드를 가진 아이들은 실수나 실패를 하더라도 좌절하지 않고 기회로 본다. 왜냐하면, 누구나 실수도 하고, 실패할 수 있다는 사실을 잘 알고 있기 때문이다. 누구도 실패 없이 성공을 이루지 못했다는 역사를 지켜보며 오히려 실패해야 목표를 이룰 수 있다고 믿는다.

예를 들어, 이번 시험에서 실수로 문제를 틀렸다면, 다음번 시험에서는 똑같은 실수를 하지 않기 위해 노력한다. 그렇게 실수를 줄여가며 오히려 완벽해진다. 실수는 고칠 수 있고, 구멍은 메울 수 있고, 실패는 극복할 수 있다고 믿기 때문에 그렇다. 그리고 모든 실패에는 교훈이 있다고 생각한다. 교훈을 통해 더욱 성장할 수 있기에 오히려 자기가 모르는 게 있다는 사실에 기뻐하는 경우도 여럿 있었다.

(3) 남들과 자신을 비교하지 않는다

불행의 씨앗은 '비교'에서 자란다는 사실을 그들은 알고 있다. 오히려 남과 자신을 비교하는 것은 독을 마시는 것과 같다고 생각한다. 그래서 절대 비교하지 않는다. 자기 자신은 남과 비교할 수 없는 존재라고 믿는다. 그렇다고 우월감에 빠지는 게 아니라 남과 다른 존재라는 것을 인정하는 것이다. 모든 것은 상대성이 있다는 걸 알기 때문이다.

항상 1등 하는 아이들은 자신의 라이벌은 없다고 생각한다. 잘난 척이 아니라 항상 자기와의 싸움에서 이기려 할 뿐이다. 반면에 부정적인 마인드를 가진 아이들은 항상 남을 의식한다. 나보다 잘하는 아이를 시기하고 질투한다. 하지만 긍정 마인드를 갖춘 아이들은 그런 마음이 전혀 안 든다. 언제나 어제보다 더 나은 나를 위해 노력할 뿐이다.

(4) 스스로 동기를 찾는다

긍정 마인드를 장착한 아이들은 공부를 왜 해야 하는지 스스로 알고 있다. 자신만의 신념을 이루기 위해 공부하기 때문이다. 스스로 목표를 정하고 앞으로 나아갈 뿐이다. '공부가 힘들다. 혹은 공부를 왜 해야 하는지 모르겠다' 등의 생각은 전혀 하지 않는다. 공부는 당연히 해야만 하는 것이고 자신이 원해서 하는 것이라 믿는다. 동기부여가 강하다는 의미다. 덕분에 아무리 장애물이 있더라도 스스로 움직이는 것을 멈추지 않는다.

시켜서 하는 사람과 자기가 좋아서 하는 사람은 천지 차이다. 과정도 결과도 크게 차이가 난다. 공부할 때도 마찬가지다. 공부 행위 자체를 긍정적으로 생각하는 아이들은 배움에 있어서 두려움이 없다. 말 그대로 즐기기 때문이다. 별로 중요하지 않은 지식과 정보 혹은 선생님의 쓸데없는 농담에도 집중한다. 언젠가는 다 필요할 수 있다고 믿기 때문이다.

(5) 자신이 원하는 것을 위해 싸운다

긍정적이라고 해서 무조건 수용만 하는 것은 아니다. 자신이 믿는 것을 이루기 위해서는 최선을 다하기 때문이다. 자기가 생각하는 방향을 향해 나아가기 위해 멈추지 않고, 어려움에 닥치면 싸워서 이겨낸다. 그 밑바탕에는 자기가 해낼 수 있을 거라는 긍정의 믿음이 있기 때문이다.

가끔 공부를 잘하던 아이들도 나무에서 떨어지기도 한다. 답안지 마킹 실수를 해서 성적이 떨어지거나, 아파서 시험을 망치거나 등 다양한 이유로 좌절의 순간을 마주한다. 하지만 그들의 목표는 단순히 그 한 번의 시험이 아니기에 이겨내고 자신이 원하는 것을 이룰 때까지 포기하지 않는다. 어찌 보면 강한 바람에 한 번에 뽑히는 나무가 아니라 부드럽게 바람을 이겨내는 갈대와 같은 유연한 마음을 가진 상태라 볼 수 있다.

우리 아이 긍정 마인드 기르는 방법

아이의 성격이나 성향은 태생부터 기질적인 것도 있지만, 후천적인 노력을 통해 충분히 변화할 수 있다. 특히 주변 환경의 영향을 많이 받는 어린 시절에는 주변 환경 조성을 잘해야 한다. 사소한 말 한마디, 행동부터 시작해야 한다. 긍정 마인드로 살아가는 방법을 익히고 실천하여 아이들이 긍정적으로 살아갈 수 있도록 해보자.

(1) 기분 좋게 하루를 시작하는 마음 갖기

우리는 매일 새롭게 하루를 시작한다. 시작이 반이라는 말이 있는 것처럼, 하루를 기분 좋게 시작하는 사람과 우울하게 시작하는 사람은 하루를 완전 180도 다르게 보낸다. 인간은 감정에 큰 영향을 받는 존재다. 그렇기에 아침에 마음가짐을 잘 가져야 하루를 긍정적으로 보낼 수 있다.

아침부터 인상 쓰면서 일어날 것인가? 아니면 미소 지으며 일어날 것인가? 다행히도 그것은 우리가 정할 수 있다. 왜 그런 말도 있지 않은가? "행복해서 웃는 게 아니라 웃어서 행복한 거다." 충분히 우리가 마음가짐을 달리함으로써 하루를 혹은 일주일을, 한 달을, 일 년을 긍정적으로 보낼 수 있다는 사실을 잊지 말자.

(2) 늘 감사하는 마음 갖기

바쁜 일상 속에 우리에게 주어진 것에 대해 감사하는 마음을 잊고 살기 쉽다. 하지만 아침에 딱 3가지만 생각해보면, 충분히 내가 가진 것에 감사한 마음으로 살아갈 수 있다.

1) 내가 감사하게 여기는 것 3가지
2) 오늘을 기분 좋게 만드는 것 3가지
3) 오늘의 다짐 3가지

이 3가지를 아침마다 1~2분 정도만 생각해보는 시간을 가져보자. 거짓말 같지만, 효과가 있다. 실제 나도 실천하는 방법이자 효과를 톡톡히 보고 있기에 강력히 추천한다. 우등생들은 조그마한 것에도 감사를 표하는 모습을 보인다. 내가 특별히 잘해준 것도 없는데, 그들은 말 한마디로 사람 기분을 좋게 만들어준다. 항상 '감사하다'라는 말을 입에 달고 산다. 말은 우리의 생각에서 비롯된다는 걸 알 것이다. 아침마다 이 3가지를 생각하면 다른 것에도 감사하는 마음이 생길 것이라 믿는다.

(3) 나에게 선택권이 있음을 알기

우리는 주어진 일을 할 때 어쩔 수 없이 해야 하니까 한다고 생각한다. 하지만 사실은 우리가 그 일을 하기로 선택했기에 하는 것이다. 하기 싫다면 안 할 수도 있지 않은가? 우리 삶의 주인은 바로 나라는 사실을 인지해야 한다. 누가 대신 내 인생을 살아주지 않는다. 나에게 선택권이 있다는 것을 알아야 한다는 의미다.

우리는 매 순간 선택의 기로에 선다. 인생은 끝없는 선택의 연속이다. 우리 삶의 주인공은 누구인가? 나인가? 남인가? 내 인생이라면 내가 주인공이 되어야 한다. 그런 의미에서 항상 선택권은 나에게 있다는 사실을 잊지 말자. 그래야 안 되는 일도 되게 할 수 있다. 내가 아니면 누가 할 수 있을까 하는 생각을 해야 내가 그 일을 하게 되기 때문이다. 그런데 이것이 긍정의 힘이기도 하다. 가능성을 높이는 일이기에 그렇다.

(4) 긍정의 말에 힘이 있음을 알기

식물 감정 실험을 혹시 기억하는가? 우리가 키우는 식물을 향해 긍정의 말과 부정의 말을 했을 때 성장이 다르게 나타나는 결과를 알 수 있다. 동물도 인간도 아닌 식물조차도 우리의 말에 영향을 받는데 나 자신을 얼마나 큰 영향을 받을까?

말에는 에너지가 있다. 우리 감정이 실리기 때문이다. 인간은 뇌 구조적으로 감정의 영향을 많이 받을 수밖에 없다. 따라서 좋은 말을 많이 하면 할수록 감정이 긍정적으로 변해서 우리 삶도 긍정적으로 바뀔 수 있다. 계속 '할 수 없다'라고 말하는 사람은 실패만 할 뿐이다. 반대로 '할 수 있다'라고 말하는 사람은 계속 이룰 것이다. 이 점을 기억해야 한다.

(5) 부정적인 생각이나 감정 잘 다루기

우리는 언제든 힘든 상황에 놓일 수 있다. 그러면 부정적인 생각이 떠오를 수밖에 없다. 불완전한 인간이기에 그렇다. 하지만 다행히도 인간은 이성이라는 무기를 갖고 있기에 불안한 감정을 떨쳐낼 수 있다. 하지만 훈련이 필요하다. 만일 온종일 부정적인 생각으로 힘들었다면 자기 전에 이 두 가지를 생각해보자.

1) 오늘 있었던 굉장한 일 3가지

2) 오늘을 더 좋은 날로 만든 것 3가지

단, 너무 거창한 것이 아니어도 좋다. 사소하고 단순하지만 나를 기쁘게 해주는 무언가를 찾을 수 있어야 한다. 학교 일로 바쁘고, 육아로 숨 쉴 틈 없을 때 내게 가장 굉장했던 일은 다른 게 아니라 잠시 밖의 벤치에 앉아서 하늘을 보는 것이었다. 어떻게 보면 별거 아닌 일이지만, 이런 일도 우리에게는 희망을 주고 긍정의 힘을 불어넣어 준다.

(6) 힘든 일 뒤에는 항상 보상 계획하기

우리 아이들을 매일 공부하게 만드는 방법을 하나 소개할까 한다. 하루 동안 꼭 해야 할 공부를 다 마치고 나면 나머지 시간은 얼마든지 자유롭게 시간을 써도 좋다고 약속을 정하는 것이다. 약속을 지키면 이 방법은 효과가 있다. 아이들은 공부나 숙제를 힘든 일로 받아들인다. 하지만, 이것을 끝내고 나면 자기가 좋아하는 일을 할 수 있으니 버틸 수 있다.

어른도 마찬가지다. 인생을 살면서 더 힘들면 힘들었지 더 쉬운 일은 없다. 다행히도 중간중간에 우리가 좋아하는 일이 있었기에 버틸 수 있다. 일 년을 힘들게 보내도 매년 일주일 동안 여행을 갈 수 있다면 일 년을 충분히 버틸 수 있다. 그렇게 돌파구를 마련해야 우리도 긍정적으로 생각하려고 노력한다는 점을 알자.

(7) 운동을 통해 긍정 에너지 만들기

과학적으로 더 깊게 들어가면 복잡하지만, 우리의 몸은 두 가지

기관을 통해 움직인다. 하나는 심장이고, 다른 하나는 뇌다. 운 좋게도 심장이 튼튼해지면 뇌도 건강해진다. 심장에서 피를 통해 산소를 뇌에 잘 공급하면 뇌 기능이 좋아지기 때문이다. 뇌가 좋아지면, 우리 몸은 매우 건강해진다. 운동하면 심장이 튼튼해지니까 결국 모든 게 좋아진다는 말이다.

운동하면서 땀을 흘리면 스트레스도 해소된다. 스트레스가 줄면 면역력이 좋아진다. 근육은 더 단단해지고, 근육이 받쳐주니 뼈도 안전하게 보호되고 튼튼해진다. 현대인들의 정신적 질병 치료 방법은 여러 가지가 있지만, 의사들이 첫 번째로 추천하는 방법은 바로 운동이다. 자기가 좋아하는 운동을 찾아서 하루 30분 이상 땀 흘릴 수 있다면, 긍정 에너지도 함께 자라날 것이다.

(8) 잘 쉬고 재충전 시간 갖기

충분한 잠을 자지 않으면 우리 뇌는 점점 말라간다. 우울증과 같은 질병을 얻는 환자들 대부분은 불면증에 시달린다. 잠을 제대로 못 자니까 하루를 힘들게 보낸다. 감정도 엉망이다. 인간은 기본 욕구를 잘 충족했을 때 행복을 느끼는 단계로 진입할 수 있다. 그런데 수면욕을 채우지 못하니까 점점 몸도 마음도 아픈 것이다.

아무리 건강을 자랑하는 사람도 과로 앞에는 장사 없다. 충분한 휴식을 취하지 않으면 몸에 무리가 가고, 결국엔 화산이 폭발하는 것처럼 우리 몸도 부서지고 터진다. 안타깝게도 경계선을 넘어서고 나면 회복하기가 너무 힘들다. 그래서 평소 열심히 하는 것도 중요하지만, 잘 쉬는 것 또한 중요하다. 피곤하면 감정이 무너지고, 그러면 부정적인 생각과 말이 나온다. 우리 아이에게 아주 해로운 상황이 된다는 의미다.

드라마 〈도깨비〉에서 잊지 못하는 장면이 하나 있다. 도깨비가 한 아이에게 시험 정답을 알려준다. "17번 정답은 2번이 아니라 4번이야." 나중에 세월이 지나 도깨비와 아이는 다시 만난다. 그런데 도깨비가 말한다. "그 아이구나. 오랜만이네. 그런데 왜 내가 알려준 정답을 쓰지 않은 거지?" 그러자 아이가 대답한다. "저는 아무리 풀어봐도 정답이 2번으로만 나오더라고요. 그래서 2번으로 적었어요."

이 장면에서 시사하는 의미가 무엇일까? 나는 긍정 마인드를 가진 우등생들의 특징을 보았다. 자기를 그대로 받아들이는 정직함과 자신이 할 수 있는 것을 알고 그 길로 나아가는 우직한 자세를 살펴볼 수 있었다. 아마도 이 아이는 긍정 마인드를 충분히 갖추지 않았을까 생각해본다. 우리 아이들도 긍정 마인드를 기르면 공부가 문제가 아니라 인생을 이렇게 멋지게 살아갈 수 있지 않을까?

6. 행동으로 실천하는 감정

목적의식

개념 알기

목적의식이란 사전에 따르면, '자기 행위의 목적에 관한 뚜렷한 자각'이다. 내가 어떤 목적을 달성하려는지 명확하게 인식하며 행동한다는 말이다. 쉽게 말해, 내가 하는 행동에 의미를 부여하는 것이라 볼 수 있다. 그래서 더욱 의미가 있기에 삶의 에너지를 만들어준다. 심지어 힘든 일이 있어도 고통을 감수하고 희생하면서까지 힘을 낼 수 있다. 목적의식이 있으면 미래에 아무리 장애물이 앞을 가로막을지라도 끝까지 자기 목표를 이루고자 행동하기 때문이다.

목적의식은 어떤 목표를 정한 후 그것을 이루기 위해 정신적인 각오와 마음을 다지는 행위다. 목표를 향해 가는 시작점이기 때문이다. 즉, 목표를 향해 달려가는 강한 원동력이 될 수 있다. 그래서 당장 대가가 없어도 움직이게 한다. 목적의식이 없으면 지금 힘든 일에 대한 회의감이나 불안감이 들 수 있다. 반면 목적의식이 있으면 그런 생각이 들지 않는다. 불안감이 들더라도 포기하지 않고 계속 앞으로 나아갈 힘을 주기 때문이다.

우리는 목적의식의 여부에 따라 성공과 실패의 갈림길에 선다.

비행기 발명으로 유명한 라이트 형제 이야기가 그 대표적인 예가 될 수 있다. 원래 비행기 발명의 선두주자는 천문학자이자 항공기술자인 새뮤얼 랭글리 박사였다. 비행기 개발을 위한 두둑한 지원금도 받고 있었기에 매우 유리한 상황이었다. 하지만 끝내 실패했다. 뉴욕타임스에서는 '사람이 하늘을 날기 위해서는 앞으로 1000년은 족히 걸릴 것'이라고 할 정도로 충격적인 사건이었다.

하지만 자전거포를 운영하던 무명의 라이트 형제가 만든 플라이어호로 첫 비행에서 12초 동안 36m를 날아 성공했다. 몇 번의 시도 끝에 59초 동안 260m를 날아 인류 최초로 동력 비행기를 이용한 비행에 성공한 것이다. 하늘을 날고자 했던 순수했던 두 청년의 꿈이 이뤄진 것이다. 그 비결은 바로 목적의식에 있었다. 단순히 하늘에 뜨고자 한 게 아니라 자신들이 원하는 방향으로 날아가고자 했다. 단순히 물체가 '뜨는 것'보다 사람이 직접 '나는 것'에 더 초점을 둔 목적의식이 제대로 발동했기에 목표를 이룬 것이다.

목적의식과 관련하여 현대판 예시는 바로 일론 머스크라고 볼 수 있다. 인간의 우주여행에 이어 우주에서 살 수 있도록 '화성 이주 프로젝트'를 꿈꾸는 그의 목적의식이 강했다. 그는 이 프로젝트를 실현하기 위해 로켓 개발 비용을 줄이고자 '스페이스 X'를 만들었다. 그리고 노력 끝에 2021년 보란 듯이 유인 우주선 '크루 드래건'을 개발했다. 이 우주선에 탑승한 2명의 우주인이 62일 만에 다시 지구로 귀환함으로써 민간 유인 우주여행에 최초로 성공한 것이다.

현재는 계속해서 인간을 달과 화성에 데려가기 위한 탐사용 유인 우주선인 '스타십'을 개발하고 있다. 이것은 100톤 이상의 화물과 승무원을 수송할 수 있다고 한다. 아마도 그의 목적의식이 변하지 않는 이상 '화성 이주 프로젝트'는 성공할 수 있지 않을까? 이처럼 목적의식이 분명하면, 아무리 어려움이 있어도 실천하고 또 실천할 뿐이다. 자신이 그 목표를 이룰 수 있다고 믿고 행동하기 때문이다.

목적의식이 뚜렷한 아이들의 특징

(1) 명료하고 구체적인 목표를 세운다

목표가 입시 성공이든 아니든 삶에 대한 목적의식이 분명한 아이들은 매우 명료하고 구체적인 목표를 세운다. 하루하루를 허투루 보내는 일이 없다. 왜냐하면, 그들에게 매일이 소중하기 때문이다. 계획이 매우 구체적이라서 어느 시간대에 자신이 무엇을 해야 하는지 분명히 안다. 단기적인 목표부터 장기적인 목표까지 분명하다. 스티브 잡스가 유명 대학 연설에서 말한 'Connecting the dots'의 의미를 알고, 하루도 쉬지 않고 점을 찍는다. 언젠가 그 점이 모여 선을 이루고, 선이 모여 도형을 만들어낼 거라는 걸 알기 때문이다.

우등생들은 시간대는 다르지만 매일 계획을 세운다. 하루를 잘 보내기 위해 당일 아침에 세운다. 혹은 다음 날 실천할 계획을 전날 밤에 세우기도 한다. 언제인가는 별로 문제가 되지 않는다. 중요한 건 계획을 세운다는 사실이고, 그 계획이 너무나 명료하고 구체적이라 실천하지 않을 수 없다는 것이다. 즉, 하루를 살아도 매우 알차게 보낸다는 의미다. 삶에 대한 목적의식이 뚜렷하기에 그렇다. 공부든 아니든 자기가 하는 일에 대해 명확히 인지하고 움직인다. 그게 꾸준하게 공부하는 비결이라 할 수 있다. 가끔은 휴식을 취해야 공부를 이어갈 수 있기 때문이다.

(2) 하고자 하는 의지가 강하다

우등생들은 자기가 가치 있다고 생각하는 일에 대해 확신을 보이며 적극적으로 하려는 강한 의지를 보인다. 해야 할 일도, 하고 싶은 일도 뭐든지 열심히 한다. 자기가 하는 모든 일이 언젠가는 자기가 원하는 방향으로 나아갈 때 도움이 된다고 생각하기 때문이다. 그래서인지 목적의식이 강한 아이들은 수업 시간에 활발하게 참여하는 모습을 보인다. 주어진 시간에 수업에서 요구하는 목표를 이루기 위해 노력하기 때문이다. 선생님이 추구하는 목표를 함께 이루고자 한다.

예를 들어, 영어 수업 목표가 'to 부정사의 부사적 용법에 대한 이해와 활용'이라고 해보자. 예문으로 '~하기 위해서'라는 뜻을 가진 to 부정사 표현이 나왔고, 수업 시간에 그 표현을 통해 문장을 만든다고 하면 매우 적극적으로 참여할 것이다. 지금 당장 그 문장이 삶에 쓰이지 않더라도 언젠가는 자기가 해야 할 일에 도움이 된다고 믿기

때문이다. 그런 식으로 의미를 부여하며 크게는 삶에 대한 목적의식
작게는 수업 시간에 지식을 얻겠다는 분명한 목적의식을 갖고 수업
에 임한다.

(3) 자신이 하는 일에 대한 자신감이 넘친다

혹시 '확신'의 뜻이 뭔지 아는가? 확신이란 굳게 믿는 마음을 말
한다. 우등생들은 목적의식이 강하기 때문에 자기 자신에 대한 확신
이 크다. 무슨 일이든 해낼 수 있다는 자신감을 보인다. 자신감이 있
는 사람의 모습은 어떤가? 소극적인가? 적극적인가? 당연히 후자
다. 행동으로 직접 보여주는 실천가다. 그만큼 자신감이 있는 사람
은 과감하게 행동한다.

언어 분야에서 뚜렷한 두각을 보이는 한 우등생은 국어, 영어, 사
회 과목에 언어 관련 내용이 나오면 매우 자신 있게 대답하는 모습
을 보였다. 알고 보니 고등학생이지만, 대학교 수준의 전공 서적을
독파하며 자신의 강점을 더욱 키웠다. 잘할 수 있는 분야에 대한 확
신이 있으니 점점 더 수준 높은 단계로 올라갔다. 만일 한 과목을 잘
하게 되어 공부에 자신감이 붙으면 자연스럽게 다른 과목도 잘할 수
있게 될 것이다. 실제 그 학생은 못했던 수학도 나중에는 잘하게 되
었다. 공부 자신감이 생겼기 때문이다.

(4) 역경에도 끝까지 포기하지 않는다

라이트 형제가 '하늘을 날고 싶다'라는 뚜렷한 목표를 가지고 끝까지 포기하지 않은 것처럼, 우등생들도 절대 포기하지 않는다. 공부하다 보면 언제나 위기에 처하기 마련이다. 배우는 내용이 어려워서 좌절할 수도 있고, 너무 무리해서 건강에 적신호가 올 수도 있고, 스트레스를 너무 많이 받아서 멘탈이 나갈 수도 있다. 하지만 그들은 그 어려움을 견디고 이겨내는 힘을 가지고 있다. 왜냐하면, 공부에 대한 목적의식이 분명하기 때문이다.

대부분 우등생은 대학 진학에 대한 뚜렷한 목적의식을 가지고 있다. 명문대에 진학하는 것이 사회에서 살아가기에 더 유리한 위치에 오를 수 있다는 걸 알기 때문이다. 이상적이기는 하나 간혹 공부 행위 자체에 목적의식을 갖고 공부하는 아이도 발견할 수 있다. 처음에는 어렵지만, 계속하면 공부가 쉬워지고, 쉬워지면 재미가 생긴다. 그래서 이런 아이들은 아무리 성적에 굴곡이 있을지라도 굴하지 않고, 계속 밀고 나간다.

특목고에 진학해서 1학년 때 성적이 좋지 않았던 아이들도 결국에는 자신이 원하는 대학에 진학하는 모습을 보며 분명히 알 수 있었다. 목적의식이 얼마나 중요한지를 말이다. 서울대가 목표인 아이는 서울대에 진학했고, 의대가 목표인 아이는 의대에 진학했다. 아무리 주변에서 뭐라고 해도 신경 쓰지 않고 자신만의 길을 향해 나아갔다.

우리 아이 목적의식 키우는 방법

《그릿》의 저자는 "당신의 나이가 얼마나 됐던 목적의식을 기르기에 너무 빠르거나 늦은 나이란 없다"라고 말했다. 이왕지사 어릴 때부터 목적의식을 기를 수 있다면 얼마나 좋을까? 우등생들이 보였던 모습을 기대하기 위해서는 평소 생활 속에서 목적의식을 키우기 위해 실천할 방법을 알면 도움이 될 것이다.

(1) 왜 해야 하는지 알려주기

우리의 뇌는 'why'가 해결되지 않으면 다음 단계인 'how'와 'what'으로 이동하지 않는다. 쉽게 말하자면, 분명한 동기가 없으면 행동으로 옮기지 않는다는 말이다. 따라서 무언가 할 때는 그 일을 왜 해야 하는지 우리 아이들에게 분명히 설명해야 한다. 예를 들어, 음식은 왜 골고루 먹어야 하는지, 잠은 왜 충분히 자야 하는지, 왜 친구와 싸우면 안 되는지, 왜 어른들한테 인사를 잘해야 하는지 등 사소하게 일상에서 볼 수 있는 일에 관해서 설명하는 것이다. 그런 습관이 있다면 나중에는 책은 왜 읽어야 하는지, 공부는 왜 해야 하는지 이야기해도 거부감이 없을 것이다. 무엇을 하든지 이유를 알고 시작하니까 다음 단계로 넘어갈 수 있게 된다. 물론 공부를 왜 해야 하는지 자세히 말해줘도 아이들이 거부감을 느낄 수도 있다. 당연히 노는 것보다, 쉬는 것보다 공부하는 게 그다지 즐겁지 않기 때문이다.

그러면 어떻게 해야 할까? 공부에 대한 이유를 찾기 위해서는 아이가 좋아하는 분야를 찾게 하는 것이 지름길이다. 이것 또한 쉽지 않겠지만, 다양한 경험을 통해 아이가 관심을 보이거나 적성을 보이는 분야를 찾아내는 것이 좋다. 좋아하는 분야가 생겼다는 것은 잘할 수 있는 분야로 이어질 수 있기 때문이다. 이런 과정을 통해 자신의 삶을 살아갈 방향을 찾는다. 즉, 하고 싶은 일이 있으면 관련 분야에 대해서 자연스럽게 공부하고 있을 거라는 말이다.

처음에는 부모의 도움을 통해 공부에 대한 동기를 마련해야겠지만, 나중에 아이가 공부 독립을 하기 위해서는 스스로 동기를 찾을 수 있도록 도와야 한다. 즉, 원하는 일이 일어나기를 막연하게 기다리는 것이 아니라 목적의식을 가지고 자신이 원하는 일이 일어나게 만들어야 한다는 말이다. 그러기 위해서는 '왜'라는 궁금증을 남겨두지 않도록 해야 할 것이다.

(2) 작은 계획부터 실천하는 습관 기르기

목적의식이 있다는 것은 초점이 분명하다는 말이다. 먼저 이루고자 하는 일을 머릿속에 그린 후, 자신이 정한 목표에 집중하는 것이다. 그러려면 부담이 없어야 한다. 부담을 줄이는 방법은 큰 것을 작은 것으로 쪼개 나누는 것이다. 다시 말해, 작은 계획부터 실천할 기회를 마련하라는 것이다. 집중하려면 에너지를 분산시키지 말고 한 번에 하나씩 해결해야 하기 때문이다.

주의가 분산되거나 흐트러지면 자기가 하려는 것을 잊을 수 있다. 원래의 목적을 잠시 잊게 된다는 말이다. 이런 일이 발생하지 않으려면 아이가 계획을 실천할 때는 한 번에 하나씩 처리하고, 시작한 일은 끝을 맺을 수 있도록 도와야 한다. 예를 들어, 공부하는 걸 힘들어한다면 1시간 공부하기를 바랄 게 아니라 5분부터 시작하는 것이다. 5분이 10분이 되고, 30분이 되고, 결국엔 1시간으로 이어지기 때문이다. 바닷물도 빗방울에서부터 시작되었다는 걸 잊지 말자.

(3) 칭찬과 격려로 적절한 보상하기

스스로 무언가를 하도록 만들기 위해서는 처음에는 적절한 보상이 도움이 된다. 특히 아이들은 칭찬에 목말라한다. 아무것도 할 수 없던 자신이 점점 스스로 해낼 수 있는 게 늘어나면서 자신감을 얻기 때문이다. 이럴 때 적절한 칭찬과 격려는 자신감을 크게 키우는 촉발제가 될 수 있다. 물론 너무 지나치면 독이 될 수도 있지만, 적절한 정도라면 언제나 옳다.

특히 그동안 못했던 과업에 대해 처음 성공했을 때 칭찬과 격려를 제공하면 효과가 좋다. 스스로 해냈다는 뿌듯함을 공유하며 자신감이 올라가기 때문이다. 줄넘기를 한 개도 못 하던 아이가 있었다. 계속 줄에 걸려서 한 개를 채우지 못했다. 하지만 부모는 '넌 할 수 있어'라고 하며 계속 응원해 주었다. 그리고 차근차근 줄을 넘는 방법을 단계적으로 설명해 주었다.

줄을 넘기 위해서는 두 발로 동시에 점프해야 한다. 그리고 앞으로 나아갈 수 있어야 한다. 그래서 일단 줄을 던져놓고, 두 발로 점프하여 줄을 넘도록 했다. 그렇게 매일 연습한 끝에 점점 줄넘기 자세가 나오기 시작했다. 보름이 지나자 우연히 한 개 성공했다. 이때 부모는 우렁찬 박수와 함께 엄지손가락을 높이 들어 올려 대단하다고 칭찬했다. 아이는 미소를 지으며 뿌듯해했다. 다음 날 아이는 또 한 개 성공했고, 그 이후로는 줄넘기 달인이 되어갔다. 줄넘기를 공부로 바꿔서 생각해보면 답이 나올 것이라 본다.

(4) 결과보다 과정의 중요성 알려주기

우리는 만날 몇 점을 받았는지, 혹은 어느 대학에 갔는지 결과를 물어보기 일쑤다. 하지만 중요한 건 어떠한 노력을 했는가이다. 노력은 결과를 얻기 위한 과정이다. 과정이 있어야 결과가 있는 법인데 자꾸만 우리는 더 긴 시간을 보낸 과정에 집중하기보다는 결과에 초점을 두는 것 같아 안타깝다. 결과보다 과정이 중요하다는 사실을 누구나 알고 있지만, 아이를 키우면서 말로 혹은 행동으로 실천하기가 어렵다.

이 책을 읽으면서도 아이의 공부 감정이 빨리 바뀌기를 바라기보다는 부모로서 얼마나 기다려줄 수 있는지가 포인트가 되어야 한다. 과정은 한순간이 아니라 오랜 시간이 걸리기 때문이다. 당장 중요한 감정을 알았다고 해서 아이에게 바로 적용할 수 없다. 그동안 아이는 공부 감정을 제대로 쌓지 않았기에 시간이 더 필요하다.

결과보다 과정이 더 중요하다는 사실을 알려주기 위해서는 무엇보다 조급함을 버려야 한다. 당장 성적이 나오지 않았다고 닦달할 게 아니라 '노력'에 대한 부족함이 무엇인지 알려주고, 다음에는 더 잘할 수 있도록 해야만 한다. 그래야 아이들이 결과보다 과정에 초점을 두는 법을 배운다. 아이마다 효율은 다를 수 있겠지만, input과 output은 양적으로 분명한 상관관계를 가지고 있다. 과정에서 노력을 더 많이 해야만 좋은 결과가 나온다는 건 다 알고 있지 않은가?

공부에 앞서 아이가 무엇을 하든지 과정에 충실한 노력을 보였다면 결과가 좋지 않더라도 비난하지 말자. 아이의 노력에 초점을 두고 칭찬할 수 있도록 하자. 그래야 아이는 노력하는 법을 배우고, 계속해서 노력하는 아이로 자랄 수 있게 된다. 노력은 절대 배신하지 않는다. 언젠가는 꽃을 피운다. 노력은 기적과 쌍둥이다. 피나는 노력 끝에는 기적이 기다리고 있다는 사실을 잊지 말자. 물론 끝까지 포기하지 않도록 인내심은 있어야 할 것이다.

최근에 본 영상에서 병에 걸린 사람을 보여주는 장면이 있었다. 목적의식에 따라 미래에 다른 결과를 그릴 수 있다는 교훈을 주는 영상이었다. 한 명은 건강하게 살겠다는 강한 의지를 갖고 매일 열심히 운동했다. 반면에 다른 한 명은 그냥 주어진 운명에 굴복했다. 전자는 노인이 되어서도 마라톤을 하고 있고, 후자는 병원에 누워서 병간호를 받고 있다. 건강에 대한 목적의식 여부에 따라 다른 인생을 살게 된 것이다.

단순하지만, 살고자 하는 의지가 분명하면 우리는 몸을 움직인다. 하지만 삶을 포기한 사람은 움직이지 않는다. 그런 면에서 진정한 목적의식을 가지고 살아가는 게 옳은 일이라 생각한다. 내가 꿈꾸는 것을 이루기 위해서는 움직여야 하기 때문이다. 공부도 마찬가지다. 분명한 목적의식이 없으면 공부할 이유를 알지 못한다. 내가 왜 공부해야 하는지 그 물음에 관한 대답부터 해야 공부에 매진할 것이다.

게다가 성격연구저널(Journal of Research in Personality)에 실린 최근 논문에 따르면 목표가 있는 삶은 정신 건강에 유익하고, 물질적인 부를 축적할 확률까지 높인다고 한다. 미국과 캐나다 공동연구팀이 미국 거주자 7,108명을 대상으로 실험한 결과 삶의 시작 지점인 목적의식을 뚜렷하게 보인 사람일수록 실험 기간에 좀 더 부를 잘 축적해 가는 경향을 보였다고 한다. 7~10년이 지난 후에 다시 인터뷰를 진행한 결과 목적의식이 뚜렷한 사람일수록 더 많은 부를 축적했단 사실도 확인했다. 목적의식이 분명하면 정신 건강뿐만 아니라 부까지 축적할 수 있다니 일석이조가 아닐 수 없다.

성취동기

개념 알기

성취동기는 도전적이고 어려운 과제를 성공적으로 이루거나 탁월한 업적을 이루고자 하는 동기다. 특히 결과에 따르는 만족감이 있기에 열심히 하는 모습을 보인다. 성취동기가 높을수록 학습 목표를 적절히 설정하고, 과제를 수행할 때 어려움을 충분히 극복한다. 반대로 성취동기가 낮으면 자기 능력에 비해 높거나 낮은 목표를 설정하여 과제를 수행할 때 소극적인 태도를 보이게 된다.

또한, 성취동기는 남들이 정한 목표보다 높은 수준에서 수행 또는 완성하고 싶어 하는 욕구를 포함한다. 이런 욕구 덕분에 과제에 더 집중하고 노력하는 모습을 보인다. 덕분에 실패해도 좌절하지 않고, 두려움을 잘 극복하여 성공적으로 결과를 이루는 모습을 자주 보인다. 물론 자신감도 높아진다.

성취동기의 기준은 탁월한 수준, 독특한 성취, 장기간에 걸친 성취 등을 말한다. 성취동기를 부여하는 요인에는 이론마다 다르게 해석한다. 정신분석 이론에 따르면 감정적 요인(어린 시절 부모-자녀 관계)을 중요시한다. 사회학습 이론에서는 사회문화적 요인(민족, 종족, 사회 계층, 양육법, 남녀 성 역할, 부모 가치관, 종교 등)을 중요시한다. 인지 이론에서는 성공 기대 가치 모델을 제시하며 성공 달성에 대한 확률이나 요인에 대해 다양한 요인(동기, 귀인 등)을 제시한다.

맥클랜드(McCelland)의 성취동기 이론에 따르면 인간의 욕구는 학습을 통하여 습득되는 것이기 때문에 개인차가 존재한다고 했다. 개인은 사회에서 학습된 세 가지 종류(성취, 권력, 친교)의 욕구들을 가지게 된다. 이 중에 성취 욕구는 자기 능력을 발휘하여 자기에게 주어진 환경에서 성공하고자 하는 욕구다. 우수한 결과를 위해 달성할 수 있거나 도전적인 목표를 설정하여 이를 이루고자 노력한다.

성취동기가 높은 아이들의 특징

(1) 과업 지향성을 지니고 있다

과업 지향성을 지닌 아이들은 결과로 얻게 되는 외적 보상보다 성취 자체를 목적으로 한다. 오직 높은 수행 능력과 도전적으로 자기 능력을 시험하는 데서 흥미를 느낀다는 의미다. 그 결과 성취를 이뤄내면 쾌감을 느낀다. 쉽게 말해, 성적을 잘 받으려고 하기보다는 공부하는 과정에서 모르는 것을 알아가며 기쁨을 느낀다는 뜻이다.

단순히 시험 점수를 잘 받기 위한 공부가 아니라 내가 성장하고, 모르는 것을 더 알아가면서 더 깊게 내용을 알게 되면 쾌감을 느낀다. 공부는 하면 할수록 할 것이 많다는 걸 안다. 실제 고수들이 더 단련하는 이유는 이와 같지 않은가? 수련하면 할수록 자기가 부족하다는 걸 깨닫기 때문이다. 과업 지향성을 가진 우등생들은 명확한 목표를 가지고 포기하고 싶을 때도 포기하지 않는다. 스스로 목표한 바를 이루는 사람이라고 믿는다. 경험을 통해 배우고, 배움을 통해 삶에 적용하려고 노력한다. 그래서 오히려 장애물이 클수록 목표 달성 능력을 발휘한다.

(2) 모험성이 강하다

다른 사람보다 약간 어려운 과제 해결에 흥미를 느낀다. 지나치게 어렵거나 쉬운 과제는 다른 사람과 마찬가지로 회피한다. 대신 적절하게 어려운 과제를 스스로 파악할 수 있다. 만일 3단계 문제가 있다면, 우선 자기가 가능한 2단계 문제에 도전하여 실력을 끌어올린다. 1단계에 머무르지 않으려는 성향이 있기 때문이다. 그렇기에 항상 도전하기를 좋아하는 것처럼 보인다.

실제 학교에서 우등생들을 보면 틀리는 걸 별로 두려워하지 않는다. 자기가 이루려는 목표로 가는 과정에서 오히려 더 부딪히고 깨져보고 성장하려고 노력한다. 다른 사람이 풀기 어려워하는 문제가 있으면 도전하려는 성향을 보인다. 자기가 그 문제를 풀고 누군가를 알려줄 때 성취감을 느낀다. 우등생들이 공부 감정이 선순환되는 이유는 바로 모험성이 강하기 때문이다.

(3) 성취 가능성에 대한 자신감이 있다

자신이 마주하는 과제에서 성취 가능성이 크다고 믿는다. 성공

가능성을 객관적으로 판단할 현실적 근거가 없더라도 자신감이 크다. 누군가 보기에는 '근거 없는 자신감'이라고 여길 수 있지만, 자기 나름대로 기준을 가지고 도전하기 때문에 성취 가능성을 높일 수 있다. 꼭 내가 잘해야지만 자신감이 있는 게 아니다. 하면서 내가 성장하고 발전할 수 있다고 믿기 때문에 자신감을 보인다.

의대에 가고 싶었던 의대 지망생, 카이스트에 진학하고 싶었던 문과에서 이과로 옮긴 학생, 서울 명문대에 합격하고 싶었던 수험생 등 지켜봐 온 우등생들은 끝까지 자기가 해낼 수 있을 거라는 대단한 자신감을 품고 있었다. 주변에서 뭐라고 해도 흔들리지 않았다. 덕분에 좋은 결과를 얻을 수 있었다.

(4) 혁신적으로 행동한다

새로운 변화를 통해 혁신해야 할 필요가 있거나 새로운 문제 해결 방법을 요구하는 상황에서 성취동기가 잘 유발되는 경향이 있다고 한다. 그래서 성취동기가 강한 우등생들은 변화를 두려워하지 않는 모습을 보인다. 원래 자기가 하던 방식이 있더라도 더 좋은 것이 있을지 모른다는 기대감에 혁신적으로 도전한다.

예를 들면, 수학 문제를 풀 때 자기가 알던 방식과 더불어 고수가 제시하는 문제 풀이 방법을 기꺼이 연구하고 탐색하려는 자세를 보인다. 우연인지 필연인지 몰라도 그렇게 하다 보면 더 좋은 방법을 찾는다. 덕분에 풀리지 않던 문제를 풀어낼 수 있다. 이뿐만 아니라 다양한 시도를 통해 더 좋은 방법을 찾기 위해 언제나 노력한다.

다른 과목을 공부할 때도 과목별 최적화된 공부법을 찾기 위해 계속 시행착오를 겪으며 시도한다. 다른 사람이 아무리 좋은 공부법이라고 해도 자기에게 맞지 않으면 과감하게 포기하고 나만의 방식을 찾으려 노력한다. 결국, 자기에게 가장 잘 맞는 방법을 찾아서 남들보다 더 효율적으로 공부한다. 혁신 없이는 변화도 없다고 믿기에 변화를 두려워하지 않는다.

(5) 책임감이 강하다

성취동기가 강한 아이들은 자신의 책임을 회피하려는 경향이 낮다. 오히려 끝까지 책임지려는 모습을 보인다. 그 이유는 결과를 타인이나 환경 탓으로 돌리지 않기 때문이다. 오히려 무엇을 하든지 자기 책임으로 보려는 경향이 높다. 그래서 다른 사람의 지시를 따르기보다는 스스로 움직이는 성향을 보인다.

주변에 보면 숙제를 확실히 해내는 사람, 자기에게 주어진 일을 끝까지 해내는 사람 등 책임감은 사소한 것부터 시작된다. 그 태도가 있기에 무언가를 성취하고자 할 때도 책임감 때문에 중간에 그만두지 않는다. 내가 해야 할 일이라 생각하고 끝까지 해내려고 노력한다. 책임감은 다른 사람으로 인해 나오는 것이 아니라 자기 스스로 안에서부터 꼭 지키라고 외치는 목소리를 따른다.

(6) 모든 경험을 좋은 과정으로 여긴다

자신이 목표를 이루기 위한 모든 경험을 소중히 여기고자 노력한다. 혹시라도 과제를 수행할 때 결과가 좋지 않더라도 노력했다면 그 노력을 스스로 존중할 수 있다. 왜냐하면, 자기가 얻은 지식은 나중에 다시 도전할 때 유용하게 쓰인다는 걸 알기 때문이다. 자신이 노력해서 얻은 결과가 좋든 나쁘든 간에 이 결과를 토대로 새로운 문제 해결에 활용하는 모습을 보인다.

비록 결과가 좋지 않아도 부정적으로 생각하지 않는다. 자기가 경험하는 모든 것들에 의미를 부여하고자 한다. 고로, 성취하지 못할 것이라는 두려움을 없앨 수 있다. 그 두려움이 없기에 실패도 없고, 계속 정진만 있을 뿐이다. 정진 끝에는 당연히 '성취'라는 두 글자만 남는다.

(7) 미래지향적이다

'과거에 집착하는 사람은 과거에 사는 사람이다.'라는 말을 들어본 적이 있지 않은가? 성취동기가 강한 사람은 과거지향적이지 않다. 오히려 미래지향적이다. 과거 혹은 현재 시점에서 자기가 받은 평가에 연연하지 않는다. 미래에 있을 상황을 예견하여 현재를 통제하려는 경향을 보인다. 특히 문제 해결 상황에서 미래지향적인 성향은 성취동기를 더 쉽게 촉발한다.

미래지향적이지 않은 사람은 자꾸만 부정적인 결과에 집착하여 벗어나지 못한다. 아이들이 공부가 힘든 이유 중 하나는 내가 겪었던 부정적인 공부 경험 때문이다. 특히 결과가 좋지 않아서 마음이 힘들 때 빨리 벗어나지 못하면 죽음의 늪에 빠진다. 이는 학습된 무기력으로 이어져 공부 의지를 없앤다. 반면에 우등생들은 항상 미래지향적이다. 지금 부족하면 다음에는 잘할 수 있을 거라고 스스로 다독인다. 어제보다 오늘의 내가 혹은 미래의 내가 더 성장할 것이라 믿기 때문이다.

우리 아이 성취동기 기르는 방법

'티끌 모아 태산'이라고 했다. 성취동기는 사소한 성취감이 모여서 생기는 감정이다. 그래서 아이들이 사소한 것부터 성취 경험을 할 수 있도록 어릴 때부터 도움을 주는 것이 좋다. 그리고 다양한 경험은 아이들이 다양한 관점으로 현상을 바라보고 목표를 향해 갈 때 다양한 방법을 찾도록 도움을 준다. 성취동기를 기르는 방법을 구체적으로 알고 실천할 수 있기를 바란다.

(1) 아이가 스스로 할 수 있다고 믿어주기

무엇보다 성취동기 발달 초기에는 부모와의 관계가 특히 중요하다고 전문가들은 말한다. 부모의 태도가 아이에게 큰 영향을 미칠 수 있다는 의미다. 성취동기가 높은 아이는 상대적으로 어른에게 도움을 청하거나 정서적 지지를 요구하는 빈도가 낮다. 스스로 하는 힘이 있다. 부모가 "~해서는 안 된다" 같은 제한적 태도보다 "~했으면 좋겠다" 등 아이가 결정하도록 하는 태도보다 성취동기 형성에 더 좋다.

무엇보다 아이는 자기가 스스로 좋다고 느껴야만 그 행동을 계속하려고 한다. 특히 자기가 직접 노력하고 결과를 얻는 경험을 하면 성공에 대한 쾌감이 클 수밖에 없다. 그러면 아이가 성공할 때까지 부모는 기다릴 수 있어야 하고 계속 지지할 수 있어야 한다. 우리는 너무 결과가 바로 나오지 않는다고 바로 아이를 나무라지 않도록 해야 하고, 성급하게 일을 대신 처리하려고 하지 말아야 한다.

(2) 한 분야에 대해 숙련될 정도로 경험하게 하기

옛말에 '하나를 보면 열을 안다'라는 말이 있다. 아이들은 '하나'를 잘해본 경험이 있으면, '열' 개 이상 잘할 가능성이 더 커진다. 왜냐하면, 이미 한 분야에 있어서 숙련자가 되었기 때문이다. 아이 스스로 '나는 이 분야만큼의 최고!'라는 의식을 갖게 되어 성취동기가 강해지기 때문이다. 자연스럽게 스스로 우수한 수행 기준을 정하고 이를 달성하고자 노력한다.

꼭 공부가 아니어도 좋다. 한 아이는 초등학교 6학년 겨울방학 때 기타를 배워서 숙련자가 되었다. 중학생이 되어 학급에서 기타 잘 치는 아이로 알려지기 시작해서 학교 전체 축제 때 기타를 멋지게 연주하여 전교생이 인정하는 아이로 바뀌었다. 이 아이는 이 경험이 밑바탕이 되어 공부도 열심히 하게 되었다. 차근차근 성취 목표를 세워 실력을 늘려갈 수 있었기 때문이다. 기타를 숙련자가 될 정도로 배우고 연습한 결과 생긴 자신감이 만든 결과물이었다.

(3) 달성 가능한 과제 제시하기

우리는 아이를 키우면서 천재라는 생각을 가끔 한다. 하지만 막상 시험 보는 공부를 시작해서 보면 실망이 크다. 다른 아이들을 보면 이미 선행을 시작해서 앞서가고 있는 모습에 상대적 박탈감을 느낀다. 왜 우리 아이는 '엄친아, 엄친딸'이 될 수 없는지 자꾸만 한탄한다. 하지만 알고 보면 이 모든 것은 부모 탓이다.

선행하는 아이들이 성취동기가 좋은 이유는 다름 아닌 자기가 할 수 있는 수준의 과업을 많이 해결했기 때문이다. 처음부터 어려운 과제를 했던 게 아니다. 단계를 차근차근 잘 밟아왔다. 중간에 멈추지 않았기에 가능한 일인 것이다. 그래서 부모는 구체적인 목적 제시와 함께 아이가 달성 가능한 목표를 제시할 수 있어야 한다. 어렵지만 아이가 성공할 수 있을 것 같은 과제를 제시할 수 있어야 한다는 말이다.

(4) 성취했을 때 빠르고 분명한 피드백 해주기

성취동기를 가진 아이는 과제를 더 잘하려고 노력한다. 스스로 문제를 해결하기를 좋아한다. 오히려 책임이 있는 상황을 즐긴다. 자기가 직접 해야 하는 일이기 때문이다. 단, 부모가 즉각적이고 명확한 피드백을 줄 때 이런 성향이 강화된다는 점을 알아야 한다. 물론 긍정적인 피드백이 있을 때 아이들은 더 즐겁게 성취하고자 하는 모습을 보인다.

높은 성취동기를 가진 아이는 우연한 성공을 원하지 않는다. 자기가 노력한 과정이나 결과에 대해 칭찬받기를 바랄 뿐이다. 그래서 자기 책임으로 통제 가능한 과제를 선호한다. 피드백을 줄 때도 아이의 능력보다는 노력에 집중해서 주어야 한다. 잘했으면 노력을 많이 해서 잘했다고, 못했어도 노력이 부족한 것이라 분명히 알려줘야 한다. 능력을 칭찬하거나 비난하면 아이는 자기 능력을 의심할 수밖에 없다.

부모는 아이가 남들보다 잘했으면 하는 마음에 선행학습을 많이 시킨다. 하지만 아이의 인지발달 수준을 고려하지 않고 진행하면 오히려 독이 될 수 있다. 성취동기는 과거의 성취 경험을 토대로 형성되기 때문이다. 계속 실패하거나 스트레스를 받으며 좌절감을 맛보면 부정적인 공부 감정이 생긴다. 따라서 아이의 수준에 맞는 학습 경험을 시켜주는 것이 매우 중요하다. 이렇게 자기 수준에 맞는 학습 경험을 하면서 아이는 공부에 대한 자신감과 더불어 자기효능감을 키울 수 있다. 스스로 해낼 수 있을 것이라는 믿음 아래 성취동기가 발동한다. 어려운 문제나 상황 속에서도 '나는 할 수 있다, 나는 잘 해낼 것이다'와 같은 마음으로 노력하고 다시 도전하게 한다. 이렇게 노력하고 성과를 이루면 부모는 즉각적으로 긍정 피드백을 제공해야 할 것이다.

마지막으로 아이가 스스로 계획하고 실행하는 능력을 길러주는 것이 성취동기에 도움이 된다. 부모는 아이가 조금만 못해도 답답한 마음에 대신해주려고 한다. 이렇게 자발성을 감소시키는 행동은 이제는 그만! 반대로 아이가 다 해낼 때까지 기다려주고, 잘 해내면 그때 칭찬과 격려를 아끼지 않는다. 무엇보다 중요한 것은 아이에게 자기가 속한 곳에서 꼭 필요한 사람이라고 일깨워주는 것이다. 그러면 아이는 자발적 동기가 높아져 성취동기도 무럭무럭 자라게 할 것이다.

7. 좋은 관계를 유지하는 감정

(공감)

개념 알기

공감은 다른 사람의 생각이나 감정을 비슷하게 경험하는 걸 의미한다. 고로, 공감 능력이 높으면 의사소통 능력, 협동능력, 대인관계 등이 좋아질 수밖에 없다. 그만큼 다른 사람과 원활하게 소통하기 위해서는 다른 사람의 마음을 잘 읽어내는 능력이 필요하기 때문이다. 다행인지 불행인지 모르겠지만, 공감 능력은 부모로부터 배우게 된다. 아이가 공감 능력이 있거나 없거나 모두 부모가 물려준 자산인 셈이다.

왜냐하면, 아이들은 '나'로 시작해서 가장 먼저 만나고 소통하는 대상이 '부모'이기 때문이다. 부모와 같은 가족은 최초의 사회적 관계다. 이후에 가족 다음으로 친구와 새로운 관계를 형성하고, 나아가 사회로 나가 비로소 타인과의 관계를 맺게 된다. 타인을 깊이 공감하려면 성장하는 과정에서 단계별로 관계를 맺을 때마다 공감 능력을 차근차근 기를 필요가 있다.

우리는 공감 능력을 오롯이 감정적인 영역으로만 보려고 한다. 하지만 공감은 나와 다른 사람 사이에 충분한 거리를 두는 이성적인 노력이 있어야 한다. 그래야만 객관적으로 다른 사람의 생각이나 감정을 그대로 느낄 수 있다. 나만큼 다른 사람을 동등한 위치에 두고, 마치 나와 같이 소중하다고 느낄 수 있어야 한다. 그러기 위해서는 높은 인지 능력이 요구된다.

알다시피 인지 능력은 우리의 경험으로부터 발달한다. 공감의 씨앗은 아이가 경험하는 모든 것으로부터 만들어진다. 경험의 종류, 깊이, 폭 등 다양한 경험이 있어야 아이는 나중에 커서 다양한 상황

속에서 타인을 이해하는 공감 능력을 얻는다. 따라서 다채로운 감정을 표현할 수 있고, 또한 공감할 수 있는 아이로 자라게 하려면 무엇보다 아이의 감정 그릇을 채울 수 있도록 해야 할 것이다.

공감 능력이 뛰어난 아이는 자기감정에 대한 이해력과 조절력이 높다. 고로, 학교에서는 폭력적이지 않고 적절한 행동을 추구한다. 나아가 타인과의 상호작용을 잘하는 사람이다. 공감 능력은 정서 지능 발달에 도움이 되고, 삶을 결정하는 중요한 요인이 될 수 있다. 친밀하고 원만한 관계 형성에 도움을 줄 뿐만 아니라 학습과 성취 등에도 긍정적 영향을 미칠 수 있다.

공감 능력이 높은 아이들의 특징

(1) 자기의 말에 신경 쓴다

"생각이 바뀌면 습관이 바뀌고, 습관이 바뀌면 행동이 바뀌고, 행동이 바뀌면 성격이 바뀌고, 성격이 바뀌면 인격이 바뀌고, 인격이 바뀌면 운명이 바뀐다."

우등생들은 미국의 심리학자이자 철학자인 윌리엄 제임스가 남긴 명언을 가슴에 새기며 살아간다. 우리가 하는 말은 곧 우리 생각에서 나오기 때문이다. 생각이 뿌리가 되어 우리 운명이 바뀔 수 있다고 하니까 그만큼 '말'도 중요하다. 특히 자신이 내뱉는 말이 얼마나 다른 사람에게 영향을 줄 수 있는지도 잘 알고 있다. 그래서 자신이 하는 말에 주의를 기울인다. 한번 뱉은 말은 주워 담을 수 없기에 더욱 조심한다. 상대방에게 행여나 상처를 주거나 비수를 꽂는 말을 하지 않기 위해 노력한다. 내가 하려는 말을 오히려 들었다고 가정하며 반대의 견해를 이해하려고 한다.

학교에서 아이들을 지도하면서 유독 말을 이쁘게 하는 아이들이 있다. 말이 이쁘니까 외모와 상관없이 너무 이뻐 보인다. 말이 곧 인격이 되어 그들의 삶은 아름다움으로 가득 차 있다. 말에 다른 사람에 대한 배려가 느껴진다. 가는 말이 고와야 오는 말이 곱다고 했다. 그들에게 대하는 다른 아이들의 태도도 아름답게 느껴진다.

(2) 다른 사람이 하는 말을 주의 깊게 듣는다

공감 능력이 뛰어난 아이들은 말을 하는 것만큼 중요한 게 듣는 것이라는 사실을 안다. 자기 의견을 말하기 전에 상대방의 의견을 먼저 묻는 등 사려 깊게 행동한다. 혹은 상대방이 말하는 동안 주의를 기울이고 반응을 더 잘해준다. 그러면 상대방은 자신을 이해해 주려고 노력한다는 느낌을 받는다.

사람 관계에 있어서 경청의 자세는 정말 중요하다. '이청득심(耳聽得心)'이라는 말이 있지 않은가? 귀 기울여 들으면 마음을 얻을 수 있다는 사자성어다. 타인의 말에 진심으로 관심을 보이거나 적극적인 반응을 보일 때 상대방은 그 행동으로 인해 고마움을 느낄 수 있다. 마치 선물을 받는 느낌과 같다. 선물을 받았으니 다시 주고 싶지 않을까?

수업 시간에 토의, 토론, 발표 등 다양한 활동을 통해서 소통한다. 그럴 때마다 아이마다 태도나 자세가 다른 걸 느낀다. 언제나 다른 사람의 이야기에 귀 기울이는 사람이 있는 반면, 딴짓하며 소홀히 하는 사람이 있다. 나중에 평가를 해보면, 다들 누가 듣고 있었는지 아닌지 알고 있다. 공감 능력은 거창한 게 아니다. 아주 사소하지만, 경청의 자세를 갖추는 것이 매우 중요하다. 그것 하나만으로도 사람의 마음을 얻을 수 있으니까 말이다.

(3) 의견 나눔을 통해 성장한다

무조건 자기 의견이 옳다고 말하는 사람을 본 적이 있는가? 그런 사람을 보고 우리는 말한다. '불통!' 통하지 않는 사람이다. 소통이 되지 않으니 답답하다. 반면에 공감 능력이 우수한 아이들은 언제나 자기의 의견이 바뀔 수 있음을 알린다. 오히려 다른 사람의 말을 듣고 되묻기 때문이다. 모든 것에는 유일한 정답이 없다는 사실을 알기 때문이다.

이런 이유로 공감 능력이 있는 아이들은 어떻게 보면 인지 능력이 우수한 것이라 볼 수 있다. 이런 사실을 인정하지 않으면 의견을 나누고 바꿀 수 없기에 그렇다. 그들은 자기 생각을 공유하면서 더 성장할 수 있다고 믿는다. 타인의 생각과 내 생각을 연결하여 새로운 생각을 창조해 낸다. 더 나은 방향으로 나아가기 위해 언제나 노력한다.

우등생들은 자기 생각이나 의견을 강력하게 주장하거나 강요하지 않는다. 오히려 다른 사람의 의견을 들으며 자기 의견을 비교하는 모습을 보인다. 거기서 차이가 발생하면 좋아한다. 더 나은 답이 무엇일지 함께 찾아가는 과정에 놓이게 되어 그렇다. 시험 기간에는 서로 공부하고 이해한 것을 설명하려고 노력하고, 답에 도달하지 못하면 다른 사람을 끌어들여 의견을 묻는다. 무한 반복으로 이 과정을 통해 끝없이 성장하는 모습을 보인다. 공감 능력이 있기에 다른 사람의 의견을 충분히 포용할 수 있다.

(4) 호기심을 중요하게 생각한다

공감 능력이 우수한 아이들은 상대방의 기분을 헤아리려고 끝없이 노력한다. 오지랖이 넓은 것처럼 보일 수도 있지만, 그만큼 진심이다. 다른 사람이 어떻게 살아가는지부터 시작해서, 다른 사람의 경험과 관점에서 세상을 바라보려는 노력을 보인다. 다른 사람의 관심사나 목표 등을 물어보며 관심을 보이기 때문에 더욱 그렇다.

시험 기간이 끝나고 친구들과 맛있는 음식을 먹으러 갈 때도, 다양한 활동을 할 때도 상대방의 의견이 무엇일지 궁금하다. 나아가 '왜?'라는 질문을 자주 한다. 막연한 감정을 듣기보다는 구체적인 이유를 궁금해한다. 누군가를 취조하려는 건 아니다. 충분한 관심을 보이는 행위다. 부모가 어릴 때부터 아이의 말과 행동에 많은 관심을 보였을 가능성이 크다.

(5) 분위기 파악을 잘한다

공감 능력이 우수한 아이는 눈치가 빠르고 주변 분위기를 잘 파악한다. 말을 하면서 상대방의 감정을 헤아리기 때문에 그렇다. 수업하다 보면, 눈치 없이 행동하는 아이들이 간혹 있다. 심지어 그 상황에서 분위기 파악을 잘하는 공감 능력이 우수한 아이는 분위기를 좋게 만들기 위해 적절한 반응을 보인다.

예를 들어, 한 아이가 자꾸 엉뚱한 질문을 해서 수업 흐름이 끊겼다고 가정해 보자. 능숙한 선생님이라면 적절히 끊어내고 수업 후에 질문하라고 할 것이다. 하지만 이상하게 학습 분위기가 망쳐질 때가 있다. 그럴 때 공감 능력이 우수한 아이는 다른 아이들의 감정, 수업하는 선생님의 감정, 끝으로 분위기를 흐리는 아이의 감정까지 고려해 재치 있게 반응한다.

"선생님! OO이가 평소 호기심이 많아서 질문이 많아요. 다른 수업 때도 질문이 많은 데 그래도 오늘은 선생님이 설명을 잘해주셔서 질문이 적은 편이랍니다. 그래도 수업 흐름이 끊기니까 수업 후에 질문하면 더 좋겠죠?"

지금까지 공감 능력이 우수한 아이들의 5가지 특징에 대해 살펴봤다. 반대로 공감 능력이 부족한 경우에는 10가지 특징을 보인다. 이와 반대로 행동한다면 공감 능력이 길러지지 않을까 싶어 공유해

본다. 다행인 건 공감 능력은 타고난 것이 아니라 후천적으로 길러지는 것이기에 충분히 개선할 수 있다.

<공감 능력이 부족한 사람이 보이는 특징>
1. 이기적인 행동을 자주 보인다.
2. 부정적인 표현을 많이 쓴다.
3. 매사에 불평불만이 가득하다.
4. 지나치게 솔직하다.
5. 지나친 겸손함을 보인다.
6. 눈치가 없다.
7. 분위기 파악을 못 한다.
8. 너무 직설적이다.
9. 남을 무시한다.
10. 화를 참지 못한다.

우리 아이 공감 능력 기르는 방법

아이들은 몸뿐만 아니라 마음도 함께 자란다. 키가 한 뼘씩 커가듯, 상대방을 소중히 여기고 사랑하는 마음, 즉 공감 능력도 함께 성장한다. 좋은 음식을 먹고 몸이 튼튼해지는 것처럼, 아이가 공감 능력을 키울 수 있도록 부모는 여러 방법으로 노력해야 한다. 공감 능력을 기르는 방법을 알고 꼭 실천해 보자.

(1) 다양한 감정 경험하게 하기

갓난아기가 감정을 표현한 유일한 방법은 우는 것밖에 없다. 어린아이도 자기가 느끼는 감정을 말로 표현할 수 없을 때 울음을 터뜨린다. 반면 어떤 감정인지 말로 표현할 수 있으면 답답함이 사라진다. 하지만 다양한 감정을 경험하지 못하면 평생 울기만 할지도 모른다. 그래서 아이에게 상황에 맞는 감정이 무엇인지 알려줘야 한다.

감정을 표현하는 단어가 영어에는 2,600종이 있다고 한다. 우리 말에는 434종이 있다. 우리가 알고 있는 감정을 떠올려보자. 공포, 분노, 슬픔, 기쁨, 즐거움, 좋음, 싫음, 공감, 분노, 증오, 애증, 원망, 질투, 짜증, 불쾌, 권태, 슬픔, 그리움, 실망, 절망, 아픔, 억울, 불안, 걱정, 두려움, 창피, 부끄러움, 수치심, 자괴감, 죄책감, 박진감, 행복, 불행, 사랑, 감동, 바람, 욕망, 자신감, 집착, 호기심, 희망, 절망, 설렘, 두려움, 기대, 걱정 등이 떠오른다.

우리 아이들은 얼마나 많은 감정을 이해할 수 있을까? 그런 상황에 놓이지 않는 이상 제대로 감정을 이해할 수 없을 것이다. 그래서 다양한 경험이 필요하고, 그로 인한 다양한 감정을 경험해야만 하는 것이다. 긍정적인 감정이든 부정적인 감정이든 가리지 않고 공감할 수 있도록 말이다.

(2) 부모와 아이 모두 감정 솔직하게 표현하기

우선 내 감정을 제대로 표현할 수 있어야 다른 사람의 감정도 인식하고 이해할 수 있다. 기쁜 상황인데 웃지 못하고, 슬픈 상황인데 울지 못하는 그런 상황을 만들지 말아야 한다. 사람이 많은 공공장소에서 아이가 기뻐 소리를 지르면 시끄러워도 일단은 그 감정을 공감해줘야 한다. 감정표현이 끝나면 그때 필요에 따라 공공장소에서는 소리를 지르지 않아야 한다고 알려준다.

하지만 부모들은 남들에게 민폐를 끼치고 싶지 않아서 감정을 솔직하게 표현하지 못한다. 아니 어른들 모두라고 하는 게 맞을지도 모르겠다. 어른은 하루에 6번 웃고, 아이들은 하루에 수백 번 웃는다고 한다. 그만큼 감정표현에 인색한 게 어른이다. 하지만 아이를 키우는 부모의 입장이 되면 더 솔직하게 자기의 감정을 표현하는 연습을 해야만 아이들도 자신의 감정을 솔직하게 표현할 수 있다.

또한, 부모가 먼저 타인의 감정에 공감하는 시범을 보여줘야만 아이는 공감 능력을 성숙하게 키워나갈 수 있다. 가장 우선순위는 아이의 감정을 이해하려고 노력하는 것이다. 부모로부터 충분하게 감정표현을 인정받은 아이는 그만큼 더 남들에게 공감하고 이해할 수 있는 아이로 자라기 때문이다.

(3) 부모가 감정 조절하는 모습 보여주기

인간은 태생적으로 공감하는 능력이 있다. 만 2세가 되면 다른 사람의 마음을 이해하는 능력이 발달하기 시작하는데, 이때 부모의 양육 태도가 아이의 공감 능력에 큰 영향을 미칠 수 있다고 한다. 공감 능력은 모방을 통해 배울 수 있기 때문이다. 특히 인간의 뇌에는 거울 뉴런이 있어서 남의 행동을 보는 것만으로도 자신이 똑같이 반응할 수 있다. 덕분에 다른 사람의 행동을 모방할 수 있고, 새로운 것을 배울 수 있다. 즉, 타인을 이해할 수 있다는 말이다.

그런데 부모가 자기의 감정을 통제하지 못하고 폭발시켜서 소리를 지르며 양육한다면 아이들은 어떻게 될까? 아이는 주눅 들거나, 눈치 보거나, 그 상황을 피하려고 할 것이다. 그러면 자연스럽게 자기감정을 제대로 표현할 수 없다. 감정을 조절하지 못하는 부모 밑에서 자란 아이들은 자신의 감정을 공감받지 못하는 경험을 하기에 공감 그릇이 결핍되어 다른 사람을 이해하고자 하는 능력을 점점 잃게 된다.

부모와 아이 사이에 감정의 골이 깊어지면, 관계가 틀어질 수도 있다. 따라서 부모는 자기감정을 조절하여 아이의 감정을 들어줄 수 있도록 노력해야 한다. 아이들은 부모의 행동을 모방하기에 잘 듣고 이해하는 모습을 그대로 따라 할 것이다. 나아가 부모와 애착 관계를 형성하게 된다. 이런 경험은 다른 사람과의 관계를 점점 더 넓혀가는 데 도움이 된다. 쉽게 말해, 부모가 아이의 감정을 읽어주고 그에 맞는 행동을 보여주었을 때 아이의 공감 능력은 발달한다.

(4) 문학 작품을 통한 공감 능력 기르기

문학 작품을 통해서 우리는 다양한 인물을 만나고, 다양한 경험을 간접적으로 할 수 있다. 다행히도 거울 뉴런 덕분에 우리는 감정을 이해하고 공감한다. 그래서 어린 시절부터 책 읽기를 통해 아이들의 공감 능력을 기를 수 있다. 특히 부모가 감정을 실어서 책을 읽어주면 아이들이 감정을 이해하는 데 큰 도움이 된다. 기쁠 때는 기쁜 목소리로, 슬플 때는 슬픈 목소리로, 화날 때는 화난 목소리로 상황에 맞게 올바른 감정을 표현해 주는 것이다. 꼭 연기자처럼 할 필요는 없다. 감정이 실린 목소리면 충분하다.

문학 작품이 꼭 책이 아니어도 좋다. 사진이나 영상도 상황에 맞는 사람들의 감정을 읽어볼 수 있기 때문이다. 등장인물에 감정 이입을 할 수 있으면 제대로 된 방식으로 공감 능력을 기르는 연습을 하게 된다. 게다가 더불어 살아가는 사람들의 모습을 보면서 나도 그렇게 해야겠다는 생각을 심어 줄 수 있어서 좋다.

한 예로 어린 시절 장난꾸러기에 왈가닥 소녀였던 한 아이는 초등학교 고학년 때 매일 저녁에 부모님이 틀어주시는 세계 명작 영화를 보면서 그나마 철이 들었다고 한다. 그전에는 다른 사람이 아파도 웃고, 오히려 장난치기 일쑤였는데 매일 명작 영화를 보며 점점 사람이 되어갔다. 세계 명작 영화는 사람들의 사는 모습과 감정적인 라인을 잘 표현해 주기 때문에 큰 도움이 되었다고 한다. 덕분에 그 아이는 중학교 때부터는 다른 사람을 공감하는 아이가 되었고, 이론대로 학업적 능력까지 상승하여 공부에 흥미를 갖고 성적도 향상되었다.

아마도 공감 능력이 높아지면서 정서적 안정과 더불어 인지 능력이 향상되어 학습 의욕이 높아진 결과라 볼 수 있다. 이와 관련된 연구 결과는 수없이 많다. 문학 작품은 아이들에게 상상력을 자극하고, 다양한 인물의 이야기에 공감할 기회를 줄 수 있다. 오히려 과도한 지식 교육보다 바탕이 되어야 하는 건 이런 문학 작품을 통한 공감 능력 기르기다.

공감 능력은 인간이 타인과의 관계를 맺고 생존하는 데에 있어서 필수적인 능력이다. 이 능력은 부모와의 관계에서부터 시작된다는 점을 잊지 말아야 한다. 어린 시절 부모의 사랑을 받지 못한 아이들이 공감 능력이 떨어지고, 심한 경우에 소시오패스나 사이코패스로 발전하게 된다. 공부가 문제가 아니라 한 아이의 인생을 망칠 수 있다는 말이다.

물론 부모도 내가 부모가 처음이라 많이 서툴 수 있다. 그리고 우리 아이에게 기대하는 바가 커서 실망도 크다. 그래서 화를 참지 못하고 매일 아이들을 닦달하고 있는 걸지도 모른다. 하지만 부모가 감정을 잘 통제하고, 다스리고, 올바르게 표현할 수 있어야 우리 아이들은 보고 배우게 된다.

성적 위주의 교육보다 아이들이 타인과 소통할 수 있도록 기회를 만들어줄 필요도 있다. 목표 지향적인 아이가 아니라 과정에서 다른 사람과 함께 성장하는 아이로 만들자는 말이다. 인공지능이 발달한 시대에는 더욱 그 역량이 필요하다는 점을 잊지 않았으면 좋겠다.

개념 알기

친밀감은 사전적으로 '지내는 사이가 매우 친하고 가까운 느낌'이라 정의한다. 다른 사람과의 관계에 있어서 친하다는 말은 서로 마음을 열고 지낸다는 의미이기도 하다. 솔직하게 나를 보여줄 때 이 관계는 형성된다. 혼자서 살아가는 삶이 아니라 함께 더불어 가는 삶을 뜻한다. 이 세상은 혼자 살아갈 수 없다. 내 주변에 있는 다른 사람과 천천히 함께 친해지는 노력을 해야 한다. 그래야 우리의 감정이나 생각을 다른 사람과 함께 나눌 기회가 생긴다. 서로가 진실로 알게 되려면, 천천히 서로에게 열린 마음을 가져야 한다. 친밀감은 그럴 때 생긴다.

친밀감은 라틴어 'intimus'에서 유래되었다. '내적인' 혹은 '가장 깊은 부분'이라는 뜻이다. 우리는 사실 가장 내면적인 부분은 감추려 한다. 마음 깊이 있는 것을 다른 사람들에게 드러내는 것은 불안한 일이기 때문이다. 그래서 친밀감을 보인다는 것은 다른 사람에게 나를 솔직하게 보여준다는 의미다.

친밀감은 쌍방향이다. 어느 한쪽에서만 추구한다고 만들어지지 않는다. 함께 지내면서 자연스럽게 생긴 감정이다. 필요에 따라 조금 물러서고 천천히 다가갈 수 있을 때 만들어진다. 상대방에게 무엇인가를 지나치게 요구하거나 하면 다시 멀어질 수 있다. 혹은 너무 자기주장을 강하게 하는 것도 좋지 않다.

내가 친한 사람들을 생각해보라. 어떻게 친해졌는가? 특정한 계기로 친해졌을 수도 있지만, 알고 보면 서서히 마음을 여는 시간이 필요했을 것이다. 내가 찾는 것과 상대방이 찾는 것이 일치했을 것이다. 친밀감은 쉽게 생기지 않는다. 진정으로 서로 원할 때 생긴다. 서로 신뢰가 쌓였을 때 더욱 강해진다. 고로, 친밀감이 강해지면 서로를 격려하는 사이가 된다.

심리학자 에릭 에릭슨은 심리 사회적 발달 단계에 있어서 '친밀감'은 청소년기가 끝나고 성인이 되기 시작하면서부터 다른 사람과 관계를 맺을 때 필수 과업이라 했다. 청소년기에 자아정체성을 확립하고 성인기에는 타인과 자신을 연결하고 조화시키는 노력을 해야 한다는 말이다. 그런데 그 '친밀감'은 한순간에 만들어지지 않는다. 어린 시절부터 누군가와 친해지는 과정을 무한 반복했기에 가능한 것이다. 내가 누군지 알고, 나와 연결이 쉽게 가능한 사람을 찾아 친밀감을 가질 수 있는 것처럼 말이다.

친밀감이 강한 아이들의 특징

(1) 자존감이 높고, 삶에 대한 만족감이 높다

친밀감을 보이는 아이들은 절대 자신을 무시하지 않는다. 자기를 사랑한다는 의미다. 자기를 사랑한다는 건 자존감이 높다는 증거다. 게다가 자기 삶에 대한 만족도가 높아서 언제나 행복한 표정을 짓는다. '행복해서 웃는 게 아니라 웃어서 행복하다'라는 말도 틀린 것 같다. 정말 이 아이들은 가만히 있어도 행복하다.

행복하니까 여유가 넘친다. 마음에 여유가 있으니 다른 사람들과 더 잘 지낸다. 친밀감의 정도 차이는 있을지 모르지만, 두루두루 사람들과 평온하게 지낸다. 그래서인지 인기가 많다. 모범 학생 등 표창을 위해 투표를 하면 친밀감이 강한 아이들이 주로 뽑힌다. 아이들에게 좋은 사람으로 인식되기 때문이다.

그러니까 자신감도 오르고 공부 감정도 건강해서 우등생이 된다. 공부만 잘하는 우등생이 아니라 사람들과 잘 어울리는 사람이 된다. 자기를 찾아가는 시간 속에서 이미 안정적인 모습이므로 다른 사람과 관계를 맺을 때도 안정감을 보이는 것이다.

(2) 수용과 존중의 태도를 보인다

자기를 사랑할 줄 아는 아이는 다른 사람도 사랑할 줄 안다. 내 의견이 무조건 옳다고 주장하는 게 아니라 다른 사람의 생각을 공유하려고 노력한다. 다른 사람의 의견도 소중하기 때문이다. 그래서 수용과 존중의 태도를 보인다. 다른 사람의 생각이 나와 달라도 존중할 줄 안다. 그렇기에 친밀도가 올라간다.

친밀감은 나의 불안감을 걷어내고 다른 사람과 소통하려고 마음의 벽을 허물 때 생겨난다. 이 마음의 벽을 허물기까지는 오랜 시간이 걸린다. 하지만, 지름길이 있다. '존중' 받는 느낌이 들게 하면 마음의 벽은 금방 사라진다. 내 이야기를 진지하게 들어주는 사람이라고 인식하기에 그렇다.

수용적이고 다른 사람을 존중하는 모습을 보이는 아이들일수록 강한 친밀감을 보인다. 벽을 금방 허물 수 있는 사람이라서 다른 사람과 금방 친해진다. 이청득심(耳聽得心)이라는 말이 그냥 있는 게 아니다. 잘 들어주는 사람이 다른 사람의 마음을 얻을 수 있다. 진정한 우등생들은 다른 친구들이 질문해도 잘 받아준다. 의견을 나누는 과정에서 친절하게 대한다. 경청과 친절한 태도가 만나 시너지가 폭발한다. 우등생을 좋은 사람이라고 느끼기 때문이다.

(3) 타인에게 친절하고 배려하는 방법을 안다

경청의 태도를 넘어서 우등생들은 언제나 친절하다. 배려심이 가득하기 때문이다. 나보다 남을 먼저 생각할 줄 안다. 그렇게 배우며 자랐을 가능성이 크다. 친절함과 배려심을 보이는 사람은 최소한 다른 사람에게 피해를 주지 않는 사람처럼 보인다. 이 또한 마음의 벽을 허물기에 매우 좋은 상황이다.

진짜 우등생과 가짜 우등생은 이 점에서 구분된다. 공부만 잘하는 우등생은 가짜다. 돈만 많은 졸부와 같다. 하지만 진짜 우등생은 진정한 부자와 같다. 나를 위해서만 살지 않는다. 주변 사람과 더불어 사는 법을 안다. 베풀 줄도 안다. 그 마음은 친절과 배려의 마음에서 나온다. 남을 먼저 생각하는 마음이 있기 때문이다.

의견을 낼 때 언제나 다른 사람의 의견을 먼저 물어본다. 자기 의견이 있지만, 중간 지점에서 만나려고 노력한다. 누구나 생각이 다르다는 걸 인정하기 때문이다. 그리고 평화로운 방식으로 문제를 해결하고자 노력한다. 학급 회의 시간에 특히 그런 모습을 자주 보인다. 중재자로서 역할을 톡톡히 한다. 이런 아이들에게 다른 아이들은 친밀감을 느끼고 마음을 열게 된다.

(4) 경쟁적이지 않고 이타적이다

공부를 잘하는 아이들은 경쟁심에 불탄다고 말한다. 하지만 진정한 우등생은 다른 사람과 경쟁하지 않는다. 오히려 함께 성장하기를 바란다. 진정한 경쟁은 자기와의 싸움이라 믿기 때문이다. 이기심보다는 이타심이 보인다. 경쟁을 별로 좋아하지 않기 때문이다. 누가 이기고 지는 것을 따지기보다 어제보다 오늘 혹은 내일 더 성장하기를 바란다.

만년 1등과 만년 2등의 모습 차이다. 만년 1등은 다른 사람을 경쟁자로 생각하지 않는다. 그래서 언제나 1등이 가능하다. 한계가 없기 때문이다. 하지만 만년 2등은 언제나 1등과 경쟁하려고 한다. 오늘의 1등이 아닌 어제의 1등과 경쟁한다. 이미 앞서가는 1등과는 차이가 더 벌어진다. 어떻게든 이기고 싶어서 발악한다. 경쟁심에 가슴이 불타기 때문이다. 3등한테도 지지 않기 위해 노력한다. 위로도 신경 쓰고 아래로도 신경 쓴다. 마음에 여유가 없다.

마음에 여유가 없는 사람과 친해지고 싶은 마음이 들지 않는 건 자연스러운 현상이다. 반대로 여유가 넘치는 1등과 친해지고 싶은 마음은 크게 들 것이다. 친밀감이 강한 우등생들은 언제나 만년 1등의 모습을 보인다는 점을 기억해야 할 것이다. 진정한 우등생이 되느냐 마느냐의 기로에 설 테니까 말이다.

(5) 긍정적으로 생각한다.

사람마다 기운이라는 게 있다. 밝은 사람, 어두운 사람, 피곤한 사람, 에너지 넘치는 사람 등 느껴지는 기운은 다양하다. 친밀감이 강한 아이들은 한마디로 표현해 보자면, '긍정 에너지'가 넘친다. 아무리 어려운 일이 생겨도 좌절하지 않는다. 그 또한 다음 단계로 가는 과정이라 생각하기 때문이다.

학급에서 과제든 활동이든 협업하다가 어려움이 생기기 마련이다. 그럴 때 아이들은 여러 반응을 보인다. 부정적인 아이들은 누군가 혹은 환경을 탓할 뿐이다. 반면에 긍정적인 아이들은 어떻게든 그 상황을 해결하려고 노력한다. 그것도 자기 자신을 위해서가 아니라 전체를 위해 노력하는 모습을 보인다. 감동이다.

긍정의 힘이 얼마나 대단한지 알 것이다. 그 힘이 감동을 만들어 내어 다른 사람들에게 큰 영향을 줄 수 있다. 영향을 받은 사람들은 좋은 영향을 준 사람에게 마음이 간다. '웃는 사람한테는 침 못 뱉는다'라는 말이 있다. 항상 긍정적으로 생각하는 사람에게는 뭐라 할수 없다. 오히려 호감을 느낄 뿐이다. 그래서 친밀감이 강한 아이들은 긍정의 힘을 드러낸다.

우리 아이 친밀감 기르는 방법

연구에 따르면, 아기들이 6개월째부터 다른 사람들에게 친근한 행동을 보이기 시작한다고 한다. 자신의 마음을 타인에게 열거나 닫는 것 중 하나를 선택한다. 다른 사람과 상호작용을 하며 자기를 내려놓고 관대함을 가지려 노력한다. 게다가 다른 사람들의 친절한 태도에 매우 수용적인 모습이다. 이런 태도가 있을 때 친밀감이 더 생기기 쉽다. 친밀감을 기르는 방법을 구체적으로 알고 실천할 수 있기를 바란다.

(1) 적극적인 경청 연습하기
경청의 자세는 친밀감을 쌓는 데 매우 중요하다. 경청은 상대방의 말에 온전히 관심을 기울이고 집중하는 것을 말한다. 적극적으로 경청하면 상대방의 감정을 이해할 수 있고, 깊은 관계를 구축하는 데 크게 도움이 된다. 상대방의 말을 잘 듣는다는 건 곧 상대방에게 관심을 보인다는 의미이기 때문이다.

다행히도 경청하는 자세는 연습을 통해 기를 수 있다. 내가 먼저 말하기 전에 먼저 들으려고 하면 된다. 입이 하나고, 귀가 두 개인 이유도 다 그래서다. 더 잘 듣고 말하라는 뜻이다. 다른 사람의 마음을 얻기란 여간 쉽지 않다. 하지만 우리가 가진 두 귀를 잘 활용하면 또 금방 가능하다. 내 말을 잘 들어주는 사람과 자기 말만 하는 사람 중에 누가 더 친근하게 느껴지는지 생각해보면 알 수 있을 것이다.

(2) 감정 공유 및 공감하기

듣는 것도 중요하지만, 내 마음을 솔직하게 표현하는 것 또한 중요하다. 그 이유는 친밀감을 쌓을 때 나의 솔직한 이야기를 전하는 것도 필요하기 때문이다. 내가 무엇을 원하는지, 어떤 생각을 하는지 진솔하게 말하라는 말이다. 내가 숨기는 게 있으면 상대방은 점점 벽을 느끼게 된다. 나와 별로 이야기하고 싶지 않다는 느낌을 받기 때문이다.

감정을 공유할 때는 명확하고 구체적으로 말해야 한다. 또한, 비판적이지 않은 태도를 보이는 것이 중요하다. 이는 '공감'을 잘하는 사람이라면 금방 알 수 있을 것이다. 공감은 다른 사람의 감정을 이해하고 공유하는 능력이기 때문이다. 내 감정을 다른 사람이 알아주기를 바라는 만큼 다른 사람도 내가 알아주기를 바란다. 고로, 공감 반응은 서로가 감정을 확인하고 더 깊은 관계를 형성하는 데 도움이 된다.

(3) 열린 마음 갖기

나와 생각이 다르다고 무조건 거부하거나 밀어낸다면 관계가 어떻게 될까? 열린 마음을 갖는다는 것은 친밀감을 쌓을 때 나를 내려놓는 용기를 보여주는 것이다. 상대방의 생각에 동의하지 않더라도 기꺼이 귀를 기울이겠다는 의지가 포함되기 때문이다. 상대방의 마음을 헤아리기 위해 마음을 열고 다른 관점으로 살펴보겠다는 말이다. 열린 마음은 결국에 함께 배우고 성장하려는 의지로 대화하려는 자세와 같다.

간혹 사람들과 관계를 형성하는 과정에서 갈등이 발생할 수 있다. 하지만 열린 마음이 있으면 충분히 서로를 용서하고 관계를 더욱 돈독하게 만들 수 있다. 그럴 때 친밀감이 더 발생한다. 서로가 완벽하지 않은 존재임을 인정하고 갈등을 해소하기 위해 노력하기에 신뢰 관계로 발전할 수 있다. 상대방이 혹시라도 실수하더라도 용서하는 마음을 갖기를 바란다. 나중에 내가 잘못했을 때도 친밀감이 있으면 얼마든지 용서받을 수 있기 때문이다.

(4) 자기감정 관리하기

다른 사람의 감정을 살피기 위해서는 먼저 자기 자신의 감정을 돌볼 수 있어야 한다. 내가 먼저 안정적이어야 다른 사람에게도 안정적인 느낌을 전할 수 있기 때문이다. 우리 감정을 통제하기 위해서는 몸과 마음이 모두 건강해야 한다. 평소 규칙적인 생활 습관을 통해 신체 건강을 유지하고, 취미 생활을 통해 스트레스를 해소하여 정신 건강도 지켜야 한다. 몸과 마음이 건강하면 언제나 기분 좋은 상태를 유지할 수 있기 때문이다.

부모로서 아이의 감정을 안정적으로 만들어주기 위해서는 어린 시절부터 신체적 접촉을 자주 해주는 것이 좋다. 뇌과학적으로 다양한 행복 물질(도파민, 세로토닌, 옥시토신 등)을 만들어 낼 수 있기 때문이다. 우리 뇌는 불안감이 사라지고 행복함을 느끼면 감정이 평온하게 유지된다. 자기감정이 안정적이면 다른 사람을 돌보는 일 또한 쉽게 할 수 있기에 자기감정을 통제할 수 있도록 평소 노력하라는 말이다.

(5) 정직하고 진정성 있게 행동하기

친밀감을 쌓으려면 정직성과 진정성이 있어야 한다. 자신을 있는 그대로 드러내고 다른 사람에게 내가 솔직한 사람이라는 걸 이야기해야 하기 때문이다. 거짓말하는 사람은 믿기 어렵지만, 언제나 솔직하게 사실만을 말하는 사람에게는 신뢰가 쌓인다. '신뢰'는 곧 친밀감의 상승 곡선을 그리기 위한 필수 조건이라 볼 수 있다. 신뢰의 초석은 정직함과 진정성이라 그렇다.

내가 먼저 정직하고 솔직한 모습을 보이면 상대방은 진정성을 느낄 수밖에 없다. 원래 사람이 친해질 때는 하나씩 자기 진짜 모습을 공개하며 가까워진다. 친밀감이 있는 사람들은 시원하게 모든 걸 다 말해준다. 반면에 거리를 두는 사람을 보면 어떤가? 구체적으로 표현하지 않는다. 내가 궁금한 게 있어서 물어봐도 제대로 대답해주지 않는다. 빙빙 돌려서 말할 뿐이다.

부모로서 아이에게 자꾸 무언가를 숨기기보다는 상황에 맞게 솔직하게 사실을 공유할 수 있어야 한다. 우선 아이와 부모가 친해지는 지름길도 서로의 솔직한 모습을 다 보여주는 것이다. 자꾸만 비밀을 만들고 숨기면 거리감이 생기기 마련이다. 집에서부터 이렇게 관계를 솔직하게 맺는 방법을 배워야 친구들에게 친근하게 다가갈 수 있고, 사회에 나가서도 사람들과 관계 맺을 때 더 효율적으로 결과를 맺을 수 있다.

(6) 감사 표현하기

누군가에게 감사하는 마음을 표현한다는 것은 상대방의 노고를 인정한다는 의미다. '말 한마디로 천 냥 빚 갚는다'라는 말이 있는 것처럼, 감사 표현은 큰 힘을 가지고 있다. 말도 중요하지만, 행동이나 제스처를 통해서도 감사를 표현할 수 있다. 행동은 그냥 나오지 않는다. 평소 생각이 모여서 행동을 만들기 때문이다.

우리는 살면서 작은 것에 감사하는 마음을 길러야 한다. 아침에 눈 뜨고 일어나는 것부터 시작해서 사소한 모든 것에 감사한 마음을 가져야 한다. 예를 들면, 밥 먹을 때 자연에 감사하고, 밥을 차려준 사람한테 감사한 마음을 가지라는 말이다. 우리가 평소에 너무나 사소해서 당연한 일에 감사하는 마음을 가지면 '감사의 태도'는 자연스럽게 기를 수 있을 것이다.

누군가 우리에게 현금 100억을 준다고 생각해보라. 너무 기쁘지 아니한가? 단, 조건이 있다. 내일은 침대에서 일어날 수 없다는 조건이다. 그래도 100억을 받을 것인가? 아마도 거의 모두 거절할 것이다. 여러분은 지금 100억만큼의 가치를 '매일 아침에 일어나는 것'과 바꿨다. 매일 아침에 눈 뜨고 일어나는 것 자체만으로도 100억 이상의 가치가 있다는 걸 인정한 것이다. 그러니 매일 감사하는 마음으로 살아가는 건 당연한 게 아닐까?

친밀감을 쌓기 위해서는 그 의미를 정확히 이해할 필요가 있다. 다른 사람과 더 깊은 수준에서 마음을 나누고 소통할 수 있는 능력이 필요하기 때문이다. 다른 사람에게 정직한 태도로 자신의 약점을 보여줄 수 있고, 상대방도 그렇게 하게 함으로써 서로가 안전한 공간을 만드는 것이다. 친밀감은 모든 관계에 있어서 신뢰, 이해, 상호존중을 구축하는 데 필수적이라는 말이다.

게다가 친밀감으로 인해 우리의 정신적 신체적 건강을 모두 지킬 수 있다. 친밀감은 기분을 안정시키고 스트레스와 불안감을 예방한다. 또한, 친절한 행동과 배려의 모습을 통해 기분이 좋아지고, 더 안정감 있고 자신감 있게 만들어준다. 그래서 실제 면역력이 높아진다고 한다.

로제토 효과 이야기를 살펴보면, 왜 그런지 알 수 있다. 동부 펜실베이니아주의 '로제토(Roseto)'는 이탈리아계 이민자들이 정착해 만든 마을이다. 이 마을 사람들은 유독 심장병으로 사망하는 경우가 적었다. 술과 담배를 즐기고 육식을 좋아하는 과체중인 사람도 많았기에 더 이상했다.

이 마을에는 관례가 있었다. 마을 사람 중 누군가가 죽으면 모든 과거의 갈등을 뒤로하고 죽음을 함께 애도했다. 부모가 죽으면 그 집의 아이들을 마을 전체가 책임지겠다는 무언의 약속도 있었다. 누구든 가족을 잃은 사람이라면 도움을 얻을 수 있었다. 가족이 경제적으로 파산했을 때 그 가족을 돕는 것 또한 공동체가 하는 일이 되었다.

친밀감은 공동체가 살아갈 때 필수 요소라는 생각이 든다. 모두가 친밀감을 가지고 있다면 공동체적 책임감을 함께 질 수 있기 때문이다. 우등생들의 공부 감정 중 '친밀감'은 우리 사회에서 아이들에게 꼭 필요한 감정이다. 많은 아이가 친밀감을 가지고 살아가면서 로제토 효과가 온 세상에 퍼지기를 바란다.

8. 갈등을 조정하는 감정

리더십

개념 알기

리더십에 대한 정의는 다양하다. 심지어 리더십의 종류도 학자마다 혹은 분류하는 사람마다 천차만별이다. 가장 기본적인 사전의 의미를 살펴보면, '무리를 다스리거나 이끌어 가는 지도자로서의 능력'이라는 걸 알 수 있다. 하지만 이 책에서는 우등생들이 가지고 있는 공부 감정으로서의 리더십이기에 학교에서 공부하는 학생들에게 필요한 '리더십'에 관한 개념에 대해 알아볼 것이다.

나아가 사람들과 더불어 살아가면서 갈등을 조정할 수 있는 부분에 초점을 둘 것이다. 아이들이 공부 감정이 무너지는 이유 중 하나는 주변 친구들과의 관계에서 발생하기 때문이다.

학교에서는 지식을 쌓는 공부도 하지만, 또래 아이들과 어울려 사회생활을 한다. 또한, 성인이 되어 사회 속에서 다른 사람들과 더불어 살아갈 수 있도록 하는 '사회화'에 학교 교육의 목적을 두고 있지 않은가. 인간이기에 사회의 일원으로 살아가면서 누군가를 만나 서로 관계를 맺으며 살아갈 수밖에 없다.

혼자서만 살아간다면 아무런 문제가 없을 것이다. 하지만 둘 이상 함께 살아가려면 문제가 발생할 수밖에 없다. 관계 속의 갈등은 불가피하다. 서로의 생각과 의견이 달라 부딪히는 상황에 자주 마주한다. 그럴 때마다 피할 수만은 없기에 갈등을 조정하기 위한 노력이 필요하고, 사회에 나가기 전에 선 경험이 필요하다.

무엇보다 이런 경험을 위해서는 '리더십'을 발휘할 기회를 가져 보는 것이 필요하다. 리더로서 적극적으로 갈등을 조정하는 경험을 해야 한다는 의미다. 요즘 학교에서는 단순히 수업만 듣고 끝나지 않는다. 수업 활동 속에는 그룹으로 진행하기도 하고, 동아리 활동 등 학생 중심 활동을 언제든 경험할 기회가 있다. 아무리 피하고 싶어도 적어도 한 번쯤은 리더로서 역할을 할 수밖에 없다. 그래서 갈등 조정 역할이 불가피하다. 단, 꼭 반장이 되거나, 회장이 되거나, 동아리장이 되거나 감투를 쓴다는 말이 아니다. 사소한 활동 속에서도 주도적으로 리더 역할을 할 기회가 있다는 말이니 오해하지 않기를 바란다.

리더십이 강한 아이들의 특징

(1) 성실하고 책임감이 강하다

인간은 위기의 순간에 싸우거나 도망치려는 본성을 가지고 있다. 갈등 상황은 분명히 위기의 순간이기에 갈등을 더 크게 만들어 자신이 우위에 서거나 혹은 상황을 모면하려고 회피한다. 하지만 올바른 리더십을 갖춘 우등생은 현명하고 슬기롭게 이 위기를 극복하고자 노력한다. 그들은 성실하고 책임감이 강하기 때문이다.

성실이라는 말은 '정성스럽고 참됨'이라는 뜻이다. 그렇기에 정성스럽고 참되게 문제 해결을 위해 노력한다. 책임감은 '맡아서 해야 할 임무나 의무를 중히 여기는 마음'을 뜻한다. 따라서 자신이 맡은 일에 대해 중요하게 생각한다. 이 두 가지 무기가 있기에 아무리 어려운 상황에 놓여도 극복할 수 있다.

특히 인간으로서 갈등을 조절하고, 관계 회복을 위한 노력에 최선을 다할 수 있다. 꼭 자신이 리더 역할을 하지 않더라도 언제 어디서나 '위기 탈출 넘버원'이 될 수 있다. 결과적으로 갈등이 거의 없으니 공부 감정은 자연스럽게 유지할 수 있을 것이다.

(2) 인내심이 강하여 지속성과 안정성을 가지고 있다

인간이 감정을 조절할 수 있는 이유 중 하나는 '이성적 사고'를 하기 때문이다. 뇌과학적으로 인간만이 감정을 통제할 수 있는 전두엽이 발달했기에 그렇다. 하지만 모든 사람이 감정을 잘 이겨내는 건 아니다. 언제나 이성보다는 본능적으로 감정이 우선한다. 동물보다는 감정 통제를 더 잘할 수 있겠지만, 쉽지 않다는 말이다. 고로 감정을 잘 참는 사람들을 일컬어 인내심이 강한 사람이라고 부른다.

인내심이 강한 리더는 잘 참을 수 있기에 지속적이면서 안정적인 모습을 보인다. 화는 한번 내고 나서 나중에 여러 번 내는 건 쉽다. 하지만 화를 한 번 두 번 세 번 계속 참는 건 쉽지 않다. 인내심이 강한 사람은 꾸준함을 보인다. 관계 속에서 아무리 갈등이 발생하더라도 좋은 관계를 안정적으로 유지할 수 있다.

공부할 때도 마찬가지다. 공부 방법이 문제가 아니라 감정이 무너져 회복하지 못하는 경우가 더 많다. 하지만 리더십을 보이는 우등생처럼 '인내심'이 강하면, 같은 자리에 오래 앉아 있는 힘도 있고, 감정을 조절하는 능력 또한 겸비할 수 있을 것이다.

(3) 의견 조율에 능한 우수한 소통 능력을 보인다

누가 가르쳐주지 않아도 우등생들은 의사소통 능력이 우수하다. 의사소통 능력이 우수하다는 말은 다른 사람의 말을 잘 듣고, 이해하고, 적절한 피드백을 줄 수 있다는 의미다. 의견 조율에 능할 수밖에 없다. 의견 조율을 잘하면 갈등이 발생하기 어렵다. 이미 양쪽 모두 불만 없이 결과를 받아들이기 때문이다.

의견 조율을 위해서는 양쪽 모두의 의견에 진심으로 들을 자세를 갖추어야 한다. 더 많이 듣고, 덜 말해야 의사소통이 건강하게 이뤄진다. 진정한 리더십을 갖춘 우등생들은 이런 사실을 충분히 이해하고 실천하고자 노력한다.

게다가 적절한 선을 잘 지킬 줄도 알아야 한다. 친분의 정도에 따라 한쪽으로 치우친 의견을 보이면 균형이 무너지기 때문이다. 객관적으로 상황을 판단할 수 있어야 하고, 의견 조율 대상이 모두 납득

할 수 있는 말을 해야 하기 때문이다. 적절하다는 말이 참 어렵지만, 의견 조율을 잘하고 우수한 의사소통 능력을 보이는 사람들은 줄타기를 참 잘한다.

(4) 협력 정신이 투철하여 조화를 잘 이룬다

조화롭다는 말은 주변과 잘 어울린다는 의미다. 조화롭기 위해서는 절대 튀면 안 된다. 개성을 비추기보다는 주변에 어우러질 수 있도록 나를 내려놓을 수 있어야 한다. 다시 말해 협력하는 자세를 보이면 된다는 말이다. 리더십이 있는 우등생들은 자신이 보스가 아니라 리더라는 걸 분명히 잘 안다. 진정한 리더는 보스처럼 존중을 요구하는 사람이 아니라 존중을 보여주는 사람이기 때문이다.

보스와 리더의 차이를 통해서 얼마든지 진정한 리더십에 대해 생각해 볼 수 있다. 보스는 문제가 발생하면, 문제를 일으킨 사람을 벌하거나 그에게 문제를 해결하라고 소리친다. 반면에 리더는 문제를 비난하기보다는 문제를 해결하기 위해 백방으로 뛰어다닌다. 어떻게든 자신의 노력을 보태 문제를 해결해보겠다는 강한 의지가 보인다. 다시 말해, 협력 정신이 투철하다고 할 수 있지 않을까?

또한, 보스는 자신이 생각하는 해결책을 강요한다. 반면에 리더는 상대방이 생각하는 해결책을 묻는다. 의견을 조율하는 과정에서도 상대가 원하는 것, 상대가 걱정하는 것, 상대가 도저히 받아들일 수 없는 것 등 상대방의 입장에서 생각하고 최선을 다해 협력하기 위해 노력한다.

(5) 자신의 부족함을 인정할 줄 안다

우리가 갈등에 마주하는 순간에는 항상 사실을 받아들이지 못할 때가 있다. 내가 실수나 잘못을 했음에도 인정하지 않을 때 문제가 생기기 때문이다. 내가 비록 큰 잘못을 하지 않았더라도 상대방이 느끼기에 상처가 되거나 문제가 될 수 있다. 특히 내가 가진 사소한 단점이 누군가에게 피해를 줄 수 있다는 말이다.

예를 들어, 조금 성급한 성격인 사람이 상대방의 말을 다 듣기 전에 말을 끊는 버릇이 있다고 하자. 누가 봐도 이런 성향이 있다면 피해를 줄 수 있다. 대화 중 상대방이 불편함을 느끼고, 이 부분에 대해서 언급했을 때 어떻게 반응하는 게 맞을까? 나는 원래 성격이 그러니까 이해를 요구해야 할까? 아니면 부족함을 시인하고 받아들이려 노력해야 할까? 당연히 후자일 때 갈등 상황이 발생하지 않을 것이다.

리더십을 갖춘 우등생들은 잘못에 대한 인정과 사과가 빠르다. 인간이라면 누구나 실수도 할 수 있고, 잘못된 판단을 할 수 있다고 믿는다. 상대방이 불편함을 느끼면, 아무리 사소한 실수라도 잘못이라 인정할 줄 안다. 그래서 상대방은 금방 마음을 풀고 다시 좋은 관계를 이어가게 된다. 이게 갈등 상황을 피할 수 있는 비결이 아닐까.

우리 아이 리더십 기르는 방법

리더십은 거창한 게 아니다. 앞에서 말한 리더십이 강한 학생들이 가진 특성을 이해하고, 몸소 실천한다면 충분히 진정한 리더십을 기를 수 있을 것이다. 간혹 리더를 보스로 오해하고 잘못된 리더십을 발휘하는 때도 있기에 구분을 잘해야 한다. 이점만 명심한다면 갈등을 조절하는 공부 감정 리더십은 금방 체득될 것이다.

(1) 주인의식 기르기

과거 우리나라는 공동체 의식이 강했지만, 지금은 서양의 영향을 받아 개인주의 성향이 짙다. 내 것과 네 것이 분명히 구별된다. 아쉬운 점이라면 내 것이 아닌 이상 별로 관심이 없다. 굳이 에너지를 쏟을 필요가 없다. 반대로 내 것에 관해서는 집착이 강하다. 분명한 이익이 있기 때문이다.

내 것에 대한 책임감을 다른 말로 표현해 보자면, '주인의식'이라고 볼 수 있다. 주인의식은 자기 일이나 소유물에 대해 책임감과 애착을 가지는 것을 말한다. 고로 아이들이 책임감을 느끼고 성실하게 자신에게 주어진 일을 하도록 하려면 주인의식을 기르도록 도와야만 할 것이다. 그러기 위해서는 어린 시절부터 부모는 아이가 자기 일이라는 걸 인지하도록 하고, 끝까지 포기하지 않고 할 수 있도록 옆에서 동기부여를 해야 한다.

요새 부모는 아이의 일거수일투족을 살피며 무조건 도와주려는 모습을 간혹 보인다. 심지어 대학에 연락해서 아이의 성적이나 출석에 대해 언급하는 헬리콥터 부모가 등장하기도 했다. 자녀를 과잉보호하려는 부모의 모습이다. 이렇게 아이를 키우면, 아이는 자립심도 없고, 무엇을 하든 주인의식을 갖지 못한다. 결국, 리더십을 위한 주인의식 기르기는 부모로부터 아이들이 자율성을 확보할 때 가장 좋다고 볼 수 있다.

(2) 약간 어려운 과제 수행하기

우리는 살면서 항상 어려움에 부딪힌다. 문제 상황이 발생한다는 의미다. 삶은 선택의 연속이며, 선택에 따른 결과를 받아들여야 하는 숙명이다. 그래서 선택에 있어서 신중해야 하고, 만일 잘못된 선택으로 인해 위기에 처하더라도 슬기롭게 극복하려고 대비해야 한다.

심리학에서는 학습할 때 가장 좋은 조건이 학습자가 가지고 있는 능력보다 약간 어려운 과제를 수행할 때라고 말한다. 그래야 기존의 것과 연결할 힘이 있고, 성장의 기회가 생긴다고 믿는다. 리더십도 마찬가지라 생각한다. 너무 쉬운 과제만 수행하다가 갑자기 어려운 문제를 맞닥뜨리면, 정신적인 충격이 올 수 있다. 하지만 평소 약간의 어려움을 계속 느낀다면, 내성이 생겨서 조금 큰 충격이 있어도 견딜 수 있다.

그렇다고 절벽에서 그냥 밀어버리는 독수리 부모가 되라는 말이 아니다. 최소한 아이가 스스로 할 기회를 마련해주라는 의미다. 실수해도 괜찮다는 걸 알려줘야 한다. 스스로 잘못을 인정하고 발전을 위해 노력하도록 하라는 말이다. 물론 필요에 따라서는 도움을 주기도 해야 할 것이다. 병아리가 알을 깨고 나올 때 어미가 도와주지 않아서 알을 깨지 못하고 죽을 수도 있기 때문이다. 하지만 적절히 도움을 주는 것은 스스로 알을 깨고 나올 힘도 기를 수 있게 해주고, 동시에 살아남게도 할 수 있지 않은가.

(3) 돌아가며 의견 나누기

티키타카는 축구에서 짧은 패스를 빠르게 주고받는 전술 용어다. 이는 축구에서뿐만 아니라 사람 사이에서도 대화를 주거니 받거니 하는 행위를 말한다. 대화에서 중요한 것은 상대방의 말에 대한 반응을 얼마나 잘해주느냐이다. 결국에 마음을 얻는 건, 잘 들어주고 그에 맞는 적절한 대답을 할 때이기 때문이다.

아직 말이 서툰 아이들은 자기 생각을 논리적으로 말하기가 어렵다. 표현 자체를 어려워할 수도 있다. 그런데 이때 부모가 기다려주지 않는다면, 어떻게 될까? 아이들은 주눅이 들어 자기 의견을 자신 있게 말할 수 없다. 반면에 부모와 자녀가 돌아가며 말할 기회를 공평하게 나눠 갖는다면 어떨까? 게다가 적절한 질문을 통해 상대방의 대답을 끌어낼 능력이 있다면 금상첨화다. 의사소통의 기본은 질문과 답변일 테니까.

이 과정에서 타협이 일어날 수 있다. 서로의 이야기를 듣고 반응하며 서로를 이해하는 시간으로 이어지기 때문이다. 게다가 상대방이 이야기하는 동안에는 기다리는 법도 배울 수 있다. 행여나 갈등 상황이라면 감정을 통제하고, 갈등을 해결하기 위해 감정이 안정적인 상태에서 리더십을 발휘할 수 있을 것이다. 《대화의 정석》에서도 대화의 기본은 상대방이 원하는 말을 할 수 있도록 질문하는 것이라 했다. 그러니 돌아가며 의견을 내는 방법은 분명히 의사소통 능력과 의견 조율 능력을 동시에 발달시킬 수 있을 것이다.

(4) 사소한 일도 함께 나누기

'백지장도 맞들면 낫다'라는 속담이 주는 교훈은 끝이 없다. 일상에서 가족 구성원 간에도 서로 도우며 살아갈 수 있다면 무엇이든지 해봐야 한다. 나이가 어리다고 무조건 부모가 다 해주는 게 아니라 밥상을 차릴 때 숟가락 젓가락 정도는 아이들이 도울 수 있게 기회를 줘야 한다. 이렇게 사소한 것도 함께 일을 나눠서 하는 집안 분위기여야 자기 역할을 제대로 인식하고 협력과 조화의 정신을 기를 수 있다.

요새는 캠핑을 많이 다니니 그렇게 여행을 하면서도 누구 하나 무임승차하는 일 없이 뭐라도 도울 수 있는 일은 나누는 게 좋다. 텐트를 칠 때 잠시 끈이라도 잡아줄 수 있어도 된다. 혹은 랜턴을 비추어 잘 보이도록 도와달라고 할 수도 있다. 별일 아닐 수도 있지만, 같은 목표를 가지고 함께 무언가를 한다는 것이 의미가 있다.

협력은 혼자서는 할 수 없는 일이다. 조화도 마찬가지다. 최소한 둘 이상이 모였을 때만 만들 수 있는 결과다. 그리고 거창한 일이 아니어도 좋다. 사소한 일이라도 자신이 맡은 일에 대한 책임을 질 수 있는 모습을 가질 때, 리더십과 동시에 팔로십을 배울 수 있다. 모든 리더는 과거에 팔로십부터 배웠다는 걸 잊지 말아야 한다. 이 사실만 기억한다면, 리더가 지녀야 할 자질을 충분히 갖출 것이다.

식구(食口)라는 말은 밥상에서 같이 밥을 먹는 것을 의미한다. 그런데 우리는 아무나 하고 밥을 먹지 않는다. 친하지도 않은데 누가 밥을 같이 먹겠는가. 진정한 리더는 과연 무엇일까 고민해본다면, 나는 같이 밥을 먹어도 불편하지 않은 사람이라고 하고 싶다. 자기 권력을 앞세우지도 않는, 타인에게 강압적이지 않은 그런 사람이 리더로서 자질이 있다고 본다.

정말 멋진 사람은 자기보다 나이가 어린 사람에게도 배울 점이 있다면, 고개를 숙일 수 있어야 한다고 생각한다. 왜 벼도 익을수록 고개를 숙인다고 하지 않는가? 진정한 리더도 그런 자세를 갖춰야 한다. 자신을 낮추고 타인을 높여줄 수 있는 자존감이 높은 사람이어야 한다.

콧대가 높고, 고개를 뻣뻣하게 세우고 다른 사람의 의견을 수용할 줄 모른다면, 오히려 갈등이 깊어질 수 있기 때문이다. 공부 좀 한다고 잘난 척하거나 돈이 좀 많다고 유세를 떠는 사람이 되지 않기를 바란다. 감동은 마음에서 우러나오기 때문이다. 우리에게 울림을 주는 리더십은 그런 것이다. 사탕발림으로 누군가를 현혹하는 게 아니라 행동으로 몸소 보여주는 것이다. 연인 사이에서도 말로만 사랑한다고 하는 사람보다, 길을 함께 걸어가는데 조용히 손을 내밀어 인도 안쪽으로 끌고 가주는 사람에게 감동을 더 느끼는 것과 같다. 이렇게 사소함 속에서 감동을 줄 수 있는 리더라면, 인간관계에서 발생하는 갈등을 조정하는 능력은 충분하지 않을까?

신뢰감

개념 알기

신뢰감은 사전적으로 '굳게 믿고 의지하는 마음'이라 정의한다. 그런데 여기에 한 가지 '대상'이 빠진듯하다. 맨 앞에 '누군가를'이라는 말이 들어가면 더 정확하지 않을까? 신뢰라는 건 최소한 두 사람 사이의 '관계'에서 형성되기 때문이다. 신뢰가 있고 없고에 따라서 그 관계가 더 돈독해지기도 하고, 무너질 수도 있다. 그렇기에 관계에 있어서 '신뢰감'은 매우 중요한 역할을 한다.

우리는 살아가면서 남들에게 '신뢰'를 쌓기도 하고, 잃기도 한다. 신뢰를 쌓으면 쌓을수록 상대방으로부터 기회를 더 많이 얻을 수 있다. 반대로 신뢰를 잃으면 잃을수록 상대방이 나를 용서하지 않을 가능성이 크다. 신뢰라는 건 관계에 있어서 '용서의 기회 창출'이라는 점에서 갈등을 조정할 수 있는 정도 차이가 날 수 있다. 그래서 '신뢰감'을 갈등을 조정할 수 있는 공부 감정 중 하나로 보는 것이다.

학교에서 아이들을 지켜보면, 부모와 갈등을 겪는 경우가 많다. 그렇게 갈등이 생기는 이유를 찾아보면 놀랍게도 '관계' 때문이고, 나아가 대부분 서로 간에 신뢰를 잃은 경우다. 부모는 아이의 성적에 실망하고, 아이는 그런 부모의 태도에 실망한다. 그렇게 믿지 못하는 관계로 끝없이 나빠진다.

공부를 열심히 하던 아이가 갑자기 '백기'를 던지며 공부를 포기하는 상황에 놓인다. 가장 가까운 사람들이 자신을 믿어주지 않으니 더 이상 공부 동기가 없다. 공부해야 할 이유를 모르니 학교에서 잠을 자거나 딴생각에 빠져 방황하기 일쑤다. 실제 반에서 1등을 하던 아이들도 그런 일을 겪는다. 공부를 못해서가 문제가 아니다. 부모와의 관계, 즉 '신뢰감'을 잃은 삶을 살아갈 때 나타나는 현상이라는 의미다.

마치 나비효과처럼, 이런 결과는 하루아침에 일어나지 않는다. 어린 시절부터 부모와 어떻게 지내왔는지, 혹은 학창 시절에 친구들과 어떻게 지내왔는지 모든 삶의 경험이 이어져 온 결과다. 물론 가장 중요한 건 부모와의 관계에서 시작한다. 부모와 친밀감 형성을 이루지 못한 아이일수록 '신뢰감'을 가질 확률이 낮기 때문이다. 그렇게 점점 부모와의 관계가 약해지니 학교에서도 다른 사람과 만나며 누군가를 믿고 신뢰하는 마음이 생기기 어렵다. 그래서 신뢰감은 어린 나이에 집에서 부모를 통해 꼭 길러야만 하는 감정이라 말하고 싶다.

신뢰감이 강한 아이들의 특징

(1) 일관성을 유지한다

우리는 언제나 한결같이 약속을 잘 지키는 사람을 신뢰한다. 다시 말해, 일관성을 지킬 줄 아는 사람을 믿을 수 있다는 의미다. 참고로 사전에서 일관성은 '방법이나 태도 따위가 한결같은 성질'이라고 설명한다. 처음부터 끝까지 변하지 않는 태도나 자세를 취하는 것이다. 과연 이게 쉬울까?

사람은 환경의 많은 영향을 받기에 일관성을 유지하기가 쉽지 않다. 우리 몸이 항상성을 유지하기 위해 끝없이 노력하지만, 유행하는 질병에 의해서 몸이 자주 아프기도 하지 않는가? 우리 행동이나 태도도 마찬가지다. 살아가면서 계속해서 주변 환경에 의해 우리가 항상 같은 모습을 보이지 못하게 다양한 상황과 유혹이 있기 때문이다.

대표적인 예로 스마트폰 사용이 있다. 부모라면 누구나 스마트폰이 아이들의 뇌에 악영향을 미친다는 것을 알고 있다. 하지만 밥이라도 편히 먹기 위해서 잠시 아이들에게 스마트폰을 던져준다. 하지만 어떤 때는 스마트폰을 하면 안 된다고 윽박지르기도 한다. 아이들은 혼란스럽다. 일관성 없이 부모가 상황에 따라 이랬다저랬다 하기에 그렇다.

반대로 집에서는 스마트폰은 모두 걷어서 상자에 넣어두고, 최대한 스마트폰을 보지 않으려 노력하는 부모도 있다. 아이들도 사용하지 않게 하면서 동시에 부모도 함께 실천한다. 아이들은 매일 같은 상황에 놓이니 혼란스럽지 않다. 이런 아이들은 '일관성'이 무엇인지 알고 자라는 것이다.

(2) 누구보다도 정직하다

정직한 사람은 누구인가? 거짓이 없는 사람이다. 신뢰감을 주는 아이들은 거짓말을 잘 하지 않는다. 항상 거짓 없이 사실만을 말하려 한다. 그게 이미 몸에 배어있기 때문이다. 아이들은 어려서부터 부모의 등을 보고 자라며 부모가 어떻게 행동하느냐에 따라 그대로 보고 배운다. 콩 심은 데 콩 나고 팥 심은 데 팥이 나는 격이다.

학교에서는 대표적으로 임원 선거 후 입후보자가 내세웠던 공약을 얼마나 잘 지키는지 보며 정직성을 확인할 수 있다. 혹은 일상에서도 자신이 말한 내용을 얼마나 잘 지키는지 살펴보며 사람의 정직성을 판단해볼 수 있다. 그런데 이 정직성은 곧 '신뢰'와 직결된다. 거짓말을 하는 순간 정직성이 사라지기 때문이다.

물론 착한 거짓말(white lie)과는 조금 구분해서 이야기하고 싶다. 그건 또 다른 문제이기 때문이다. 여기서 말하는 정직함이란 자기가 말한 약속에 대한 책임이며, 혹은 남을 속이지 않으려는 마음이다. 사기꾼 기질을 갖지 않은 사람을 말하는 것이다.

실제 부모가 아이와 약속 후에 잘 지키지 못한 경우, 아이도 약속한 후에 지키지 않아도 된다고 생각할 수 있다. 그래서 부모가 어릴 때부터 언행일치를 실천할 때 아이들도 따라서 말과 행동이 일치해야 한다는 걸 알아간다. 이런 정직성을 가지고 있기에 우등생은 신뢰받는다. 게다가 성적도 잘 나온다. 다른 사람들과의 약속뿐만 아니라 자신과의 약속도 잘 지키기 때문이다.

(3) 다양한 지식과 경험이 풍부하다

신뢰를 얻는 아이들의 공통점은 아는 게 많다는 것이다. 간접 경험(독서 등)이든 직접 경험(여행 등)이든 경험이 풍부했기에 그런 결과로 이어졌다. 사람은 아는 만큼 이해할 수 있다. 내가 겪어보지 않으면, 평소와 다른 상황에 대해서 이해하지 못한다. 혹은 다른 사람의 생각이나 의견을 수용할 수 없다. 우리가 가진 인식의 창문(스키마 또는 도식이라고 불림)으로 세상을 보기 때문이다.

우선 배에 탄 사람들이 앞에 큰 빙산을 만났다고 가정해 보자. 이때 위기를 극복하기 위해서는 경험이 많은 선장의 말과 이제 얼마 되지 않은 조수 선장의 말 중, 사람들은 누구의 말을 더 믿고 따를까? 당연히 경험 많은 선장을 따를 것이다. 예전에 이런 경험을 한 번이라도 혹은 여러 번 해본 사람의 말을 신뢰할 수 있기 때문이다.

공부할 때도 마찬가지다. 더 많이 알수록 더 빠르고 정확하게 새로운 지식을 받아들일 수 있다. 인식의 창문(스키마)이 더 크고 단단해서 지식을 잘 흡수할 수 있기 때문이다. 한 예로, 시험 기간에 두 학생이 열심히 배운 내용에 대해 다른 의견을 두고 이야기하고 있었다. 그때 마침 옆에 지나가던 공부 잘하는 친구에게 누가 맞는지 의견을 물었다. 그런데 그 친구는 완전히 다른 의견을 내는 게 아닌가? 하지만 누구의 말이 맞을까? 안타깝게도 더 많이 공부한 지나가던 친구의 말이 맞았다.

신뢰라는 건 이런 것이다. 진실을 아는 사람에게 있는 것이다. 풍부한 지식과 다양한 경험을 갖춘 사람이 곧 신뢰감을 주는 사람이라는 말이다. 진실에 더 가까운 사람일수록 신뢰감이 더 높을 수밖에 없다는 의미다.

(4) 실수를 인정할 줄 안다

거짓말은 눈덩이처럼 늘어난다. 처음은 어렵지만, 나중에는 한 번 해봤다고 쉬워진다. 그래서 끝없이 거짓말이 늘어난다. 누군가는 자신의 실수를 숨기기 위해 자존심을 부리며 거짓말로 위기를 넘기려 한다. 다행히 그 위기는 넘겼지만, 멀리 보면 오히려 더 큰 위기에 처한 것이다. 다른 사람들은 더는 그 사람을 신뢰하지 않을 테니까.

마치 양치기 소년처럼 말이다.

실제 아이들은 위기를 모면하기 위해 미봉책으로 거짓말을 하곤 한다. 혼나는 게 더 싫으니까 본능에 충실하다. 하지만 그건 오히려 신뢰감을 얻을 수 없는 행동이다. 어린이만 하겠는가? 청소년도 하고 어른도 한다. 하지만 결과는 똑같다. 아무도 그들을 더는 믿지 않는다.

한 번의 실수는 '실수'가 맞지만, 두 번부터는 '실력'이 된다. 거짓말도 마찬가지다. 한 번의 거짓말은 속아 넘어가 줄 수 있지만, 두 번이상 계속 거짓말을 하게 된다면, 그 사람은 거짓말하는 사람이라는 낙인이 찍힌다. 차라리 이번 실수는 인정하고, 다음부터는 실수 안 하도록 노력하는 게 낫지 않을까? 실력도 챙기고, 믿을 수 있는 사람이라는 신뢰도 얻을 수 있으니 말이다.

실제 우등생들이 되는 이유는 딱 하나다. 자기가 틀린 문제에 대해 분명히 무엇이 잘못되었는지 확인하고, 실수가 있었다며 인정하고 다시는 실수하지 않기 위해 노력한다. 그 태도가 중요하다. 어제보다 나은 내일의 내가 되기 위해서는 실수를 인정하고 수정해야 한다. 그러니 첫 단추인 실수를 인정할 수 있다.

(5) 타인에게 관대하며 용서를 할 줄 안다

놀랍게도 신뢰감을 보이는 사람들은 자신에게는 가혹해도 다른 사람에게는 관대한 모습을 보인다. 자신의 실수는 용납하지 않고,

고치려 노력하지만 다른 사람의 실수는 한 번쯤은 눈감아 줄 수 있는 넓은 마음을 지녔다. 이 세상에서 인간관계의 모든 것은 'give and take'다. 내가 다른 사람을 한 번 더 믿어줄 때 상대방도 나를 믿어준다. 내가 먼저 하지 않고서 상대방의 선처를 바라기만 한다면 양심이 없지 않은가?

요새는 학교에서 팀 활동을 많이 한다. 당연히 실력이 우수한 학생과 아닌 학생이 섞일 수밖에 없다. 이때 진정으로 신뢰감을 얻는 사람은 누굴까? 물론 실력이 우수한 학생이 더 신뢰받을 수 있지만, 실제 더 신뢰감을 주는 사람은 다른 사람의 이야기를 경청할 수 있는 사람이다. 왜 그럴까?

다른 사람의 실수를 지적하고 혼자만 잘난 척하는 모습을 상상해보라. 반대로 다른 사람의 실수도 한 팀으로서 수용하고 함께 해결책을 모색하는 사람이 있다고 생각해보라. 전자와 후자 중에 누구를 더 믿고 따르겠는가? 아무리 똑똑해도 공존할 수 없는 사람은 믿을 수 없다. 혼자 살겠다고 미쳐 날뛰는데 어떻게 믿고 함께 하겠는가? 영화 〈오징어 게임〉에서도 충분히 그런 예를 살펴볼 수 있지 않았는가.

실제 인기 많은 학급 리더는 공부만 잘하는 아이가 아니다. 신뢰감을 얻는 아이다. 그 신뢰감은 다른 사람의 실수를 관대하게 이해하고, 잘못해도 용서할 줄 아는 용기를 가질 때 더 생긴다. 실제 공부만 잘해서 의사가 된 사람과 인성과 따뜻한 마음씨까지 갖춘 의사가 된 사람 중에 환자는 누구를 더 신뢰할까?

실제 내가 겪은 일인데, 실력을 떠나서 나는 후자의 의사 선생님이 더 좋았고, 더 믿음이 갔다. 그 이유는 전자였던 의사 선생님은 내가 잘못하고 있는 행동을 자꾸만 나무라기만 했기 때문이다. 반면에 후자인 선생님은 잘못한 건 과거이니 이제는 반성하고 앞으로는 하지 말자고 달래주었고, 그런 행동을 하면 안 되는 이유를 자세히 설명해 주었기 때문이다. 신뢰받는 우등생들도 마찬가지다. 그 이유는 충분히 예시로 설명되었으리라 본다.

우리 아이 신뢰감 기르는 방법

뇌과학적으로 무언가를 처음 좋아하게 되는 건 '도파민'이라는 행복 호르몬 때문이라고 한다. 하지만 꾸준하게 계속 좋아하는 마음은 '옥시토신'이라는 호르몬 덕분이라고 한다. 누군가를 좋아하는 마음은 사실 누군가를 신뢰하는 마음이 아닌가 싶다. 신뢰가 있기에 긍정의 마음이 작용한 것이니까. 하지만 양은 냄비처럼 뜨거운 감정은 금방 식기 마련이다. 오히려 은은하게 계속 따뜻한 마음이야말로 오래 지속될 수 있지 않은가. 옥시토신과 같은 지속성이 강한 호르몬을 바탕으로 신뢰감을 기르는 방법을 구체적으로 알고 실천할 수 있기를 바란다.

(1) 평온한 감정 유지하기

인간의 뇌에는 편도체가 있어서 생존에 도움을 준다. 위기가 발생하면 싸우거나 도망치도록 해주니까. 하지만 이성을 가진 인간으로서 감정에 휘둘리는 건 이성적이지 못한 것이다. 특히 성인이 되어서도 동물의 본능에 의해 감정에 휘둘릴 수 있는데, 이로 인해 우리 아이들에게는 큰 영향을 끼치게 된다. 아이들은 더욱 감정의 영향을 받는 존재이기에 그렇다.

평균적으로 여성은 24세, 남성은 30세가 되어야 감정을 통제할 수 있는 전두엽이 완성된다고 한다. 실제 남성의 경우에는 40세가 되어도 완성되지 않아서 애를 먹는 경우가 있다. 중요한 건 아이의 부모가 될 때쯤에는 어느 정도 성숙한 인격체로서 역할을 해야 한다는 점이다. 시도 때도 없이 화를 내거나 감정을 통제하지 못하고 폭주하는 부모는 아이들에게 큰 상처를 남길 수 있기 때문이다.

아이들은 부모가 말할 때 말에 집중하기보다는 분위기에 더 집중한다. 감정이 어떤지 살펴본다는 말이다. 말로는 괜찮다고 해도 감정이 흔들리고 있으면 아이들은 다 느낀다고 한다. 아직은 이성을 갖춘 성숙한 인간이 아니기에 더 감정적으로 보고 듣고 느끼기에 그렇다. 그래서 부모가 평온한 감정을 잘 유지할 수 있도록 노력하는 것이 필요하다. 그래야 아이들은 안정감을 느낄 수 있다. 안정감은 곧 신뢰다. 믿을 수 있는 마음이 강하게 자리 잡을 테니까.

(2) 언행일치로 솔선수범하기

언행일치(言行一致)라는 말은 말 그대로 말과 행동을 일치시키는 것이다. 부모가 뱉은 말을 행동으로 그대로 보여야 한다는 의미다. 안타깝게도 각 가정에서 언행일치가 안 되는 경우가 많다. 아이들에게는 공부해야 한다고 말하면서 정작 부모는 공부하지 않는 경우다. 더 쉽게 말해서 아이들에게는 책을 읽으라고 하면서, 정작 부모는 책을 읽지 않는 경우다.

이것 말고도 많은 예가 있다. 양치질을 3번 이상 하라고 하면서 부모가 먼저 실천하지 않는다. 밖에 나갔다 들어오면 손을 꼭 씻으라고 가르치면서 본인은 막상 그렇게 하지 않는다. 밥은 꼭꼭 씹어 먹으라고 말하면서 본인은 마파람에 게 눈 감추듯 빨리 먹어 치운다. 사소한 행동이지만, 옳은 것을 알고 실제 아이들에게 그렇게 하라고 말하면서 본인은 행동으로 일치시키지 못한다.

백문불여일견(百聞不如一見)이라는 말이 언행일치와도 일맥상통한다. 아이가 백번 말로 듣는 것보다 부모가 딱 한 번만 행동으로 보여주면 더 효과가 있기 때문이다. 앞으로는 아이에게 말로 무엇을 하라고 하지 말고, 몸소 실천하며 솔선수범의 자세를 보이길 바란다. 그로 인해 아이는 언행일치와 솔선수범하는 부모를 보고 따라 하는 아이로 자라게 될 것이다.

(3) 부모가 먼저 사과할 수 있는 용기 보여주기

우리 과거 세대 부모들은 가부장적인 풍습의 영향을 많이 받았다. 부모는 하늘이라고 표현할 정도였으니 얼마나 상하관계가 분명한가? 하지만 시대가 변했다. 이제는 그렇게 상하관계를 강요하면, 아이들은 튕겨 나가 버린다. 세상은 남녀평등, 개인 평등의 역사를 계속 이뤄왔다. 이제 더는 부모와 아이 관계도 평등하지 않으면 안 된다. 하지만 쉽지 않은 일이다.

학교에서 교사로 근무하면서 셀 수 없이 많은 아이 그리고 학부모를 만났다. 특히 부모와 아이를 함께 상담하는 시간에는 집마다 부모와 아이 관계가 얼마나 다른지 확인할 수 있었다. 대체로 공부 감정이 안정적인 집은 관계가 매우 평등하다는 걸 느꼈다. 또한, 부모가 아이를 무시하기보다는 많이 믿어주는 느낌을 받았다. 그런 집 아이일수록 학교생활도, 입시 결과도 더 좋았던 것으로 기억한다.

만일 부모가 잘못했을 때 자존심 부리지 않고 아이에게 쉽게 사과할 수 있는 용기도 보였다. 마치 친구처럼 지내는 모습이 그려졌다. 진정한 하브루타는 사춘기 자녀를 둔 부모가 친구처럼 지낼 수 있는 것이라는 어느 작가의 말이 생각났다. 부모와 아이 모두 서로 신뢰 속에서 살아가기 때문에 가능한 일이다.

실제 이렇게 자란 아이들은 학교에서 이유를 불문하고 자기가 잘못한 것이 있으면 다른 사람에게 바로 사과하는 모습을 보인다. 실수도 인정할 줄 안다. 자존심이 아니라 자존감이 높은 아이다. 실수를 인정하고 사과를 하는 게 자기를 깎아 먹는다고 생각하지 않기 때문이다. 되려 신뢰 관계를 더 돈독히 유지할 수 있는 것이라 믿는다. 그러니 부모가 혹시라도 잘못했다면, 아이에게 사과할 수 있어야 한다.

(4) 다름을 인정할 수 있게 도와주기

세계 0.2%밖에 안 되는 유대인들이 왜 그렇게 노벨상을 많이 탈까? 그들의 하브루타 교육을 살펴보면 이해할 수 있다. 시험 성적을 잘 받고, 정답만을 찾는 교육이 아닌 열린 교육을 하기 때문이다. 실제 저녁에는 모든 집에서 부모와 식사하는 시간을 갖기 위해 모두 집으로 돌아간다. 그 시간이 매우 소중하고 중요하기 때문이다.

저녁 식사를 하며 아주 치열하게 토론이 난무하지만, 절대 서로를 비난하지 않는다. 오히려 다른 관점은 무엇이 있을까 계속 생각의 줄기를 뻗는다. 마지막에 결론을 내릴 때도 답을 정하지 않는다. 승리자도 패배자도 없다. 생각이 다를 수 있는 걸 인정하기 때문이다. 부모든 아이든 둘의 관계는 평등하기 때문이다.

사실 신뢰라는 건 서로 평등할 때 가장 잘 발현되는 감정이다. 한쪽만 신뢰해서는 절대로 좋은 결과로 이어지지 않기 때문이다. 한쪽이라도 불신을 하게 되면, 나중에는 그 관계는 무너질 수밖에 없다. 상호 신뢰만이 관계를 오랫동안 지속할 수 있다. 믿음이라는 게 그렇다.

그런데 서로 믿기 위해서는 서로 다름을 인정할 수 있어야 한다. 한 명이라도 누군가의 생각을 '틀리다'라고 말하기보다는 '다르다'라고 말할 수 있어야 한다. 그렇게 교육을 받고 자란 아이와 아닌 아이는 분명히 다른 사람들한테 받는 '신뢰' 정도가 다를 것이다. 타인에게 관대한 마음이 있어야 그만큼 나도 타인에게 용서받고, 신뢰받을 기회가 생긴다.

'신뢰'라는 뜻을 가진 영어 단어 'trust'는 '신뢰'의 의미 말고도 진실성, 정직성 등의 의미를 내포한다. 심지어 어원을 살펴보면 '견고하고, 단단하고, 확고한'이라는 의미인 것을 알 수 있다. 세월이 지나면서 '자신감이 있는 기대' 혹은 '의지하는 것'으로도 해석이 되었다. 또한 '강하고 안전하게 만든다'라는 의미도 있는데, 모두 자세히 살펴보면, 같은 느낌을 주는 단어라는 걸 알 수 있다.

먹을 것으로도 장난치는 요즘 세상에 믿을 사람이 얼마나 될까? 특히 나와 가장 가깝게 연결된 가족이라는 울타리 안에서부터 그 신뢰가 흔들린다면 우리 아이의 인생은 어떻게 될까? 가화만사성이라는 말이 있는 것처럼, 집안이 화목하면 모든 일이 잘될 수밖에 없다. 화목하다는 말은 즉 가족 구성원 간에 관계가 돈독하다는 의미이자 서로 신뢰하는 사이라는 걸 증명하기 때문이다.

살아가면서 갈등이 발생하지 않을 수 없다. 하지만 갈등을 해결하고, 조정하는 능력이 있다면 불행하지 않을 것이다. 우등생들이

가지고 있는 10가지 공부 감정 중에 '갈등을 조정하는 능력'은 상호 신뢰 속에서 더 단단해질 수 있다. 서로 다름을 이해하고, 자신의 실수를 인정하고, 항상 일관되고 정직한 태도로 삶을 살아가기에 사람들의 관대함도 더 커질 수 있다.

그런 면에서 '신뢰감'을 주는 사람은 세상에 꼭 필요한 존재다. 신뢰를 줄 수 있는 사람들이 모여 살아간다면, 이 사회는 긍정 에너지가 가득한 사회가 될 수 있을 테니까 말이다. 초석으로는 가정에서의 부모의 역할이 중요하다. 우리 아이들이 더 사랑을 많이 느낄 수 있게 도와줘야 한다. 사랑이라는 울타리 안에서 믿음과 신뢰는 더욱 커질 수 있다는 걸 잊지 않았으면 한다.

9. 유연하게 대처하는 감정

유연성

개념 알기

대나무와 갈대 중에 어느 것이 더 강할까? 사실 우열을 가리기 어렵다. 강한 폭풍우가 몰아칠 때도 대나무와 갈대는 잘 쓰러지지 않는다. 대나무는 4년이나 뿌리를 내린 후에나 싹을 틔우기 때문에 뿌리마저도 튼튼하다. 갈대도 바람에 흩날리며 저항을 없애기 때문에 쉽게 부러지지 않는다. 둘 다 유연함을 가졌기 때문이다.

우리의 마음도 마찬가지다. 빈 수레가 요란하다고 외강내유인 사람들은 겉은 강해 보여도 속은 여릴 수 있다. 반대로 외유내강인 경우는 겉은 부드럽지만, 속은 단단할 수 있다. 겉모습은 크게 상관없지만, 자신의 감정을 잘 다스리기 위해서는 유연함이 꼭 필요하다.

한 가지 목표만을 보고 달리는 경주마처럼 사는 사람은 오히려 위기를 맞았을 때 추락할 가능성이 더 크다. 플랜 B가 준비되어 있지 않기에 세상이 무너지는 것 같이 느껴진다. 수험생들은 그런 감정을 많이 느낀다. 대학이 인생의 목표이다 보니 대학입시에 실패하면 인생도 실패한 것이라 여긴다.

실제 여러 수능시험에서 1교시 국어 시험이 끝나자마자 몸을 던진 수험생들도 있었다. 얼마나 그 시험이 중요했으면, 자신의 소중한 목숨까지 버릴 수 있었을까? 안타깝게도 그들이 가지지 못했던 감정이 있다. 바로 '유연성'이다. 만일이라도 차선책을 생각할 수 있는 여유가 있었다면 어땠을까? 조금 돌아가더라도 방향만 틀리지 않는다면, 만족스럽지 못한 결과도 받아들이고 다시 일어설 수 있지 않았을까?

유연성이 강한 아이들의 특징

(1) 실패를 두려워하지 않는다

오뚝이는 절대 쓰러지지 않는다. 오뚝이는 쓰러졌다가도 중력으로 인해 맨 아래 무게중심으로 바로 서게 된다. 오뚝이를 사람으로 비유해보면, 아무리 실패하고 쓰러져도 꿋꿋하게 다시 일어나는 사람이라 볼 수 있다. 그들은 실패를 두려워하지 않는다. 실패는 결과를 얻기 위한 하나의 과정이라 생각하기 때문이다.

학교에서 아이들은 시험 결과에 대해 평가하곤 한다. 시험을 잘 봤다. 혹은 시험을 망쳤다. 이런 식으로 표현한다. 점수가 잘 안 나왔다고 해서 아이들은 좌절하고 무너진다. 다시는 공부하기가 싫다. 어차피 열심히 해도 안 될 것 같기 때문이다. 대부분 이렇게 생각한다.

하지만 유연성을 갖춘 아이는 생각이 다르다. 오히려 좋게 생각하려고 노력한다. 자기가 무엇이 부족한지를 알고자 하는 게 시험이라 생각한다. 그래서 시험이 끝나고 나면 무엇을 몰랐는지 확인하면서 그 부족함을 채우려 노력한다. 어쩌면 그들에게는 실패란 없는 게 아닐까?

(2) 모든 경험을 자양분으로 삼는다

핀란드 교육은 단 한 명의 학생도 포기하지 않는 것으로 유명하다. 핀란드 교육의 궁극적인 목표는 평생 교육이고, '학습하는 것을 배우는 것'이다. 고등학교 성적으로 평생의 삶을 평가하지 않는다. 오히려 관심 분야를 선택할 수 있도록 돕는다. 그래서 아이들은 다양한 경험을 통해 자기가 좋아하는 일을 찾고자 노력한다.

심지어 대학교에 지원했다가 '이건 내 길이 아니야!' 하고 다시 도전하기도 한다. 그렇다고 그 시간을 허비하고 낭비했다고 생각하지 않는다. 이것 또한 삶에 도움이 되는 자양분으로 생각하며 성장의 바탕으로 여긴다. EBS 다큐멘터리 〈세계의 교육〉에서는 핀란드의 한 교사는 중장비를 다루는 일을 하다가 선생님이 되고 싶어서 다시 공부하여 직업을 바꿨다고 했다. 그는 심지어 교장 선생님으로 근무하고 있었다.

이처럼 우등생들은 자기가 경험하는 모든 것을 자기의 것으로 만들려고 노력한다. 실패도 좋은 경험이라 생각하며 타산지석 삼는 삶을 살아간다. 공자 가라사대, '세 사람이 길을 가면 그중 한 명은 반드시 스승이 있다'라는 교훈을 마음에 두기 때문이다. 배울 만한 것은 배우고, 따라 하지 말아야 할 것은 피하려 노력하며 배움을 실천하는 것이다.

(3) 스스로 의사 결정을 한다

현대식 학교 교육은 분명한 장점 및 단점이 있다. 전문가들의 연구 결과로 평균 이상의 훌륭한 교육 과정을 만들어내고 비슷한 내용을 모든 학생에게 좋은 교육을 제공할 수 있다. 반면에 획일화된 평가 시스템으로 인해 틀에 맞춘 교육으로 이어진다. 학생들은 선택권이 많지 않다. 좋아도 싫어도 무조건 대학을 가기 위해 공부해야 하니까.

물론 교육 과정에 따라 중학교나 고등학교를 선택할 기회가 있다. 대부분 입시에 더 유리한 곳으로 가려고 노력하는 모습을 더 자주 봐서 안타깝지만 말이다. 심지어 부모가 정해주는 학교를 선택하고, 부모가 하라는 대로 공부하며 진로를 정하며 사는 아이들도 있다. 그렇게 해서 성적이 잘 나와서 대학입시에 성공할 수도 있을 것이다. 하지만 과연 그 아이들은 행복할까?

결국, 대학교에 가서 적성과 맞지 않아 학교를 그만두고 다시 시험을 보거나 다른 교육을 받으며 자기만의 삶을 찾아가는 경우를 종종 보게 된다. 더 안타까운 건 적성에 맞지 않지만, 끝까지 참고 대학을 졸업하는 경우다. 결국엔 전공과 관련 없는 일을 하며 살아가고, 돈을 벌기 위해 일을 하니 행복할 수 있을까? 어느 통계에서 봤는데, 약 80% 이상의 사람들이 그렇게 살아간다고 한다. 슬픈 현실이다.

반면에 유연성을 갖춘 아이들은 삶을 살아가면서 선택의 순간에 스스로 결정하는 모습을 보인다. 자기 삶은 자기가 선택하고 책임지는 일이라는 걸 알기에 그렇다. 참고 견디다가 중간에 포기하지 않고, 유연하게 자기 상황에 맞게 언제든 바꿀 수 있는 열린 마음을 가지고 있다. 그게 비결이다.

(4) 끊임없이 배우려는 자세를 보인다.

물 잔은 비워야 채울 수 있다. 물을 비우려면 마시거나 버려야 한다. 이 행동은 배움과 같다. 좋은 것은 내 것으로 만들고, 안 좋은 것은 버리고 변화할 수 있어야 하니까 말이다. 그래야 새로운 것을 잔에 채울 수 있다. 기존에 있던 것을 버리고 새로운 것을 채울 수 있는 것이 바로 유연성이다. 쉽게 말해서 변할 수 있어야 한다.

우리 뇌는 기존에 가지고 있던 지식을 활용한다고 했다. 그런데 그것이 만일 틀린 거라면 어떻게 해야 할까? 끝까지 내가 맞다 우기는 게 맞을까? 아니면 기존의 것을 덜어내고, 다시 처음부터 옳은 걸 알아가는 게 맞을까? 놀랍게도 우등생들은 고집을 부리지 않는다. 자기가 알던 것도 행여나 틀리지 않았는지 확인한다. 세상의 진리는 언제든 변할 수 있다는 걸 알기에 그렇다.

천동설이 사실인 시대가 있었다. 하지만 이제는 지동설이 맞는 시대다. 그렇게 자연의 이치와 진리도 사실을 알게 되면 바뀔 수 있다. 모든 것은 우리가 믿는 대로 믿는 거니까. 더 놀라운 사실을 알려줄까 한다. 실제 지구가 태양 주변을 도는 게 맞지만, 얌전하게 돌고 있지 않다. 태양도 끝없이 우주 어딘가로 향하며 움직이고, 지구도 그 태양을 따라 주위를 돌며 우주 어딘가로 함께 가고 있다. 아주 역동적으로 움직이고 있다는 말이다. 혹시 또 모르겠다. 그다음 진실이 있을지도. 유연성을 가진 아이라면 그다음이 있다는 것에 대해서도 여지를 둘 것이다.

우리 아이 유연성 기르는 방법

어릴 때는 산에서 굴러도 다친 데가 하나 없다. 신기한 경험이었다. 하지만 어른이 되어 조금만 부딪혀도 멍들고 심지어 침대에서 내려오다가 발을 헛디뎌 발가락뼈가 금이 가기도 한다. 왜 그렇게 된 걸까? 유연성이 부족해졌기 때문이다. 근육도 뼈도 말랑말랑하지 않다. 말랑하면 부러지지 않지만, 단단하면 오히려 부러질 수 있다. 아이들이 어떻게 하면 그 유연함을 유지하도록 할 수 있을까? 유연성을 기르는 방법을 구체적으로 알고 실천할 수 있기를 바란다.

(1) 기회 한 번 더 주기

아이들은 커가면서 스스로 할 수 있는 것이 더 많아진다. 부모의 도움 없이도 잘 해낸다. 하지만 어려운 과제가 있으면 때로는 해내지 못할 때가 있다. 쉽게 말해서 좌절을 맛본다. 유연성을 기르기 위해서는 그때가 중요하다. 좌절을 맛봤을 때 말이다.

결과가 나왔다고 바로 아이를 나무라며 부모가 해주는 경우를 생각해보라. 아이는 좌절감으로 그 일을 마무리 짓게 된다. 그대로 굳어지는 것이다. 하지만 한 번의 기회를 더 준다면 어떨까? 처음보다는 조금 더 나은 결과를 얻을 수 있을 것이다. 두 번째로는 이 시점이 중요하다. 언제까지 얼마나 더 기회를 줄 수 있을 상황인지는 모르겠지만, 아이가 스스로 더 잘할 수 있는 경험을 하도록 기회를 마련해줄 수 있어야 한다.

아이가 스스로 할 기회를 한 번 더 주는 데는 돈도 들지 않는다. 그런데 왜 이리도 마음이 급한지. 덜컥 결과를 내버리고 부모가 마무리 짓는다. 아이가 도움을 청하기 전까지는 계속 도전할 수 있도록 둬야 하는데 말이다. 그래야 실패 감정이 남지 않는다. 실패하더라도 자기는 최선을 다했기에 후회가 없다. 이런 경험이 반복될 때 아이는 더 유연해진다. 그러니 적어도 한 번 이상의 기회를 더 주는 건 어떨까?

(2) 결과가 좋지 않을 때도 응원하기

받아쓰기에서 한 명은 90점을 받았고, 한 명은 50점을 받았다. 놀랍게도 50점 받은 아이는 칭찬을 받았고, 90점 받은 아이는 되려 혼났다. 왜 이런 일이 발생하는 걸까? 사실 90점을 받은 아이는 평소 100점을 놓치지 않던 아이였다. 그러니 부모는 실망할 수밖에…. 반대로 50점을 받은 아이는 평소 10~20점을 받던 아이였다. 상황을 모르니 우리는 일반적인 관점에서 생각할 수밖에 없다.

이 사례는 지어낸 게 아니다. 실제로 겪었던 일이다. 나는 어릴 때 항상 받아쓰기 시험을 보면 100점을 받았다. 그러다 어느 날 90점을 처음으로 받았다. 부모님은 놀라서 어떻게 된 일인가 따져 물었다. 나는 주눅이 들었다. 50점의 주인공은 내 동생이다. 학교에 들어간 지 한 달 동안은 만날 10점, 20점 받다가 드디어 한 달 후에 50

점을 처음으로 받았다. 난리가 난 것이다. 기대하지 않는데 성장하는 모습을 보여주었으니 말이다.

이야기가 너무 길어질까 중간 과정을 생략해서 결론을 말해볼까 한다. 나는 중학교 3학년 때 반에서 1등을 하였고, 전교 611명 중에 딱 10명만 전 과목 '수'를 받는 결과를 이뤄냈다. 하지만 고등학교에 가서 한없이 무너졌다. 잘하지 못하면 비난받을 것 같은 공포가 엄습했기 때문이다. 그리고 나는 공부를 잘하는 사람이라는 인식을 계속 유지하고 싶어서였다. 반면에 내 동생은 오히려 느리게 시작했지만, 고등학교 때 반에서 2등까지 했다. 대학도 나는 수도권으로 간 반면에 동생은 서울 소재 대학에 진학했다. 결과가 좋지 않아도 응원을 받았던 동생의 사례가 모든 걸 설명하리라 믿는다.

(3) 스스로 답을 찾도록 유도하기

강연을 다니며 가장 많이 받는 질문은 '우리 아이 고등학교 선택은 어떻게 해야 하나요?'이다. 입시와 직결되는 고등학교를 선택하면서 부모도 아이들도 고민이 많다. 일반고를 갈지, 특목고나 자사고를 갈지 갈팡질팡하며 힘들어한다. 나는 우선 아이가 어디를 갔을 때 더 유리할지 아이와 함께 고민해보라고 말한다.

학교마다 특성을 파악한 후에 장단점을 아이와 함께 써보는 것이다. 그렇게만 해봐도 아이가 스스로 어디가 더 나을지 판단할 수 있다. 직접 고민하는 시간을 가졌기 때문이다. 그리고 여기서 더 중요한 건 최종 결정은 아이가 하도록 두는 것이다. 그래야 나중에 잘 되든 안되든 원망을 듣지 않는다.

단편적인 한 예에 불과하지만, 어린 시절부터 아이가 선택할 수 있도록 물어봐 주는 연습을 해야 한다. 나이가 어려도 자기가 하고 싶은 게 다 있다. 오히려 더 솔직하게 말할 것이다. 사회화가 덜 되어서 다른 사람을 의식하지 않고 순수한 마음을 보일 것이다. 그러니 자유롭고 유연한 사고를 죽이지 않기 위해 항상 먼저 의견을 묻고 결국에 자기가 선택할 수 있도록 해줘야 한다. 물론 선택의 결과에 대해서는 본인이 책임지도록 하면서 말이다.

(4) 공부는 끝이 없다는 것 알려주기

공부에는 왕도가 없다는 말을 알아야 한다. 인생은 정말 끝없는 공부와의 전쟁인 듯하다. 학창시절에는 시험을 위한 공부로 힘들지만, 어른이 되면 인생 공부를 하기 때문이다. 다시 말해, 공부를 시험을 위해서만 하지 않도록 주의해야 한다는 말이다. 공부는 내가 이 세상을 살아가면서 지혜를 얻기 위한 필수적인 것으로 가르쳐야 한다.

놀랍게도 책을 읽으면 읽을수록 내가 부족하다는 걸 느낀다. 그리고 세상에는 아직도 내가 모르는 게 더 많다고 느낀다. 예전에 내가 다른 책에서도 설명한 적이 있다. 내가 아는 것을 '원의 크기'라고 할 때 내가 모르는 것은 그 원의 바깥 부분에 해당한다. 그러니 원의 크기가 커지면 커질수록 더 모르는 면적이 더 커지지 않을까?

공부할 때 정답을 찾기 위해 노력하는 사람은 그 정답 안에서만 생각한다. 반면에 해답을 찾기 위해 노력하는 사람은 언제든 답을 바꿀 수 있고, 더 나은 답을 구할 수도 있다. 우리 인생은 하나로 정해져 있지 않다는 사실을 알아야 한다. 언제든 다른 길로 빠질 수도 있기에 유연하게 대처하고 다른 대안을 생각해낼 수 있도록 노력해야 할 것이다. 그래서 공부는 끝이 없다. 이 사실을 꼭 인지하도록 하자.

유연할수록 더 다양한 동작을 수행하는 데 도움이 된다. 근육과 관절의 활동 범위를 넓혀주기 때문이다. 유연성을 만들기 위해서는 평소 스트레칭을 많이 하는 것이 중요하다. 근육이 굳지 않도록 예방하는 방법이다. 긴 시간 동안 한 자세에 머물면 유연성이 약해진다. 그래서 자세도 바꿔야 하고, 근육을 이완시키며 유연하게 만들어야 한다.

방금 이렇게 근육과 관절 등을 설명하면서도 자주 등장하는 단어가 있다. 바로 '변화'와 '움직임'이다. 이런 점에서 유연성은 언제든 상황에 따라 변할 수 있는 마음가짐을 의미한다. 수험생들이 실패하는 이유 중 하나는 자기 고집을 부리기 때문이다. 자기 성적에 맞는 대학에 지원해야 하는데, 너무 높게 목표를 정하고 자기 상황과 다른 곳에 지원했다가 떨어지는 결과를 맞이한다.

만일 자기에게 맞는 점수대의 대학에 지원한다면 어떨까? 그렇게 유연한 사고로 상황을 받아들이고 생각을 바꿀 수 있다면 오히려 더 좋은 결과를 맞이할 수 있다. 혹은 자기가 점수나 상황을 제대로 판단했다고 할지라도 결과가 안 좋게 나올 수도 있다. 그럴 때 좌절하는 게 아니라 '그럴 수도 있다'라는 마음으로 상황을 이해하고, 차선책으로는 무엇을 하면 좋을지 다음을 구하는 자세가 필요한 것이다.

10년 동안 고시만 준비하다가 결국 폐인으로 살아가는 사람들이 있다. 혹은 명문대에 가겠다고 7수, 8수까지 하는 노장들도 있다. 만일 이들이 그냥 1~2년 정도 하다가 자신의 부족함을 인정하고, 다른 길을 찾았다면 어땠을까? 예를 들어, 차라리 9급으로 시작해서 승진을 노려보면, 5급까지는 아니더라도 10년이면 6급까지는 갈 수 있을지도 모르니까 말이다.

창의력

개념 알기

우리는 보통 창의력이 있다고 하면, 남들이 생각하지 못하는 완전히 새로운 것을 만들어 낼 수 있는 것으로 생각한다. 하지만 창의력은 문제가 발생했을 때 다양하고, 새롭고, 적절한 가치가 있는 것을 생각해낼 수 있는 능력이다. 더 쉽게 말하자면, 포기하지 않고 다양한 방법을 시도하며 문제를 끝까지 해결하려고 노력하는 자세라고도 말할 수 있다.

예를 들어, 참치 통조림을 따는데 뚜껑 손잡이가 부러졌다고 가정해 보자. 여기서 대부분은 창의력을 발휘해서 안전하고 부러지지 않는 통조림 뚜껑을 개발하려 할 것이다. 실제로 요즘에는 다른 재질로 만들어진 뚜껑도 볼 수 있다. 하지만 창의력이란 이런 거창한 것만이 아니다. 뚜껑 손잡이가 부러졌을 때 바로 그 상황에서 조치를 취하는 사람이 창의력이 있는 사람이다. 숟가락이든 젓가락이든 무슨 도구라도 사용해서 바로 뚜껑을 열고 참치를 먹는 사람이 진정한 창의력을 갖춘 사람이란 말이다. 즉, 다양한 방법을 사용해서 즉각적으로 문제를 해결할 수 있어야 한다는 의미다.

나아가 사람들로부터 공감을 끄집어낼 수도 있어야 한다. 시대를 앞선 창의력은 현실과 멀어지기 때문에 공상으로 여겨질 수도 있다. 과거에 한 사람이 온몸에 컴퓨터 장치를 두르고 휴대용 컴퓨터라고 하며 TV에 나온 적이 있었다. 일부는 기발한 아이디어라고 했지만, 대중은 미친 사람이 아니냐고 평가했다. 이처럼 사람들이 공감하고 인정하는 범위 내에서 발휘할 수 있어야 한다는 말이다.

기존의 것에서 90%나 차이 나는 아이디어가 아닌 1%의 차이만 나더라도 획기적이라는 평가를 충분히 받을 수 있다. 그러니 기존의 것과 어울리게 연결하는 것도 창의력이라 볼 수 있다. 그러려면 유연함이 필수다. 틀에 박힌 생각도 하면 안 되지만, 어느 정도는 틀과 가까운 곳에서 답을 찾아야 하기 때문이다. 또한, 두려움을 극복할 수 있어야만 한다. 큰 문제 앞에서 도망치지 말고, 유연한 사고를 바탕으로 대응할 수 있어야 하니까. 그것이 바로 창의력이다.

창의력이 강한 아이들의 특징

(1) 작은 변화에도 호기심을 가진다

여자 친구가 남자 친구에게 하는 가장 어려운 질문이 있다. "나 바뀐 거 뭐 없어?" 난이도 최상의 질문이다. 대부분 남자는 이 질문에 답을 제대로 하지 못한다. 하지만 일부 남자는 구체적으로 무엇이 어떻게 바뀌었는지 대답할 수 있다. 이 두 부류의 차이는 무엇일까? 바로 작은 변화에 대한 민감함이 얼마나 차이가 있느냐이다.

어릴 때는 아이가 끝없이 질문한다. "왜?"라는 질문을 말이다. 꼬리에 꼬리를 물고 끝없이 질문이 이어진다. 하지만 부모는 점점 지쳐간다. 심지어 화를 내기까지 한다. 이제는 그만 물어보라고. 하지만 그 아이는 끝없이 궁금하다. 세상에 아직 모르는 게 천지니까. 호기심이 왕성하다. 하지만 부모가 그 호기심을 죽인다. 우리나라는 어른이 되어 갈수록 말을 아끼는 걸 미덕으로 여기니까.

하지만 아이들은 작은 것 하나도 놓치지 않고 변화를 감지하고, 모르는 걸 인지한다. 그래서 계속 질문한다. 자기 세상을 계속 넓혀가기 위해서 말이다. 만일 이런 호기심 가득한 채로 평생 살아간다면, 처음에 말했던 여자 친구의 고난도 질문에도 척척 답할 수 있을 것이다. 그리고 호기심이 결국 다양한 관점으로 보는 능력을 길러내어 창의력을 만든다. 실제 특목고에서 만난 우등생들은 '왜(why)'라는 질문은 매우 구체적으로 할 줄 안다. 질문의 수준이 높다. 단순히 개념을 묻지 않는다. 자기가 생각한 점이 무엇인지 설명하고, 어떤 차이가 있는지 묻는다. 그게 바로 창의력이다. 다름을 관찰하고 궁금해하는 것 말이다.

(2) 모든 가능성을 수용한다

영어에서는 다양하게 미래의 가능성을 표현한다. 만일 현실이라면 'be 동사'를 사용하지만, 가능성 표현은 현실이 될 수 없기에 다른 표현을 활용한다. 우리가 잘 알고 있는 'maybe'는 가능성이 별로 크지 않다. 그런데 'probably'는 80% 이상의 가능성을 내포하고 있다. 창의력이 있는 아이들은 'maybe'를 'probably'로 만든다. 그만큼 가능성을 항상 열어두고 생각하기 때문이다.

'무식이 용감이다'라는 표현이 있다. 무식한 사람이 신념을 가지면 무섭다는 말이다. 하지만, 오히려 무식하거나 무모해서 문제를 해결하는 경우가 생긴다. 대표적으로 현대그룹의 (故) 정주영 회장은 서산 간척사업 때 폐유조선을 이용해 둑을 완성해냈다. 이로 인해 공사 기간을 9개월이나 단축하고 공사비도 280억 원이나 절감했다.

놀랍게도 학교에서도 이런 성향을 보이는 아이들을 만날 때가 있다. 학급 회의 시간에 아이들이 여러 의견을 제시한다. 그중 엉뚱한 아이디어를 내는 경우가 있는데, 다른 아이들이 야유를 보내거나 반대하는 경우가 발생한다. 그때 창의력이 있는 아이는 이 새로운 아이디어에 대해서 보충 설명을 하며 가능성이 없지 않다고 지지를 한다. 그러면 처음에는 반대 의견을 내비치거나 야유를 보냈던 아이들도 마음을 바꾼다. 금세 설득된 것이다. 나중에 따로 불러서 어떻게 그런 생각을 했는지 물어보면, "언제나 모든 가능성을 열어두고 봐야죠. 그래야 위기도 기회가 될 수 있거든요."라고 답한다.

창의력이 있는 아이들은 절대 문을 닫아두지 않는다. 언제나 자동문으로 만든다. 기회를 위기로 만들 수 있다고 믿기에….

(3) 불확실함을 견딘다

창의력을 가진 아이들은 공통점이 있다. 인내심이 강하다. 달리 말하자면, 불확실함 속에서도 흔들리지 않고 견디는 힘이 있다. 끝까지 포기하지 않고 맡은 일에 대해서 수행하는 모습을 보인다. 뚝심이 있다고 표현할 수도 있다. 하지만 그런 행동은 오히려 유연함을 가질 때 나온다.

새옹지마(塞翁之馬)라는 말을 들어봤을 것이다. 어떤 상황이 왔을 때 그게 좋은 일로 이어질지, 나쁜 일로 이어질지 알 수 없다는 말이다. 새옹지마의 교훈을 이해하는 사람은 유연함에 있어서 끝판왕이다. 특히 시험을 본 후에 그 특성이 적나라하게 드러난다.

고3 수험생이 되면, 모의고사를 볼 때마다 속절없이 무너지는 아이들이 나온다. 시험을 망쳤으니 좋은 대학에 가지 못해 자기 인생이 끝이라 말한다. 하지만 창의력은 문제를 해결하고, 끝까지 버티는 힘을 가진 아이들이 가진 특성이라고 하지 않았는가.

모의고사 성적이 어떻든지 수능 날까지 절대로 포기하지 않는다. 심지어 수능 당일 첫 시험이 어려워도 흔들리지 않는다. 마치 거센 바람이 부는 날에도 그 바람을 느끼며 흩날리는 갈대와 같다. 매우 유연하게 그 상황을 대처하며 시험이 끝날 때까지 자기 위치를 지킨다. 결국에 성적이 잘 나온다. 그들은 어려운 시험 문제 속에서도 창의력을 발휘하여 어떻게든 답을 찾고자 노력했기 때문이다.

(4) 새로운 상황을 두려워하지 않는다

사람마다 낯가림이 있을 수도 있고, 없을 수도 있다. 이 낯가림은 사람일 수도 있고, 물건일 수도 있고, 심지어 장소일 수도 있다. 우리 집 첫째 아이는 장소 낯가림이 심하다. 장소에 적응이 될 때까지는 말도 잘 안 하고, 사람들과 어울리지도 않고 계속 탐색전을 한다. 하지만 적응이 완료되면, 누가 그랬냐는 듯이 성격이 180도 바뀐다. 매우 활발한 아이로 변하기 때문이다. 하지만, 다시금 새로운 환경이나 상황에 놓이면 조용해진다. 새로운 안전망을 완성할 때까지 시간이 걸리는 것이다. 그래서 그런지 규칙이 있고 정해진 일을 더 잘하는 것 같다.

　반면에 둘째는 어디에 내놓아도 잡초처럼 살아남을 것 같은 인상을 준다. 예를 들어, 블록 놀이를 하다가 실수로 떨어뜨려 작품이 망가져도 울지 않는다. 새로 다시 만들면 된다고 생각하고, 더 멋지게 작품을 만들어낸다. 항상 그런 식이다. 아이니까 잠시 속상해하지만, 금방 털고 일어난다. 새로운 걸 배울 때도 마찬가지다. 처음이라 못해도, 실패해도 괜찮다. 다시 해야겠다고 말하며 여러 번 계속해서 도전한다.

　학교에서 보면, 수업을 정말 열심히 듣는 데 성적이 안 나오는 아이들이 있다. 그 이유를 살펴보면, 변형되거나 다른 내용으로 응용된 시험 문제를 자꾸만 틀리기 때문이다. 그대로 외워서 하는 건 어느 정도 할 수 있지만, 조금이라도 바뀌면 어렵게 느끼고 그 문제를 해결하지 못한다. 다시 말해, 창의력 혹은 유연성이 부족하다는 말이다.

　우등생들은 어떠한가? 놀랍게도 모든 경우의 수를 고려하여 공부한다. 게다가 시험에서 아무리 어렵게 꼬아서 내더라도 그 포인트를 잡아내어 문제를 해결한다. 그래서 백 점, 만점, 고득점 등 좋은 결과를 낼 수 있다. 결국에는 창의력이 이런 결과를 가져오는 것이다. 아무리 문제가 새로워도 그들은 짧은 시간 안에 해결할 능력을 갖췄으니까.

우리 아이 창의력 기르는 방법

어려운 수학 문제를 잘 풀기 위해서는 혼자 생각하는 시간이 많이 필요하다고 한다. 과거에 수능 수학은 40분 넘게 생각해야만 풀수 있는 고난도 문항도 있었다. 한 가지 개념이나 공식으로만 문제를 풀 수 없기 때문이다. 창의력은 절대 고정석 사고를 해서는 기를수 없다. 발산적 사고를 해야만 한다. 결과 중심이 아니다. 과정 중심이다. 대신 코가 깨지고 피가 터지는 그런 과정을 통해서 만들어진다. 그 과정에서 정교함이 자연스럽게 생긴다. 처음에는 발산형이지만, 수렴형으로 돌아오기도 한다. 양을 먼저 채우면, 질적으로 우수해지는 것과도 같은 원리다. 다양한 창의력을 기르는 방법을 구체적으로 알고 실천할 수 있기를 바란다.

(1) 차선책도 함께 생각하기

보통 사람은 하나의 목표만 바라보며 달린다. 마치 경주마처럼. 하지만 우리가 하나의 목표를 이루기 위해서 사용할 수 있는 방법은 무한 가지다. 최선의 것과 그 정도의 차이만 있을 뿐이다. 고로, 최고의 방법이 있으면 그다음으로 좋은 방법이 있을 수 있다는 말이다. 그런데 왜 차선책은 고려하지 않고, 하나만 바라보다가 실패하면 좌절하는 것일까?

모든 것은 연습을 통해서 발전시킬 수 있다. 차선책을 찾는 연습도 습관처럼 해야만 실제 상황이 되었을 때 실천할 수 있다. 우리는 자꾸만 진로를 직업으로 착각한다. 진로는 동사형이고, 직업은 명사형인데 말이다. 완전히 다르다. 나의 경우는 스무 살 때 다시 살아가기로 마음먹고 진로를 명확히 정했다.

'남에게 도움을 줄 수 있도록 살아가기'는 지금까지도 실천 중이다. 그리고 진로를 실현하기 위해서 하나의 방법으로 학생들에게 도움을 주는 교사가 되었다. 교사는 내가 진로를 향하는 데 있어서 필요한 하나의 방법이자 수단이었다. 그렇기에 만일에 교사가 되지 않았다면, 차선책으로는 얼마든지 다른 직업도 가능했을 것이다.

지금도 마찬가지다. 진로는 변하지 않겠지만, 얼마든지 교사가 아닌 다른 일로 사람들을 도울 수 있다. 학생들과 가장 가까이에서 만날 방법이 학교에서 교사로 살아가는 것이지만, 학생들을 만날 기회는 얼마든지 있기 때문이다. 작가로서도 충분히 그 기회를 얻고 있기에 쉽게 증명할 수 있다.

사실 내가 스무 살에 실패한 인생이라고 여겼던 이유는 차선책이 없었기 때문이다. 그런데 안타깝게도 학교에서 지도하는 우리 아이들도 같은 일을 겪는다. 명문대 진학을 못 했다고 인생이 끝났다고 생각한다. 만일 직업을 최종 목표가 아니라 진로를 목표로 둔다면, 얼마든지 직업은 바뀔 수 있다는 걸 알았으면 한다. 그런데 이 사실을 쉽게 알지 못한다. 어릴 때부터 우리 아이들은 명문대 진학과

대기업 취업이 성공이라고 믿기 때문이다. 그래서 항상 차선책을 고민할 기회를 만들어줄 필요가 있다. 그래야 실패한 인생이 아닌 언제든 유연하게 상황에 맞게 대처할 수 있는 유연함이 생긴다.

(2) 자신이 아는 것과 연결하기

창의력은 기존의 것에서 1%만 다르게 생각할 수 있으면 되는 것이라 말했다. 1%는 사실 큰 숫자가 아니다. 다시 말해, 기존의 것이 99%이고, 새로운 것이 1%라는 의미다. 사람들은 익숙한 것에 공감한다. 자기가 알고 있는 것과 다르면 오히려 거부감이 있다. 그래서 창의력이 있는 사람은 누구나 아는 것을 잘 활용할 수 있어야 한다.

사실 이건 공부하는 것과도 밀접한 관련이 있다. 배경 지식이 많을수록 더 빨리 배울 수 있는 것처럼, 공부할 때 어떻게든 내가 아는 것을 최대한 활용한다. 새로운 내용을 배워도 계속해서 내가 아는 것과 연결하려고 노력하는 것이다. 뇌과학적으로도 기존의 것과 새로운 것이 밀접하게 연결될 때 더 신경망이 강화되기 때문이다.

아주 간단한 방법을 알려주겠다. 아이에게 새로운 지식을 알려준 후에 한 가지 활동을 해보자. 방금 배운 내용을 설명해보라고 하는 것이다. 단, 자기가 알고 있는 것을 활용해서 예를 들어보라고 한다. 대신 누구나 쉽게 이해할 수 있는 예를 들라고 한다. 그러면 새로운 지식을 명확히 이해했는지 아닌지 확인할 수 있다. '이해'라는 건 내가 쉽게 예를 들어서 설명할 수 있는 경우이기 때문이다.

(3) 새로운 장소 탐색하기

많은 사람이 새로운 길을 산책할 때 아이디어가 떠오른다고 한다. 인간은 예로부터 직립보행을 하게 되면서 뇌가 발달했고, 뇌는 새로운 길을 갈 때 지도를 새로 그리기 때문에 새로운 아이디어가 샘솟는다. 기존에 알던 길로 가면, 뇌는 활발히 작동하지 않는다. 무의식적으로 알던 길을 걷게 될 것이다. 하지만 새로운 길을 가면, 약간 긴장도 하고 뇌에 새로운 것을 넣게 되어 새로운 생각을 하도록 만든다.

이 방법은 사실 무수히 읽었던 수능 만점자들의 공부법 책에서도 발견한 사실이다. 문제를 풀다가 막혀서 슬럼프가 오면 일부러 평소 가지 않던 장소로 이동해서 공부했다고 한다. 그러면 오히려 안 풀리던 문제가 풀리고, 집중력이 올라가서 공부 효율이 높아진다고 한다.

우리가 무언가를 기억할 때는 공간이나 장소를 함께 기억하는 것도 뇌과학의 원리다. 따라서 낯선 장소로 이동해서 공부할 때는 새로운 회로가 형성될 수 있다. 이는 확장을 의미한다. 만일 고등학생이 아닌 초등학생이나 중학생이라면, 가능하다면 새로운 장소를 자주 경험했으면 한다. 그만큼 뇌가 새로운 지도를 머리에 그리면서 새로운 아이디어를 떠오르게 할 테니 말이다.

(4) 자유롭게 생각 표현하기

우리는 남을 의식하며 살아간다. 다른 사람이 어떻게 생각할지 항상 고민한다. 그게 이 세상을 살아가는 데 중요한 법칙 중 하나이기 때문이다. 그 덕분에 우리 생각은 갇혀버린다. 더 좋은 생각이 나도 분위기에 휩쓸려 말하지 않는다. 안타까운 현실이다. 시스템 속에서 살아가려면 어쩔 수 없지만 말이다.

물론 엉뚱한 내 모든 생각을 다 이야기했다가는 왕따를 당하거나 비난을 받거나 외면받는 상황에 놓일 수 있다. 그래서 조심스럽다. 하지만 괜찮은 방법이 하나 있다. 바로 일기를 쓰는 것이다. 혹은 그냥 플래너에 기록해도 좋다. 다른 사람이 읽을 수 없으니까.

실제 감정을 통제하기 위해 우등생들은 매일 밤 하루를 평가하는 시간을 보낸다. 잘했으면 스스로 칭찬도 하고, 못했으면 스스로 반성도 하며 감정을 풀어낸다. 그리고 자유롭게 자기 생각을 다 써낸다. 내 생각을 평가할 사람이 주변에 없으니 마음이 편하다. 덕분에 이 행동은 매일 이어질 수 있다.

이것 또한 창의력을 기르기 위한 연습이다. 평소에 다양한 생각을 하지 않으면서, 중요한 순간에 좋은 의견을 내기란 어렵다. 가수 김태원 씨는 저작권료를 많이 받는 10곡이 탄생하기 위해서 400곡을 써야만 했다고 말했다. 400곡이라면 어마어마한 숫자다. 한 곡을 쓰기 위해서는 오랜 시간 고민과 노력이 필요하기 때문이다. 하지만 곡을 쓰는 과정에서 다양한 경험과 생각을 만들어낼 수 있었을 것이다.

예술가들의 창의력이 남다른 이유는 자유롭게 자기 색깔을 표현하기 때문이다. 우리도 마찬가지다. 창의력이 좋아지려면, 내 생각을 자유롭게 펼칠 수 있어야 한다. 그것은 연습만이 살길이다. 편안한 마음으로 일기 쓰기 등을 통해 자기 생각을 자유롭게 표현해 보기를 바란다.

인간은 두 가지 사고방식을 지녔다고 한다. 고정형 사고방식과 성장형 사고방식이다. 고정형 사고방식을 가진 사람들은 자신의 타고난 성향과 재능은 바뀔 수 없다고 믿는다. 반면에 성장형 사고방식을 가진 사람들은 자신이 지금보다 더 발전할 수 있다고 믿는다. 완전 반대이고, 결과도 극과 극이다.

심리학에 귀인 이론이라는 게 있는데 그것과 비슷하다. 지능이나 운 등을 이유로 결과를 분석하는 것과 노력으로 결과에 대한 이유를 찾는 것처럼 말이다. 결국 '노력'이라는 이유를 찾을 때 우리는 성장할 수 있다고 한다. 성장형 사고방식도 같다. 성장이라는 말 그대로 유연성을 지녔다. 언제든 바뀔 수 있고, 더 성장할 가능성이 있으니까.

창의력은 그런 면에서 무한한 성장과 발전을 돕는 좋은 능력이다. 실패를 두려워하지 않고, 문제를 해결할 수 있을 때까지 다양한 방법을 통해 계속 도전하는 능력이다. 즉, 혁신이 중요한 게 아니라 기존의 것에서 1% 다르게 생각하는 힘이니 말이다.

부모로서 혹시라도 지금 우리 아이의 창의력을 얼마나 없애고 있는지 확인해봤으면 좋겠다. 아이가 말할 때 끝까지 기다리지 못하거나 혹은 엉뚱한 상상을 한다고 자꾸만 말을 멈추게 하고 있는지 말이다. 동양의 미덕을 추구하느라 현시대에 인재로서 꼭 필요한 창의력을 죽이고 있는 건 아닌지 고민하는 시간을 갖고 앞에서 말한 방법들을 실천하기 위해 노력했으면 한다.

10. 윤리적 태도를 보여주는 감정

DQ(윤리의식)

개념 알기

IQ(Intelligence Quotient)는 지능 지수, EQ(Emotional Quotient)는 감성 지수, SQ(Social Quotient)는 사회 지수, AQ(Adversity Quotient)는 역경 지수를 의미한다. 그리고 요새 등장한 새로운 개념인 DQ(Digital Quotient)는 디지털 지수다. 디지털 시대를 살아가는 우리에게 새롭게 대두되는 역량이다.

디지털 도구를 활용할 수 있는 능력을 말하기도 하지만, 디지털 세상에서 시민으로서 갖춰야 할 자세를 의미하기도 한다. 일명 디지털 리터러시라는 개념을 통해 온라인 세상에서 일어나는 일에 대해 사리를 분별할 수 있어야 한다는 말이다. 다양한 관점이 있지만, 디지털 윤리적 측면에서 깊게 살펴보고자 한다.

코로나 시대를 지나며 요즘 아이들은 오프라인보다 온라인 세상에서 더 활발히 소통할 기회가 많다. 안타깝게도 그 기회만큼 학교 폭력 상황을 비롯한 인터넷 범죄가 더 늘어나는 추세다. 쉽게 말해, 우리 아이들의 디지털 윤리의식이 약해지고 있다는 것이다.

온라인 세상을 말하고 있지만, 사실 오프라인 현실에서도 그대로 이어질 수 있기에 '윤리의식'의 중요성은 점점 더 중요해지고 있다. 잘못한 행동을 잘못이라고 인지하지 못하면 그게 큰 문제가 될 수 있기 때문이다. 내가 생각하는 진정한 우등생은 이 공부 감정(윤리의식)을 분명히 가지고 있다. 공부만 잘하는 사람은 '진정한'이라는 말을 붙이기가 어렵다.

공부도 잘하면서 인성도 좋고, 사회에 공헌할 자세를 갖춘 사람이야말로 '진정한'이라는 수식어를 붙일 수 있다. 진정한 부자도 돈만 많은 게 아니라 윤리의식을 비롯해 인성적인 측면에서 우수함을 보이고, 실제 사회에도 봉사와 헌신 등 기여하는 모습을 보인다. 그런 면에서 진짜 부자와 진짜 우등생은 같은 맥락으로 이어진다고 볼 수 있다.

DQ(윤리의식)가 강한 아이들의 특징

(1) 자신의 감정을 조절할 줄 안다

의사소통은 언어로 이뤄진다. 그런데 말보다 더 중요한 건 표정, 손짓 등 비언어적인 요소다. 직접 만나서 대화를 나누면 오해가 생기지 않지만, 온라인상에서 문자로 말을 주고받으면 상대방의 감정을 확인할 수 없으니 의사소통에 문제가 생기곤 한다. 이때 얼마나 감정 조절을 잘하는지 확인할 수 있다.

인간의 갈등은 의사소통에 문제가 생길 때 발생한다. 상대방의 의도를 정확히 파악하지 못해서 생긴다는 말이다. 이런 상황에서도 흥분하지 않고 침착하게 상대방의 의도를 파악하며 감정을 다스릴 줄 아는 사람이 진정한 고수다. 최대한 문제 상황을 만들지 않기 때문이다.

학교 폭력이 발생하는 이유는 사실 미성숙한 아이들이 감정을 주체하지 못할 때 많이 발생한다. 온라인이든 오프라인이든 상관없다. 양쪽 이야기를 들어보면, 쌍방 과실인 경우가 많다. 아니 땐 굴뚝에 연기가 날 일이 없고, 손뼉은 마주쳐야 소리가 나기 때문이다.

공부하는 데 있어서 만일 학교 폭력과 같은 큰 사안이 발생하면, 지대한 영향을 줄 수 있다. 더 멀리 볼 수 있는 사람이라면, 절대 큰 문제가 발생하도록 두지 않는다. 스스로 감정을 통제하고, 위기를 극복하기 위해 노력한다. 이성적으로 상황을 판단하고, 바로 조치한다. 그래야만 공부에 방해가 되지 않기 때문이다.

(2) 타인을 존중한다

윤리의식을 갖춘 아이들은 자신의 행동이 타인에게 얼마나 큰 영향을 줄 수 있는지 명확히 알고 있다. 남에게 내가 어떻게 하는지에 따라서 자신이 어떠한 대우를 받게 될지도 안다. 그래서 타인을 존중하는 태도가 몸에 배어있다. 다른 사람을 존중해야 자기가 존중받을 수 있기 때문이다.

타인을 존중하는 마음은 곧 '배려'라 볼 수 있다. 배려는 남을 도와주거나 보살펴 주려고 애쓰는 마음이다. 이 마음에는 '따뜻함'이 들어있다. 따듯한 모습이라고 하면 무엇이 가장 먼저 떠오르는가? 온화한 미소, 상냥한 표정 등이 떠오르지 않는가? 꼭 무언가를 해주지 않아도 이러한 사소한 것에서부터 얼마나 다른 사람을 존중하는지 알 수 있다.

남을 존중한다는 건 누구나 공평하게 태어났다고 믿는 것과 같다. 그래서 차별하지 않는다. 민감한 문제가 될 수 있는 인종, 종교 등에서도 열린 마음으로 상대방의 타고난 특성이나 후천적으로 선택한 것을 모두 존중한다. 인종이나 종교로 인해 전쟁까지 나기도 하는데, 타인을 존중하는 자세는 모든 갈등 상황을 종결할 수 있다.

(3) 생명을 소중히 여긴다

사람, 동물, 식물 어떠한 것이든 살아있는 생명에 대해서 소중함을 안다. 서양의 생명존중 사상은 모든 생명은 소중하므로 존중해야 한다는 슈바이처의 '생명 외경 사상'에서 왔다. 꽃으로도 때리지 말라는 말처럼 비폭력을 추구한다. 우스갯소리로 동물 좋아하는 사람 중에 악한 사람은 없다는 말도 있지 않은가.

삭막한 현대 사회에서 정신적인 문제로 인해 사이코패스와 같은 양심의 가책을 느끼지 못하는 인격 장애가 발생한다. 그들은 윤리의식이 없는 사람이라고 볼 수 있다. 다른 사람을 자신의 목표를 이루기 위해 사용할 도구로밖에 여기지 않는다는 점에서도 무섭다. 그렇기에 생명을 소중히 다루지 않기도 한다. 살인이 일어나는 이유도 다 그래서다.

반면에 생명을 소중히 여기는 사람이라면 타인의 감정을 공감하는 능력이 탁월할 것이다. 기쁨도, 슬픔도, 아픔도 모두 공감할 수 있다. 죽음에 대해서도 민감하게 반응한다. 길을 가다가 차에 치여 죽은 동물을 보거나, 식물 줄기가 꺾인 모습만 봐도 매우 안타까워하며 기도하는 모습을 보이기도 한다.

대체로 이런 모습을 보인다면 윤리의식이 강한 걸 알 수 있다. 자기가 한 잘못된 행동에도 죄책감을 느끼지만, 인간이 자연에 끼치는 나쁜 영향에도 마음 아파하며 생명의 소중함을 절실히 느끼기 때문이다. 죄책감을 느낀다는 건 그만큼 윤리의식이 있다는 의미다.

(4) 인사성이 바르다.

인사를 잘하는 사람만큼 기본 인성을 갖춘 사람은 없을 것이다. 인간관계에 있어서 인사는 기본이다. 만남은 항상 인사로 시작해서 인사로 끝이 난다. 외국에서는 지나가던 이웃과 눈만 마주쳐도 고개를 들며 인사를 한다. 심지어 버스에서 내릴 때도 같은 동작으로 운전 기사에게 인사를 한다. 별거 아닌 인사로 정이 느껴진다. 원래 '정'이라는 감정은 동양에서 더 많이 느낄 수 있다고 하는데, 인사에 있어서는 동양이 더 인색한 것 같다.

물론 고개를 숙여서 인사하는 문화가 있어서 더 예의를 갖춘 것 같은 느낌이다. 하지만 엘리베이터에 탄 이웃과 인사는커녕 눈조차 마주치지 않고 서로 핸드폰만 바라보는 광경을 쉽게 볼 수 있다. 이것이 일반적인 현실이다. 하지만 윤리의식이 투철한 우등생들은 '예의'가 있다. 인사를 중요시하기 때문이다.

주변 사람에게 인사를 제대로 하지 못하거나, 예의 바르지 못한 행동을 할 때 스스로 잘못했다고 느낀다. 윤리(ethics)라는 단어는 사실 그리스어 에토스(ethos, 성격)와 라틴어 모레스(mores, 관습)에서 온 말이다. 다시 말해, 사회적 동물로서의 인간이 서로를 대하는 방법인 셈이다. 그러니 주변 사람에게 기본적인 인사를 통해 대하지 못한다면, 그것은 잘못된 행동이 되는 것이다. 이 또한 윤리적으로 불편한 마음이 생기니 윤리의식이 있다고 볼 수 있다.

그래서인지 몰라도 학교에서 만나는 진정한 우등생들은 인사성이 매우 밝다. 공부만 잘하는 게 아니라 사람을 대하는 태도가 훌륭하다. 미국 메이저리그로 진출한 일본 '오타니' 선수의 만다라트 기록에서 인성을 갖추기 위해 하는 '쓰레기 줍기' 행동도 인사성이 좋은 행동과 같은 맥락이라고 생각한다. 그런 면에서 윤리의식이라는 건 인간으로서 갖춰야 할 기본 중의 기본이 아닐까?

우리 아이 DQ(윤리의식) 기르는 방법

요즘 아이들은 디지털 기기의 사용으로 인해 정보의 바다에서 잘못된 정보를 그대로 받아들일 가능성이 크다. 하지만 윤리적 태도를 기본으로 갖추면, 충분히 디지털 리터러시를 기를 수 있다. 무엇이 맞고, 무엇이 틀린 지 분별할 수 있으니까 말이다. 하지만 이런 삶을 대하는 태도와 자세는 하루아침에 만들어질 수 없다. 평소 사소한 습관에서부터 이뤄져야만 한다. 그러니 윤리의식을 기르는 방법을 구체적으로 알고 실천할 수 있기를 바란다.

(1) 감정 이입 연습하기

인간이 만들어낸 업적 중 '문학'과 같은 예술은 우리에게 인간으로서 살아가는 이유를 만들어준다. 특히 자아를 찾아가는 과정은 우리가 인생의 방향을 설정하는 것과 같기에 더욱 의미가 있다. 책이든 영화든 매체가 무엇이든 상관없다. 다만 우리 아이가 작품 속에 나오는 주인공의 삶이나 감정을 간접적으로 경험할 기회를 만들어주는 것이 필요하다.

어린아이라면 애니메이션이어도 괜찮다. 대신 주인공이 겪는 상황이나 감정에 집중해서 공감할 수 있도록 해주어야 한다. 일명 '감정 이입'을 해보는 것이다. 다양한 감정을 느끼며 인간은 더 섬세한 감정을 표현할 수 있기 때문이다. 감정을 이해하고 표현하는 연습이 부족하면, 우리가 두려워하는 인격 장애가 생길 수도 있기에.

사춘기 시기라면 더욱 좋다. 문학 작품이나 영화나 드라마를 보면서 주인공과 자신을 동일시하며 자아를 찾는 과정을 슬기롭게 헤쳐 나갈 수 있기 때문이다. 실제 초등학교 때까지 독서량이 부족했던 일부 우등생들도 중학교 때 심란한 마음을 한국 현대 소설이나 삼국지와 같은 작품을 통해 반복해서 읽으며 자신을 찾는 과정과 동시에 문해력을 늘리는 경험을 하기도 했다. 분명한 사실은 나와 등장인물을 비교하며 감정을 이입하는 훈련은 의미가 있다.

(2) 역지사지(易地思之)의 자세 기르기

다른 사람의 입장이 되어보는 건 사실 어렵다. 열 길 물속은 알아도 한 사람의 속마음은 알아차리기 어렵다는 속담도 있지 않은가. 그런데 연습을 통해서 조금이나마 이 부분을 해결할 수 있다. 주어진 상황 속에서 상대방이 어떤 감정을 느끼는지 물어보며 확인할 수 있기 때문이다. 특히 아이가 다른 사람의 마음을 헤아리지 못할 때

이 방법을 쓰면 효과가 좋다.

분명히 밖에서 아이가 누군가와 갈등 상황을 겪을 때가 있다. 그때가 적기다. 첫 번째 아이의 말에 경청하며 대화하고, 두 번째는 왜 상대방이 그런 행동이나 말을 했을까 함께 고민해보는 것이다. 바쁘다고 대충 아이 이야기를 듣고 넘길 게 아니라 진지하게 대화를 해야 한다. 그래야 아이도 감정을 자세히 말할 준비가 된다. 우선은 아이의 말을 다 들은 후에 갈등 상황이 일어난 이유와 다른 사람의 마음은 어땠을지 함께 이야기 나누는 것이다.

아이가 어리든지 청소년이든지 나이와는 상관없이 충분히 해볼 수 있다. 사춘기 시기가 와도 부모와 관계가 좋다면 얼마든지 대화할 수 있기 때문이다. 물론 관계가 악화되어 대화가 단절된 경우라면 어쩔 수 없이 그냥 둬야겠지만 말이다.

어릴 때부터 항상 내 마음도 중요하지만, 다른 사람의 마음은 어떨지 계속 질문을 통해 물어볼 필요가 있다. 생각을 나누지 않으면, 알 수 없기 때문이다. 한 예로, 남녀가 싸우는 이유가 성별 차이라고 말하지만, 사실 왜 화가 났는지 이유를 말하지 않으면 상대방은 알 길이 없다. 그런데 신기하게도 항상 상대방이 알아서 자기가 화난 이유를 알아주기를 바란다.

어설프게 이유를 유추하며 상황을 악화시키기보다는 명확하게 화가 난 이유를 물어보거나 감정을 이야기해달라고 요청하는 게 낫다. 상대방이 좀처럼 알아서 자기감정을 맞추기를 바란다면 그 관계는 언젠가는 깨지게 될 것이다. 그러니 평소 대화하고, 궁금한 점이 있으면 편하게 물어볼 수 있는 연습을 해야 한다. 이 과정에서 무엇이 옳은지 혹은 옳지 않은지 확인하는 작업을 할 수 있어서 그렇다.

(3) 삶과 죽음에 대해 고민하기

태어나는 건 순서가 있지만, 죽는 건 순서가 따로 없다고 한다. 안타깝게도 윤리의식이 없는 사람 때문에 그 순서가 뒤바뀔 수 있다. 그러니 항상 생명을 소중히 여기는 마음을 기르기 위해 노력해야 한다. 첫 단추는 바로 자신의 삶과 죽음에 대해 진지하게 고민해 보는 것이다.

우리는 애완동물을 키우면서 짧은 생을 보내는 모습을 볼 수 있다. 인간이라서 더 오래 살기 때문에 다른 동물이나 식물이 얼마나 생이 짧은지 깨닫는다. 그리고 탄생과 죽음은 하나라는 걸 알게 된다. 시작이 있으면 마치 끝이 있는 것처럼….

만일 생명체가 불로장생의 삶 혹은 불사조와 같은 무한한 삶을 살아간다면 굳이 윤리의식을 느끼지 못할 것이다. 하지만 유한한 삶이기에 우리는 다양한 감정을 느낀다. 짧은 인생이라서 모든 게 소중하게 느껴진다.

그런데 요새는 디지털 세상에서 미디어를 통해 너무 쉽게 사람을 칼이나 총으로 죽이는 장면을 많이 보게 된다. 게임을 통해서도 마찬가지다. 특히 온라인으로 빠르게 죽고 다시 살아나는 일을 경험

하니까 현실감이 없다. 그래서 더욱 인간의 삶이 유한하고 죽음이
있다는 사실을 인지할 필요가 있는 것이다.

(4) 사소한 행동도 습관으로 만들기

나의 사소한 행동이 습관이 되고, 그 습관은 결국 내 삶이 되는
사실을 누구나 알 것이다. 같은 행동을 반복할 때 자연스럽게 습관
이 되니까. 그리고 습관은 내 삶에 영향을 주니까 그렇다. 성공한 사
람들이 아침 이불 정리부터 철저히 시작하라는 말을 하는 이유도 그
래서다. 그 작은 행동 하나도 제대로 못 하면서 어찌 큰일을 할 수 있
겠냐는 말이다.

로마가 하루 만에 만들어질 수 없는 것처럼, 우리의 윤리의식도
쉽게 만들어지지 않는다. 평소 내 생각과 행동이 꾸준하게 반복되어
습관이 되었을 때 자연스럽게 나오는 것이다. 우리 뇌는 효율성을
중요시해서 새로운 걸 별로 좋아하지 않는다. 기존에 가진 것을 그
대로 하려는 성질을 가졌다. 그래서 새로운 습관을 만드는 게 어려
운 것이다.

고로 좋은 습관을 많이 만들기 위해서는 좋은 행동을 꾸준히 많
이 해야 한다. 오랜 습관으로 자리 잡아서 무의식적으로 행동이 튀
어나오도록 해야 한다는 의미다. 인사하기, 미소짓기, 웃으며 말하
기 등 사소한 행동을 평소에 하면 인상이 좋을 수밖에 없다. 나아가
인간으로서 만든 사회적 규칙이나 법을 잘 지키려고 노력하는 것도

습관으로 만들 수 있어야 한다.

예를 들어, 무단횡단을 하지 않거나 휴지를 줍는 습관을 기르는 것이다. 이런 사소한 행동이 얼마나 우리 인생에 영향을 끼칠지 모르겠다는 생각이 들 수도 있다. 하지만, 그런 사소한 행동이 모여 우리 아이의 윤리의식을 장악하고 있을 테니 경각심을 가지고 사소한 것도 잘 지킬 수 있도록 노력해야 한다.

메타버스, 증강현실 등 가상 세계를 통해 우리는 현실감을 잊을 때가 있다. 그게 참 무섭다. 게임 속에서 적을 무찌르며 사람을 죽이기도 하니까. 현실에서는 절대로 해서는 안 되는 일인데, 현실과 가상 세계를 구분하지 못하는 상황이 올 수도 있기 때문이다.

실제 미디어에는 사실과 거짓 정보가 난무하다. 필터를 가지고 잘못된 정보를 거르지 못하면, 잘못된 생각이 머릿속에 자리 잡게 되고 인생의 방향이 틀어질 수 있다. 그래서 더욱 DQ(윤리의식)가 필요하다. 공부 감정을 챙겨야 할 이유는 공부를 잘하기 위해서지만, 사실은 진정한 우등생으로 거듭나기를 바라는 마음에서다.

공부만 잘해서 의대에 진학한 사람이라면, 환자의 마음을 헤아릴 줄 모른다. 다른 사람의 마음을 이해하고, 공감할 수 있는 의사가 더 많아야 한다. 게다가 돈을 많이 버는 것도 중요하지만, 생명의 소중함을 알고 구하기 위해 노력하는 의사가 더 많았으면 좋겠다.

안타깝게도 대한민국 현실에서는 의대에 진학하는 수험생이 약

3,000명인데 대부분 몸이 편하고, 돈을 더 잘 벌 수 있는 전공을 선택한다. 성적에 밀려서 원하는 과에 가지 못해도 누구나 의사라면 피부과를 차릴 수 있기에 돈이 되는 길을 선택하기도 한다. 만일 윤리의식이 투철한 의사라면, 과연 돈을 좇는 것보다 더 의미 있는 길을 선택하지 않을까?

디지털 시대라서 DQ도 강조해보고, 당연히 인간으로서 갖춰야 할 윤리의식에 대해서 두루 다뤄보았다. 실제 디지털 시대에 인간성이 상실되고 있기에 경각심을 가질 필요가 있다. 인간으로서 꼭 갖춰야 할 역량인 윤리의식을 기를 수 있도록 노력하며 말이다.

$$\boxed{\text{정의로움}}$$

개념 알기

정의로움은 진리에 맞는 올바른 도리를 따라 행동하는 것이며 혹은 누구에게나 공정하고 공평하게 대우하는 것이다. 불의를 보면 참지 않고, 용기를 내는 것 또한 정의로움이다. 하지만 현대 사회를 살아가는 우리 아이 중에는 과연 이 정의로움을 얼마나 보여줄 수 있을까? 다른 사람의 일에 관여하면 피곤해지는 세상이기에 나와 관련이 없다면 나서지 않는 게 상책이지 않은가.

요즘 학교에서는 학생들 사이에서 상상을 초월하는 많은 일이 발생한다. 폭력, 도난 등 사건 사고가 터진다. 한 예로, 누군가의 물건을 훔쳐서 중고 시장에 내놓는 일도 있다. 그런데 알고 보니 자기 물건이 아니라 친구의 물건을 내다 판 것이다. 공교롭게도 같은 학교 다른 학생이 그 물건을 사서 쓰다가 주인에게 들킨다. 이로 인해 진실 공방의 학교 폭력 위원회가 열린다. 거짓으로 모든 걸 무마하려는 아이는 그렇게 정의로움에서는 아주 먼 사람이 된다.

아무리 10대에 질풍노도의 시기를 보낸다 한들, 양심을 속이고 살아가는 건 바람직하지 않다. 하지만 현대 사회에서는 점점 그 양심이 사라지고 있어서 안타깝다. 아직 무엇이 옳은지 분별이 어려운 10대들에게 적절한 교육이 시급하다. 원래 무지한 행동은 알지 못할 때 나오는 것이다.

정의로움에 대해 연구할 때면, 평등, 도덕, 정직 등 주요 개념이 등장한다. 나와 다른 사람과의 관계에 있어서 지켜야 할 도리이다. 특히 환경 오염 및 파괴로 인해 점점 자원이 사라지고 우리 삶의 터전이 위협받는 상황에서는 더욱 정의로움이 필요하다. 지속 가능한 개발에 관한 관심을 가져야 하는 이유다.

이 밖에도 사회적, 국제적 다양한 문제 속에서 정의로움은 단단하게 뿌리를 내리고 지탱해야 할 요소다. 부패한 세상이 되지 않도록 노력하기 위한 시발점이 바로 정의로움이 될 수 있기 때문이다. 공부 잘하는 우등생이 되기 위한 필수 조건이기도 하다. 결국에 우등생들이 세상을 이끌어가는 선두주자로 살아가기에 더욱 정의로움을 길러야만 할 것이다.

정의로움이 강한 아이들의 특징

(1) 도덕적인 행동을 한다

도덕적인 행동이란 자기가 살아가는 집단 속에서 만든 행동 규범에 맞게 행동하는 걸 의미한다. 달리 말하자면, 양심을 지킬 줄 아는 것이다. 남들이 보기에 올바른 행동 혹은 인정할 수 있는 행동을 하는 게 양심 있는 행동이기 때문이다. 또한, 도덕성은 규칙을 따르는 것을 넘어서 어떤 상황에 대해 옳고 그름을 판단할 수 있는 능력이기도 하다.

여기까지는 심리학자들이 말하는 일반적인 도덕적 행동에 해당한다. 하지만 성숙한 어른에 가까워질수록 도덕성이 지향하는 건 달라질 수 있다. 예를 들어, 아픈 아내를 위해 약을 훔친 남편 이야기도 다르게 해석될 수 있는 것과 같다. 법에 따르면 약을 훔친 것은 나쁜 행위지만, 아내를 살리기 위해 한 행동이라 나쁘다고만 할 수는 없다. 이처럼 법과 질서는 사회 유지를 위해 필요하지만, 상대적으로 바뀔 수 있다고도 보는 것이다.

나아가 법을 초월하여 양심, 생명의 존엄성, 평등성과 같은 보편적인 원리를 따르는 경우가 생길 수도 있다. 생명은 고유한 가치가 있기에 우리는 어떤 사람이라도 구제할 의무가 있다. 약을 훔칠 권리가 있는 건 아니지만, 살리기 위해서는 정당화되는 행동이 될 수도 있다는 말이다.

정의로움을 보이는 아이들은 단순히 잘한 행동과 잘못된 행동을 구분하지 않는다. 더 소중한 가치를 지키기 위해 한 행동인지까지 살핀다. 진정한 정의로움은 고차원적 도덕성을 추구할 때 나오기 때문이다. 그래서 재판장에서도 범죄자의 범죄를 저지를 때 의도를 따져가며 형량을 정하지 않는가. 그런 걸 이해하는 우등생들은 단순 행위가 아닌 인간으로서 더 고차원적으로 고민하는 모습을 보인다.

(2) 공정함을 강조한다

공정함은 모든 개인이 동등하게 대우를 받아야 하는 것을 의미한다. 쉽게 말해, 평등한 관계를 유지하도록 노력한다는 말이다. 공부를 잘하든 못하든 누구에게나 동등한 기회가 있고, 동등한 대우를 받아야 할 권리가 있다고 믿는다. 실제 우등생들은 친구가 공부를 못한다고 해서 무시하지 않는다. 오히려 다른 사람의 장점을 찾아 칭찬하려고 노력한다.

무엇보다 편견이나 차별 없이 상대방을 있는 그대로 보려고 한다. 외고에 근무하면서 외국인 전형으로 들어온 학생들을 1년에 여럿 만났다. 신기하게도 외고에 다니는 아이들은 외국인 친구들과도 조화롭게 잘 어울리며 지낸다. 다문화 가정에서 자란 아이들이라서 국적도 다양했지만, 아랑곳하지 않고 누구든지 잘 어울린다.

10여 년 전에 호주에 1년 넘게 살면서 다문화 국가라는 느낌을 많이 받았다. 우리나라는 단일 민족으로 지금만큼 그렇게 많은 다른 나라 사람들이 살지 않던 시절이었기에 나에게는 충격적인 일이었다. 하지만 지금은 세상이 많이 바뀌었다. 학교에서도 다문화 친구들을 쉽게 만날 수 있는 지역도 있기 때문이다.

공정함을 아는 아이들은 어디 출신이든 상관없이 상대방을 존중하고, 평등한 대우를 한다. 요새 TV에 자주 나오는 콩고 출신의 조나단과도 방송을 통해 조화롭게 지내는 모습을 볼 수 있다. 내가 학교에서 만난 우등생들이 지내는 모습과 흡사하다. 공정함을 강조하는 듯한 느낌을 받고, 그 속에서 정의로움을 볼 수 있기에.

(3) 사회 참여 의식이 있다

《세상을 바꾼 10대들, 그들은 무엇이 달랐을까?》라는 책을 통해, 사소한 일부터 시작하여 문제를 해결하려는 아이들의 모습을 살펴볼 수 있다. 결국에 세계적으로 영향을 끼치는 결과를 만들어내지만, 시작은 모두 미약했다. 다만 한 가지 다른 점이 있다면, 사회 참여를 끌어냈다는 점이다.

학급 혹은 학교 안에서는 다양한 사회 참여 활동을 할 수 있다. 자기가 처한 현실 속에서 문제를 발견하고, 이를 해결하기 위해 노력하는 과정에서 사회 참여가 이뤄진다. 간단하게는 스스로 문제 해결을 위해 노력하고, 나아가서는 캠페인 등의 활동을 통해 사람들에게 메시지를 전한다.

생활기록부에서 봉사활동의 중요성이 줄어들었지만, 여전히 정의로움이 강한 학생들은 교내에서 진행하는 캠페인 등의 봉사활동에 적극적으로 참여한다. 입시에 반영이 되지 않아도 학교 밖에서 진행하는 다양한 활동에서 리더로서 빛을 발하기도 한다.

수능 공부와 생활기록부 평가를 채우는 데 급급하지 않고, 자신이 추구하는 가치를 이루기 위해서 의미 있는 일을 만들어낸다. 어떻게든 시간을 쪼개서라도 사회 활동에 참여하는 것이다. 활동 내용을 보면, 대체로 청소년들이 참여할 수 있는 사회 문제 해결 활동이 많다. 자발적인 참여라는 점에서 진정으로 의미가 있다. 정의로움 또한 자발성이라는 특성이 있지 않은가.

(4) 국제적인 시각을 가지고 있다

가난, 질병, 환경, 인권 등 세계적인 위기가 현대 사회에서는 여전히 큰 문제로 대두되고 있다. 정의로움으로 가득 찬 우등생들은 이런 문제를 그냥 두지 않는다. 국내에서부터 시작해서 국제적인 문제까지 파고든다. 자신이 어떤 생각과 행동을 해야 이를 해결하는 데 도움이 되는지 진지하게 고민한다. 이런 생각과 행동을 하는 게 밥 먹여주는 것도 아니고 성적을 올려주는 것도 아닌데 참으로 신기하다.

이들은 문화적 이해, 다양성 존중, 국제 정치 및 경제 이해, 지구

환경 문제 인식, 세계 시민성 등 다양한 각도로 세상을 바라보려고 노력한다. 각 문화의 다양하고 독특한 특성을 가진 것을 인정한다. 인종, 종교, 성별, 성적 지향, 언어 등에서 나타나는 다양성을 이해하려고 노력한다. 국제 정세, 국가 간 협력과 갈등, 국제기구 역할을 이해하려고 노력한다.

기후 변화, 생태계 보전, 자원 관리 등 세계의 환경 이슈에 대한 이해를 통해 어떻게 대응할지 고민한다. 세계 시민으로서 자신의 행동이 다른 국가나 지역에 영향을 미칠 수 있는지 생각한다. 또한, 세계적인 이슈에 지속적으로 관심을 기울이는 태도를 보인다.

우리 아이 정의로움 기르는 방법

우리는 다양한 상황 속에서 '정의'가 승리하는 결과를 마주하게 된다. 이제는 가정, 사회, 국내를 넘어서서 국제적인 관점에서 이 정의를 실현하기 위한 노력이 필수다. 지구촌 시대를 살아가는 인간으로서 말이다. 다양하고 구체적인 정의로움 기르는 방법을 알고 실천으로 이어지기를 바란다.

(1) 사회적 책임감 길러주기

개인이 느끼는 책임감은 사회의 한 구성원으로 살아갈 때 생긴다. 가장 기본적인 건 사소한 규칙부터 잘 지키는 것이다. 집에서도 가족 구성원들끼리 정한 약속을 잘 지킬 수 있도록 평소에 노력해야 한다. 나아가 친구와의 약속도 중요한 일이라는 걸 인식하게 하여 자기가 만나는 사람들과 신뢰 관계를 유지할 수 있도록 해야 한다.

우리 주변에 있는 도서관을 이용하면서도 사회적 책임감을 느끼고 배울 수 있다. 예를 들어, 책을 빌리고 다시 반납하는 과정에서 다 같이 쓰는 책을 소중히 다루는 법을 배울 수 있다. 책을 기간 내에 반납해야 하는 규칙도 지키며 사회에서는 지켜야 할 규칙이 있다는 걸 깨닫는다.

혹은 도서관에서 주관하는 봉사활동에 참여하여 자기가 맡은 일에 대한 책임감도 기를 수 있다. 역할을 분담하고, 자기가 맡은 일에 대해 최선을 다할 때 보람을 느끼기도 한다. 성인이 되어 사회의 한 구성원으로서 살아가는 법을 미리 경험하기에 좋다.

간혹 도서관에서는 다양한 주제로 교육 프로그램이나 캠페인을 진행하기에 주민으로서 갖춰야 할 덕목을 배울 수도 있다. 사소하지만 다양한 사회적 활동을 통해서 책임감 등 여러 가지 역량을 기를 수 있다.

(2) 다양성 이해 강화하기

어린 시절 집에서부터 개인의 특성을 존중하는 분위기라면 다양성 이해는 쉽게 만들어질 수 있다. 거꾸로 부모가 자녀에게 선택의 순간에 무조건적 강요는 다양성을 해칠 수 있다. 우선 아이가 선택에 자유로워야 다양함을 느낄 수 있기 때문이다.

더 쉽게는 매일 먹는 밥과 반찬도 다양하다는 걸 알려줄 필요가 있다. 편식 없이 다양한 음식을 먹는 아이는 부모가 가리는 것 없이 잘 먹을 때 만들어진다. 유전이든 후천적이든 아이는 부모의 영향을 가장 많이 받으니까 그렇다.

평소 대화에서도 부모가 얼마나 다양성을 존중하고 이해하는지 몸소 실천하며 보여줘야 한다. 지나치게 한쪽 정당을 지지하거나, 종교의 자유를 탄압하거나, 인종 차별을 하는 발언을 일삼거나 한다면 아이도 그대로 영향을 받아 한쪽에 치우치는 모습을 보일 것이다.

가족끼리는 정치와 종교 이야기는 하는 게 아니라는 말이 있지 않은가. 나중에 개인의 선택을 존중할 수 있는 분위기를 만들어야 아이들은 다양성을 존중하는 법을 배운다. 그러려면 대화 속에서 동등한 위치에서 발언할 수 있도록 기회를 마련해주는 것도 당연하다. 이 모든 것은 사소한 일상에서 시작된다는 걸 잊지 말아야 한다.

(3) 회의를 통해 의견 나누기

학급 회의 시간에 아이들의 모습을 보면, 정말 다양한 모습을 볼 수 있다. 어떤 이는 적극적으로 자기 의견을 표현하는 반면에 어떤 이는 소극적으로 쭈뼛거리고 머뭇거린다. 이 중에 누가 더 자기 의견을 자유롭게 말할 수 있을까? 당연히 전자일 것이다.

안타깝게도 대한민국은 말을 아끼는 걸 미덕으로 여긴다. 말을 아껴서는 정의로움을 표현할 수 없다. 아무리 올바른 생각을 하고 있어도 실천할 수 없다. 말로조차 제대로 표현하지 못하는데 어찌 몸이 움직일까. 세상이 바뀐 만큼 가정에서도 회의를 통해 아이들이 연습할 수 있도록 도와야 한다.

음식을 사 먹을 때도, 여행을 계획할 때도, 이사를 할 때도 사소한 일이라도 가족이 함께 회의를 통해 의사 결정해야만 한다. 발언권도 동등하게 나눠 갖고, 서로의 의견을 존중할 수도 있어야 한다. 어른의 말이 무조건 옳다고 해서도 안 된다. 아이들이 내는 아이디어가 더 좋을 때도 있지 않은가. 그럴 땐 수용할 수 있는 모습도 보여줘야 한다.

이런 경험이 하나씩 쌓이면 아이는 자신 있게 회의 시간에 자기 의견을 말할 수 있을 것이다. 자기 의견이 수용될 수 있다는 걸 알기 때문이다. 모든 경험은 결과를 낳는다. 그렇기에 사소한 것에서도 신경 써서 아이들에게 어떻게 영향을 주게 될지 고민해봐야 한다.

(4) 다양한 언어, 문화 경험하기

언어를 여러 개 하는 사람들은 말한다. 언어 하나마다 다른 세계를 뇌에 넣고 살아가는 거라고. 그 이유는 언어를 배우면 그 나라의 언어뿐만 아니라 문화까지 이해할 수 있기 때문이다. 나라마다 문화는 다를 수밖에 없다. 그렇기에 언어를 배우면서 자연스럽게 녹아있는 문화까지 알게 된다.

경험에는 두 가지가 있다. 직접 경험과 간접 경험이다. 하지만 백 문불여일견이라는 말처럼, 아무리 백 번 들어서는 소용없다. 직접 한 번 보는 게 엄청난 자극을 준다. 책 읽기가 간접 경험이라면, 발로 직접 여행을 하는 건 직접 경험이다. 아이들의 진로 고민으로 부모님들이 많이 물어보는데, 그때 필요한 게 바로 이 간접 경험과 직접 경험 모두다.

특히 직접 경험이 더 중요하다. 직접 경험에서 얻는 충격과 자극으로 인해 아이들은 간접 경험으로 이어나가기 때문이다. 자기가 알고 싶은 분야에 대해서 짧은 시간 안에 더 다양한 지식과 경험을 쌓을 수 있는 건 바로 독서니까. 실제 많은 사람이 우연히 경험했던 일로 인해 그 분야의 전문가까지 가는 경우가 많다. 그래서 다양한 직접 경험은 아이들에게 필수다.

그 속에서 다양한 언어와 문화를 경험하며 자연스럽게 다양성, 공정함 등을 배울 수 있다. 경제적인 이유 등 여러 차이로 인한 국가마다 가진 문제 상황도 동시에 인식할 수 있다. 국제적인 관점에서 문제를 인식할 수 있는 건 행운이다. 넓은 세상을 이해하는 힘을 기를 수 있기에 그렇다. 정의로움도 세상을 알아야 가질 수 있는 감정이다. 그러니 세상을 알 기회를 줘야만 하지 않을까?

정의로움은 거창한 게 아니다. 나와 다른 사람의 다른 점을 이해하고, 서로 동등한 위치에 있다는 걸 인정할 때 나오는 감정이다. 정의로움이라는 이 감정을 굳이 공부 감정으로 분류하는 이유는 학교생활을 하며 아이들은 '관계' 속에서 스트레스를 많이 받기 때문이다.

나와 다른 사람 사이에서 발생하는 갈등을 줄일 수 있으려면 정의로움이라는 감정은 분명히 필요하다. 내 갈등뿐만 아니라 다른 사람의 갈등이나 문제 상황을 해결해줄 만큼의 능력이 생기기에 그렇다. 지구촌이 하나가 되는 글로벌 시대의 인재는 문제 해결 능력을 갖춘 사람이다. 윤리적인 태도로 문제를 적극적으로 해결하려는 자세를 가진 사람이라고 하는 게 맞다.

습관은 하루아침에 만들어지지 않는다. 어린 시절부터 집에서는 부모와 관계를 맺으며 감정 경험을 하나씩 쌓는다. 학교에 다니면서는 또래와 관계를 맺으며 더 감정을 강화한다. 그러니 성인이 되기 전에 탄탄한 정의로움과 같은 감정을 기를 필요가 있다. 관계로 인한 스트레스로 학업을 망치거나 하는 일은 사라질 테니까 말이다.

에필로그
우리 아이 '공부 감정'은 괜찮은가요?

운명의 장난인지 몰라도 필자는 특목고에 근무하면서 우등생들을 많이 만났다. 그런데 반에서 1등을 했던 아이도 갑자기 공부 중단을 선언하며 한 달간 시위하는 상황을 종종 마주하게 되었다. 그 이유를 찾고 보면, 결국 부모와의 관계가 무너진 결과였다. 관계 때문에 우리 아이들의 공부 감정이 무너져내리기 때문이다.

어린 시절에는 부모와 아이는 사이가 대부분 좋다. 하지만 사춘기 시기에 접어들면서 관계가 삐거덕거린다. 사춘기의 대표적인 현상은 3가지가 있다. 외모에 관심이 커지고, 부모보다 친구가 더 좋아지며, 자기가 다 컸다고 생각해서인지 부모의 말을 슬슬 안 들으려고 한다. 자기 주장이 강해지는 시기니까.

이때부터 조심해야 한다. 부모는 자녀가 갑자기 변하니 당황스럽기도 하고, 기어오르는 모습을 가만두고 싶지 않다. 혹은 공부는 안 하고 딴청만 하는 것 같아서 걱정이 앞서게 된다. 폭풍 잔소리와 간섭은 심해질 수밖에 없다. 안타깝게도 아이들은 부모의 걱정을 걱정으로 받아들이지 못한다. 지나친 간섭과 잔소리로 들릴 뿐이다. 이런 이유로 부모와 자녀의 관계가 악화되는 시기이다.

중학교 때까지 이 관계가 회복되지 못하면, 이미 성인처럼 행동하는 고등학교에 가서는 부모와 완전히 멀어지게 된다. 만일 고등학생 자녀와 대화도 많이 하고, 의견을 편하게 주고받는 사이라면 성공한 것이다. 적어도 공부 감정을 망칠 일은 없을 테니까. 반대로 매일 살얼음 걷는 기분으로 냉랭한 분위기만 연출된다면, 공부 감정이 깨지지 않도록 극도로 조심해야 한다. 차라리 지금 관계를 더 나쁘게 만들지 않고 상태를 유지할 수 있도록 가만히 있는 게 나을지도 모른다.

말보다는 행동으로 진심으로 응원하고 있다는 마음을 보여주는 게 좋다. 맛있는 것도 사주고, 필요한 게 있다고 하면 도와주고, 용돈도 가끔 주면서 말이다. 신기하게도 무관심으로 대응하면 아이들은 서운해한다. 그래서 적절한 관심을 보여야 한다.

필자가 생각하는 공부 감정 형성의 결정적 시기는 사춘기 시기 이전이라 본다. 그때 잘 형성된 부모 자녀 관계가 사춘기 시기를 잘 넘길 수 있게 하기에 그렇다. 사춘기 시기를 잘 넘기면 중요한 입시 준비의 시기에 좋은 관계를 유지하며 공부 감정에 아무런 영향도 주지 않기 때문이다.

앞에서 제시한 우등생들의 10가지 공부 감정을 잘 살펴보자. 공부 감정의 특징부터 감정을 올바르게 기르는 방법까지 자세히 정리해보았다. 아직 시기적으로 좋은 공부 감정을 형성할 수 있다면, 꼭 책 내용과 같이 실천해봤으면 좋겠다. 분명히 우등생들의 공부 감정을 배우고, 익혀서 중요한 시기에 무너지지 않는 결과를 맞이할 수 있을 것이다. 우리 아이들이 공부 감정 때문에 공부를 포기하지 않기를 진심으로 바란다. 이 메시지를 전달했으니 이제 내 역할은 끝이다. 이제는 부모님들과 우리 아이들이 함께 노력하는 일만 남았다. 실천만이 답이다. 하루도 미루지 말고 바로 시작해보자. 하루하루가 쌓여서 아이들에게 '공부 감정'이라는 소중한 자산을 물려줄 것이다. 언제라도 끝까지 해내는 힘을...

그리고 마지막으로 이 말은 꼭 기억해주길 바란다.

"아이는 부모의 거울이다."

2024년 3월 신영환 올림.